# 我和书法七十年

徐文达◎著　徐晓梅◎编

山西出版传媒集团　北岳文艺出版社
BEIYUE LITERATURE & ART PUBLISHING HOUSE
·太原·

**图书在版编目（CIP）数据**

我和书法七十年 / 徐文达著 ; 徐晓梅编. — 太原 : 北岳文艺出版社, 2020.9
ISBN 978-7-5378-6280-6

Ⅰ. ①我… Ⅱ. ①徐… ②徐… Ⅲ. ①徐文达（1922-2000）—自传 Ⅳ. ①K825.72

中国版本图书馆CIP数据核字（2020）第164752号

# 我和书法七十年

徐文达 著　徐晓梅 编

//

策划
续小强

责任编辑
谢放

书籍设计
张永文

印装监制
郭勇

出版发行：山西出版传媒集团·北岳文艺出版社
地址：山西省太原市并州南路57号　邮编：030012
电话：0351-5628696（发行部）　0351-5628688（总编室）
传真：0351-5628680
网址：http://www.bywy.com　E-mail：bywycbs@163.com
经销商：新华书店
印刷装订：山西人民印刷有限责任公司

开本：710mm×1000mm　1/16
字数：220千字　印张：16.5
版次：2020年9月第1版
印次：2020年9月山西第1次印刷
书号：ISBN 978-7-5378-6280-6
定价：88.00元

徐文达先生

# 序　言

田树苌

回顾山西当代几十年的书法发展史，那些为推动山西书法事业的繁荣进步，做出重要贡献的前辈们，受到后来者广泛的缅怀与崇敬，其中徐文达先生便是那个阶段，不惧风雨，不辞辛劳，以繁荣发展山西书法事业为己任的一位开拓者、一面山西书法的旗帜。他是那个年代山西书法界立足本省影响全国的优秀书法家之一。他辞世已二十年，但他的品格、他的艺术历久弥新、历久愈醇，散发出熠熠光辉。

文达先生出生在一个耕读之家，家境尚属富裕，祖父是清末最小的功名监生，老人家乐善好施，喜欢书画，且家里小有收藏。每逢友朋在家中雅集，祖父总会取出藏品，与大家赏评，这时候老先生有意让年幼的文达厕身其间，得些熏染。祖父还经常领文达游走于悬挂书画的场所，给文达以启蒙教育。所有这些都在文达幼小的心灵中种下了爱好书画的种子。文达七岁上学，开始学写仿影就显示出出众的书写才能。小学教书先生高鼎寿，善书法，行草宗“二王”，小楷学《玉版十三行》，高先生书法流畅飘逸，有魏晋风范。文达在书法上颇有天资，深得高先生喜爱，他向文达传授执笔、起笔、行笔、转折、顿驻等要领，有时候高先生还会站在他背后，手把手教他书写之法。多少年之后，文达都深深怀念这位一点一滴传授给他书法基础知识的启蒙恩师。先生在垂髫之年，受到正规的书法教育，使他在后来的学习道路上养成认真踏实、谨守法度的作风。根据先生自述，他正规练字的第一部法帖是柳公权的《玄秘塔碑》，从九岁练起，中规中矩，不逾法度。五年后考入高级小学，一个颇通书法的郑航之老师，非常赏识文达的书法才华，同时指出他写的柳字，其实是清朝黄自元所临。文达家藏有明代《玄秘塔碑》拓片，在郑老师指导下，文达改弦更张改写明拓本柳公权《玄秘塔碑》。这件事让他懂得了一个重要道理，学书法要学第一手资料，要取法乎上，否则会事倍功半，徒费年月。更有甚者，会误入歧路，以至积重难返。

在文达从少年逐渐成长为青年的这个时间段里，总是得到好的机遇，遇到书画上的高人贵人。他的舅父是个种地把式，但喜欢文化，会拉京胡，也能写画两下。舅父结识的文化人中，有几个给他以影响：一个是教师解庚中，是他拉京胡的启蒙师；另两个是郑子章与王老山，这两位都能书善画，他在这两位老师那里懂得了中国写意画如何下笔用墨，如何造型设色，所学受用终身。还有些水平较高的当地书法家，对他的书法之路，有易辙更弦之功。通过老师赵东兰的介绍，文达熟知了本县两大书家，即裘宜安、裘宜仁兄弟。宜安楷书宗颜，功底扎实，亦善大草，学王铎、傅山，书风雄放。弟弟宜仁，也善草法，但主张以楷法入草，写来用笔工稳，字形端雅。接触到二裘的草书，让文达眼界大开，从此揭开他专攻草书的书法新篇章。所缺憾的是，他家仅存有赵孟頫的几片残页草书帖，还有一部是董其昌的《前赤壁赋》行书帖。文达行草初学赵董，得其端丽雅逸；现在看先生的行楷行书，依然能看出赵董对他的深刻影响。但也就在这个时候，文达心目中萌发了一种学习傅山书法的欲望，与傅山书法结缘的情结。

文达先生一生非常重视书法为政治斗争、为社会生活服务，那是因为他在成年后，经历了抗日烽火的洗礼。在那个已经不能安静摆放课桌的年代，文达也投身到时代的洪流中，他用手中的笔，写公文，写情报，写地契文书、信件，刻蜡板。他把这些都视作在实践中的锻炼，这为他以后书法有较宽广的适应性、有较强的社会责任感打下了基础。

在这个历史阶段，有几件事与文达先生书法艺术的发展息息相关，还是要格外提及。

一件是文达与武术。他的外祖父家是武术世家，外祖父曹占魁是当时中国四大拳术家之一的孙禄堂的高足，文达的舅父也从小练习武术，有童子功，外祖父的侄孙辈也多有习武者，因而常有人登门来切磋拳艺。受影响，文达十岁开始学习武术，先学五行，站三体式，后又学连环、杂式锤、太极、八卦、三才剑等，他曾跟着少林会出场表演。练拳一直练到十八岁，因抗日战争烽火四起、社会动荡而辍练，直到1957年又恢复练起。先生对武术与书法的关系有独到认识，他说武术很讲身架、体式的准确、美观，这与书法的行笔有力，结字间架的稳定、壮美是一致的，拳术的刚柔擒纵对草书有借鉴作用。特别是气质的训练，凡习武者，均先树立英雄气概，胸中充满英雄主义，如兼习书法，会直接影响书者的气象格局。另外，习武者讲究功夫积累，只有勤学苦练、坚持不懈，才能积功深厚，此点又与书法合拍。

第二件事是文达与雕刻。文达小时候也经常练习做木工活——所以后来他说自己也是半个木匠——平常很注意雕花活，后来就学习雕刻。在做木工活时，自己打制两把刻刀，无师自通学刻印章，学会在各种材料上镌刻。那时候除了给各色人等刻私人用章外，也给公家刻章，还刻发布公告上用的大章。他还在一次书写纪念碑的碑文时，细心观察书丹与刻工的关系，学会了一些刊刻石头的技法。所有这些都为他以后的篆刻，包括边款，在青石板上镌刻自己的书法作品，雕琢澄泥砚器形与铭文等等打下了基础。

第三件事是文达先生具备多方面的艺术才能。除了写字、作画、刻印外，在20世纪40年代后期从事过文艺团体行政领导工作的他还会拉二胡、拉小提琴，还自己制作这两种乐器。他进修于山西省艺校戏音班，学会了谱曲；他创作过歌剧、话剧、电影文学剧本；他还能画布景、做道具等等。这些多样的艺术活动也滋养了先生的书法篆刻艺术。就此点而言，他在当代山西书坛亦是前无古人后无来者的第一人。

1954年，先生工作调动，来到山西，迎来了人生新的春天，开启了艺术事业新的航程。他把主要精力投入到书法的临习与研究上，主攻行草，着力于“二王”诸帖暨王珣《伯远帖》，反复临摹，力求逼肖。后来，他临写的一幅王羲之《兰亭序》，为浙江绍兴兰亭纪念馆所收藏。与此同时，他涵泳于唐怀素，宋苏东坡、黄山谷、米芾，元赵孟頫，明董其昌等历代大家的作品中，同时亦兼顾对篆隶书的研究临习。先生还重视读帖，对先贤法帖凝神静思、反复品读、穷微测隐。这期间，先生心无二用，耽于翰墨，寒暑无间，书艺日进。1955年，他得到一个机会，得以全方位了解傅山的生平概况，近距离拜览傅山书法真迹，傅山高蹈风尘、不入时流的人格品德，雄浑豪放、汪洋恣肆、出神入化、意境高远的书法艺术，在先生心中引起震撼，遂立志攻傅山书法，重点学傅山大草书。当时有关傅山书法的资料尚属稀缺，他从友人处得到一本山西编印的《傅山书画集》，又购得上海博物馆编印的《傅山书法》专刊，还收集了一部《太原段帖》，就此铺开了学习傅山书法之路。

随着时间的推移，随着文达先生对傅山书法研究、学习的逐步深入，先生一下笔，已是一派傅山书风。1976年，他在五十块青石板上书写了五十首毛泽东诗词，每块板高三十二公分、宽四十公分，先生自己书丹，自己动手刊刻，历时三年才告竣。刻好后再捶拓成黑底白字的拓片。这套五十件的作品，传递出傅山书法的艺术风采，向世人展现了文达先生多年研究傅山、学习傅山的丰硕成果。这套作品一面世，便受到广泛好评。到20世纪70年代末80年代初，先生认真思考后认为，尽管多年学习傅山，但在真正深入研读他的书法理论，精深分析他书法艺术的精神内涵，准确把握他书法的笔墨技巧方面做的还远远不够。这时候，他利用在山西省博物馆工作的便利条件，取出馆藏的傅山书法真迹，进行双勾填墨，先后勾填了二三十件，这让先生更深入地领悟到傅山雄健豪放之笔力以及天然超逸之神韵。先生慨叹，至此才算走进了傅山的艺术世界。1999年夏初，笔者因山西与日本方面举办篆刻交流联展事宜，专程赴日本大阪拜会日方篆刻界泰斗梅舒适先生，晤谈不久，梅先生兴致盎然地取出一件他收藏的傅山传世行草精品，唐韦应物诗《滁州西涧》，与我们共赏。这件作品正是他20世纪80年代初，随日本书道团访问太原时得到的一件文达先生双勾填墨的傅山作品。

文达先生常讲，书法理论研究与创作实践是车之两轮、鸟之双翼，缺了哪方面都会是跛脚之巨人。先生身体力行，书法理论以孙过庭《书谱》为依托，他对该书反复研读，时读时新，《书谱》的许多重要学术观点，一直以来指导着先生的艺术实践，提升着先生的学术品位。先生常说，咱不是书法理论家，要在实践中学，然后用来指导实践，循环往复，如此而已。先生撰有多篇学术论文，均是在实践过程中的思考和经验总结，不事辞藻，不玄高深，对于同道有着现实的指导意义。

先生非常重视文学与历史的学习，尤喜好诗词与联语的研究与创作。他写诗多是因景因事而发，从不故作吟咏，因词伤意。他的诗见情见兴，生动率性。作品刊发于多种报章，入《山西诗词作品选》，并被推为山西省诗词学会顾问。先生善思考，生活中时出妙语。他曾记述过一件趣事，那是1983年春节，先生去原平县为群众写春联，曾为一位致富的农民拟一联曰“这几年咱真是，五谷丰登，六畜兴旺，钱多得花不了；那光景谁都说，四季发财，万事亨通，高兴得睡不着。”联称不上工对，但信手拈来，通俗而生动诙谐，博得众口称赞。

先生一生与书法结缘，也与篆刻结缘，刻石赏石始终是他重要的爱好，也是他艺术创作的重要组成部分。先生篆刻以齐白石开蒙，后学汉印，兼取邓石如、吴昌硕，几十年积功至深，刀笔双辉。一生刻印达四万余方，以名章居多闲章次之。先生擅刻印纽，刻薄艺（印章边侧浮雕），印纽多取动植物与自然景观，造型生动，刻工考究。先生刻的边款，堪称绝艺。先生能写清隽典丽、功力扎实的小楷，加之几十年的镌雕功底，边款书法的金石趣味自胜过纸上墨迹效果。他的边款书法成为人们争相欣赏、收藏的珍品。著名古文字学家、考古学家张颔先生赞誉先生边款书法“不让古人”，诸多资深篆刻家对此也佩服不已。省内行业人士称先生边款书法具有独立的审美地位与审美价值。也有的评价说，先生边款书法拓印后，置于古代刻帖中，也毫不逊色。还有的推许先生边款书法是微型字帖，拓印放大后可以作为习字范本。先生边款书法的艺术成就置之全国不敢妄评，放眼三晋，当无出其右者。

先生在少年时打下绘画基础，在学校曾学过素描色彩，也临摹过山水花卉，还给老百姓画过素描肖像。入晋后，书法篆刻占的时间较多，但兴致来了，也常常点染丹青。题材多为花卉果蔬、鱼虾蟹蛙之类，也作林木山水。他画熟悉的物象，画生活中的所得所感，再题上含意隽永的诗文，真可视作新文人画。让先生颇为得意的一幅画是他突破了陈规题材，在竖式画面上画的两株挺立的钻天白杨，枝叶葳蕤，生机勃发，题句曰:“凌空亦高洁，同生无横枝。”题句引深了画意，得到好多朋友的赞许，并向他求画。

先生的可贵之处在于，总是思考，脑子不闲，两手不闲。他总是在生活中捕捉艺术灵感，给艺术想象寻找碰撞出火花的契机。在山西省博物馆工作期间，先生突然对根雕产生了兴趣，几年间先后做过几十件根雕作品。他用荆子根做孔雀、金雕、狐狸、麋鹿，用茄子根做雄鸡，用狼尾巴花的根做骆驼，用敦煌带回来的树枝做跳舞的少数民族少女等等。这些根雕作品在具象与抽象中，在似与不似之间，充分展现了先生化腐朽为神奇的创造能力与艺术才情。

众所周知，山西澄泥砚向来被誉为中国传统的“四大名砚”之一，但自元明之间渐渐沉寂寥落，濒于失传。先生从1974年起步探索澄泥砚的制作工艺。刚开始时困难重重，既无文字资料可查询借鉴，也无人传承指导，他几次到汾河滩实地察看，每次都无功而返。一次偶然的机会，他在古玩市场买到一块明代澄泥砚残片，如获至宝，带回去砸开进行化验、分析研究，终于在这块残片上获得了许多重要信息，解开了澄泥砚物质构成的神秘密码。1980年，正式进入研制阶段，他数次下到黄河、汾河河滩，寻找合适的泥料。从采泥，到沉积塑形，到雕刻与烧制，每道工序，先生都事必躬亲，一丝不苟。为此，在他办公室外边，专门建了一个烧砚砖窑，先生亲自看火候，测炉温，掌控烧制时间。为了保证砚品的烧制成功，先生有时顾不上吃，顾不上喝，晚上还要加班加点，随时观察炉温的变化。当第一批澄泥砚终于烧制成功时，先生百感交集——所谓事非经过不知难——其中甘苦，先生自知。他亲手制作的砚有五百多方，从造型、雕刻到砚铭设计与镌刻，都倾注了先生的心血与汗水。他研制的澄泥砚获得国家专利，并推出《徐氏澄泥砚》专著。他制作的澄泥砚精品，成为传世佳品，为广大砚品爱好者珍藏。

历经几十年的风磨雨洗，几十年的博取深汲，年逾古稀的文达先生已然进入通会之际。经过精心准备，“徐文达书法展”于1996年11月在北京中国美术馆隆重展出，各种书体、多种书法形式的书法作品一百三十余件，另有篆刻、澄泥砚等展品。展览开幕式之隆重，观众之踊跃，都可以说极一时之盛。不太熟悉和略知先生一二的京城书法界人士热议，山西真乃藏龙卧虎之地，居然有这样高水平的老先生。专家、学者或赞曰：人书俱老，末年乃妙；或称颂艺术修养全面，思想活跃，表现手法多样；或曰既广博又专深，既狂放又精微。中央、北京和山西省诸多媒体都及时做了报道，展览获得巨大成功。如先生自己所说，这次展览既是对他书法集中的、全方位的检阅，也是他几十年创作成果的极具影响力的展示——通过展览也进一步坐实了先生在当代书坛实力派书家的地位。展览后的几年中，先生应邀参加了多个重大展览，声望日隆。

综而述之，文达先生之所以取得丰硕成果，建立不朽业绩，重要原因在于他眼界开阔、志向高远，他“熟古今之体变，通源流之分合”，他不依傍于一书一体，也不胶着于一帖一碑，而是“握要以图之，择精以求之”。有两句话先生常挂在嘴边，就是孙过庭所说的“虽专工小劣，而博涉多优”。先生擅诸体，又有专攻。他的楷书以柳立骨，兼取颜之宽厚、欧之劲峭、赵之秀润，中岁以后，掺以北碑之拙朴旷逸，故先生楷书沉雄峻厚，而不失清隽典丽。先生精小楷，少年时宗魏晋，尔后对唐宋元明诸家小楷均有涉猎，虽不多作，然端整伟秀，圆静古澹。先生善作榜书大字，字形端庄，气势开张，在三晋足称巨擘，毕生为众多文物古迹、山川名胜、革命遗址留下题记墨迹，题写店铺匾额亦为数不少，至今省城大原街头的鸿宾楼、乐仁堂与开明照相馆的匾额，仍是榜书经典，熠熠生辉。先生隶书宗《曹全碑》《礼器碑》《石门颂》，作品厚重笃实，浑朴雍容。篆书学石鼓文及《墙盘铭》并秦汉小篆。先生作篆，常常合大小篆笔法为一体而出之，沉着凝整、朴拙古茂，被识者称之为“徐氏家法”。但是，最具先生个人风格，最能代表先生艺术成就的还是他的大草。几十年的笔耕墨耘，吸收融会，渐次升华；特别是20世纪50年代入晋后对傅山书法艺术的膜拜、研究、学习，让先生成为继承发扬傅山书风的代表性书家。先生作品那深厚扎实的点画功底，变化无端的结字造形，婉畅通达的墨迹流转，率意天然的章法安排以及豪宕激越的精神气象，多自傅山来。吾晋自傅山之后，书家或隶楷，或篆籀，鲜有继承傅山书风者，先生是学傅山而能发扬光大的卓然大家。

先生的高明之处还在于宏扬傅山书风的同时，不断地探索、实践多样的艺术表现手法。在行草方面，还有两种别样的书写，令人称道。其一是以“二王”与《书谱》为基础，济之以赵董的韵味，结字轻丽妍美，书写简约流便，不作过多连属，书风从容雅致、潇洒淡逸。其二是使用长锋羊毫作行草，点画凝练遒健，字形正欹相生，线条巧妙无痕地吸收了黄山谷点画的张力，结字的奇崛，写来弛张有度、韵趣十足。

先生从来不提碑帖融合，也从不轻言创新，他的艺术之树，深深地扎根于祖国优秀传统文化的沃土中，他的艺术实践一以贯之，他心无旁骛地行进在继承发扬光大传统书法艺术的大道上，他以雄深、豪放、朴厚、奇伟的艺术风格，向人们展示了中国书法经久不衰的魅力，为后来者如何正确继承和繁荣发展中国的书法艺术树立了榜样。

文达先生为了山西的书法事业，在推动组织建设，开展书法培训，培养书法后继人才，繁荣理论研究与书法创作以及书法的国际交流合作方面，都做出了重要贡献，他对当代山西书法事业有开山之功。

先生的嘉德懿行，他的杰出艺术成就，必将彪炳于史册，芬芳于未来。

2020年7月于古并州四宁轩

# 目录

## 我的书法生涯

## 书法文论

# 我的书法生涯

我本是草木之人，一个村民的子弟，由于爱好书法，取得了一些成绩，六十多年来作个回忆，还是应该的。又正因为是小草，在经历中没有什么大事业，只是平凡而又平凡；但是每个人都有自己的特点，小草也可以绿草如茵，这与名高、誉盛者相比，也算异曲同工吧！故此，身体许可，姑且为之。

# 福中生祸的童年

1922年，我出生在河北省完县（今顺平县）南常丰村，这是一个有二百来户人家的小村庄，文化比较落后，也很封闭。村子离太行山不远，只十几里地，但土地倒也平坦，乍一看没有山的迹象，这里离保定不过六七十里地，靠近京汉路。童年时代，适逢军阀混战、战争不断的岁月。在家庭中，我是个独苗，便自然地处于特殊的地位。那时我家还算是富裕，五口人，种着六七十亩地，还雇着两个长工。我在祖父母面前便像一个天赐的宠儿，被视若掌上明珠，要星星不给月亮。祖父常自我宽慰地说："我家辈辈单传。"

家庭幸福与社会动荡是那样的不协调。在晋奉交战的时候，奉军所到之处，抓鸡拉畜，抢掳财物，奸淫妇女，无恶不作。有几个奉军，见我家里富裕一些，便以带走我相威胁，企图敲诈钱财，我祖父拼死地与他们较量……正在这时，传来集合号声，他们便仓皇地跑了，原来那时晋军已占领了高昌村（离我村十二里地）。祖父由于受此惊吓，便得了病，久治不愈，终于在1930年去世。

我的祖父在三里五乡还有点名声，只因他乐善好施，以善待人，他的书斋名就叫"积善堂"。祖父原名廷秀，字书文，清末监生，会占课，也是风水先生，求者甚众。他爱书法，也喜欢绘画，但画得并不好，只能在人家盖新房时的粗拙的门窗框子上画画，不过不像俗人画图案，他画的是山水、花卉，虽画得不算好，因为是帮忙，白写白画，倒也无人褒贬。像我家里的家具及风门上，祖父也都写上名字或吉庆的词。屋里也悬有字画，每逢友人来，还取出所藏书画请友人欣赏。祖父也想把我培养成读书人，常领我到处走走，见什么就给我讲什么，在被窝里教念《三字经》《百家姓》。这些都在我幼小的心灵中，植下了爱好书画的种子。我七岁时入学，当年就开始写仿影，老师判仿时会给打圈圈，每一次作业拿回来给祖父看，他都非常高兴，因为一年级就写仿的学生很少。祖父说，这小子可能是个好苗苗。我家对门子贵成哥伸出大拇指说："写好了飞凤字，状元一把抓呀！"祖父打心里高兴啊！没想到不久后奶奶突然病了，满口吐血，也不知是什么病，几天后便去世了。祖父本就有病在身，受不了这打击，不几天也相随而去。祖父母的相继离世对于我们这个家而言无异于塌了半边天。父亲太老实，又没管家的经验，为治病、办丧事花了很多钱，最后还当出去十几亩田地。一个原本温馨的家庭，像突然失去了灵魂，对我来说，更是像失去泰山一般的依托，一切都惨淡了。父亲不善言语，唯有母亲还可让我略觉温暖。

我还是继续上学，这时村里的教书先生叫高鼎寿，郭村人，有教学经验，特别是书法很好。他的书法是学二王的，小楷学《玉版十三行》。高先生的字飘逸流畅、大方清爽。他对我写字很重视。按说中午是学生习字、先生午睡的时间。可他并不午睡，在教室来回走动看学生写仿，作具体的指点。他对我也是十分偏爱，先纠正我执笔的方法，然后再教怎么起笔、收笔，转折处的顿驻等等，有时站在我的背后把着我的手行笔，这些都是给我吃偏饭。每到判仿时，有意给我多打圈，以示鼓励，有时还打双圈。到二三年级时，我的功课很好，经常是在自习课不久，我的书背过了，算术也算好了，剩下的时间就开始顽皮、耍闹，一会儿也闲不住：要不就是串位子，干扰别人读书；要不就是借口到厕所，想自由一下，不是捉苍蝇，就是耍蚂蚁，先生每每喝止，都不灵。论功课，先生无法惩办我，他对我这个捣蛋鬼确实也没有什么好办法。不久的一天，那天对先生和我来说，都是一个机遇。先生是当地颇有名声的写家，求字的人很多，断不了应酬书写，先生也愿为之。可是也麻烦，研墨就是一大难事，遇喜庆丧葬写字用墨又很多。那时已经有了墨汁，却很贵，一小瓶要一块钱，买不起。怎么办呢？先生便想起了我，让我研墨，一方面免得我无事生非，另一方面让我看看写字也是一种学习。而我自己也想有事干，因为私塾生活实在是太枯燥了。可是研磨这种事也太文静了，而且死板无趣，我开始不适应，可时间长了不知怎的，我倒能安下心来，偏有这个耐心了。原来研墨也是有名堂的，先割去墨上包皮的蜡纸，再向砚池中添水，开始不能水多，水多便会把墨泡肿，不利于研磨，王羲之说的“先干研墨……”就是这个意思。逐渐研逐渐加水，在研的时候墨锭要竖直，不要偏，还要经常换手、倒转方向，才不致把墨锭研偏，特别是不能中途将墨锭停在砚堂，这样很容易将墨和砚粘在一起，拔不下来，硬拔会把砚扒下一块，所以并不容易。研好墨就开始写字了，先将纸裁好，像楹联之类的还要叠好格，尤其单字楹联，如五字、七字、九字、十一字的纸不好叠。如红纸，在写以前先用碎纸把纸面擦光，以防纸面粗糙，不利落墨。写斗方都是大字，还得端平，不使笔画上的墨汁流出。这些都是细活，等我学会做这些事以后，先生只是动口不动手了。先生写的时候我还得去按住纸，随着字往下写还要及时地拉纸，要配合得好。先生说，写字最适宜的纸是眼前这一片，再往上笔就得坡倒，形成偏锋，再往下没地方了。拉纸的速度，要随先生写得快慢而定，节奏一定要一致，尤其怕疾书慢拉，那就会影响书者的情绪。在写字时，老师边写边说，如蘸墨要饱，草书行笔要快，拐弯要活，哪些该快，哪些该慢，要先考虑间架，再注意行笔等等；听了这些，再看他的动作，才知道是得到了真知。先生写字前总是先在别的废纸上随便写，甚至写得糊糊成一团。我说，为什么不在好纸上写呢？先生说手还不热，开始写不好。每次写字他好像是自言自语，其实是让我听的，这是先生在一点一滴地传授书法知识，这也说明他对我的偏爱。

回想这一段时间的所得，真是可贵，高先生实在是我终生难忘的恩师；特别是先生那种飘逸、流畅、秀润的书法，操作时的手法、笔法，留给我很深的印象，在我的一生中都起着作用。这也为我以后写董其昌的字打下了基础。

九岁时，我开始临柳公权的《玄秘塔碑》字帖，可惜的是，高先生已经辞教了，我失去了名师的指点。

# 家教继续

家庭的影响，先生的器重，使我学写字有了得天独厚的条件。可惜好景不长，我十岁那年母亲突然去世，这一大祸直接影响了我的情绪，我的性格产生了大转折。父亲又续了继母，虽无虐待，也没感情，我过去那些天真烂漫的童年欢乐没有了，只觉得生活是无限的沉闷，我万分无奈，独自徘徊在失望、无助的日子里，已经失去了往时欢跳的孩子气，举止端正，好像进入了成年人的行列。有时长久静坐，凝视而沉思着，失去母亲的巨大打击，让我如此无助。然而“无可奈何花落去”。我的性格开始转变了，好像变得比以前懂事了，却同时也变得孤僻少言，总默默地做着自己的事情。由于在家中已经感受不到温暖，便经常到下叔村姥姥家去。

姥姥家离我们村子五里地，不算远，每次都是我自己去，也没有人送。想想以往我跟在母亲后边乱蹦乱跳的样子，想想母亲牵着我的手边说边走……可是现在这一切都没有了，只有我独自一人，孤零零地迈着似乎失去灵魂的脚步，走着走着……这种心情有谁了解呢？当走到姥姥家街口时，路西于老虎家的大青狗还总出来咬人，我每次只好小心翼翼的，靠着墙根，等待亲人来相助。不过这种孤独和苦楚也带来一些好处。心境既可以毁掉一个人，也能造就一个人。到了姥姥家，情境就不一样了，得到的是一片疼爱，最关心我的当然是姥姥了。因为我是个没娘的孩子，她总是对我说：“觉孽吧，没有你娘了，不要像以前想干什么就干什么，以后不要干惹人的事，学好吧！”姥姥这么说，还是因为我小时淘气，惹人讨厌。我也知道失去了大树，没了阴凉，需要自立，需要学本事。其实姥爷、舅舅以及旁亲的姨姨们也都很关心我；失去了母亲，反得到更多的亲情，到了姥姥家算是到了自由天地。姥姥家是个武术世家，我外祖父曹占魁，是中国四大拳术家之一的孙禄堂的徒弟。孙的名声很大，在军阀徐世昌的军队里当过武术教练，后在徐任民国总统期间被授“陆军步兵少校六等文虎章”，之后还当过江苏国术馆副馆长，有《形意拳学》《八卦拳学》《太极拳学》等著作流传于世，也善草书。至今我还藏有临摹孙氏的一副草书楹联，还翻刻了孙氏的两方印章。在那个时代，武术也成了一种文化行为，尤其是拜在大名家门下，就有点显赫了。外祖父的拳是他早年学的，因为孙禄堂就是完县人，家住任家疃村。孙氏到晚年回到故里，有意传授故里人一些拳艺。我舅舅幼时跟外祖父学拳，这时便经常到任家疃村的老师爷家里受教。任家疃离下叔村也只有十五里地，舅舅和他的师兄弟们总是乘夜去学，当晚便回来。年轻人在路上用八卦拳的腿法行路，自是如飞般的速度。就这样，舅舅在二三年中得到了老先生一些真传，这对外祖父而言，是儿子已经超过父亲了，因为舅舅毕竟有童年的功夫。平时在家里，也不断有后学者来练习武术，特别是练习太极的推手以及形意散打。我也爱听他们讲的拳事活动和故事，讲老先生的妙处，以至逐渐对形意拳产生了兴趣。

孙氏回县以后先住在城里，一些文武官员都前来“镀金”，以学孙氏拳为荣，并形成一种风尚。我外祖父和舅舅也常去看望老先生，因此与县衙一些官员认识了，大家都是孙氏的传人，关系就不同一般了。每逢赶集或上庙会的日子便有不少人来家里寒暄，切磋拳艺，外祖父的侄孙们也有一把子学拳的，当时很是红火。1934年，外祖父收了两个徒弟。一个叫张鼎铭，是完县警察局第三分所的警长，分所驻地就在下叔村。张是个大学生，通县人，清瘦高挑，一表人才，学习也很谦诚，经常来学拳，有时还让炊事员送来锅贴、煨肘子等吃的孝敬老师。另外一个徒弟叫解瑞祯，他就是本村人，小学老师，颇有点侠气，言谈不凡。他们二人都擅长书法，经常看我的字并指点一二。不要先学篆书，就是解先生告诉我的；用笔要干净、顺畅，是张鼎铭跟我说的。他们二人各写了一幅形意拳的“十三式”词文，用的小楷，都不错，各有千秋。张属于二王系统，解是学杨凝式的，一个清爽一个偏刚。我看这些笔迹比看帖要仔细得多，尤其是看了张鼎铭写的“完县警察局第三分所”的牌子，清健高洁，很有风采；也看了解瑞祯写的吊挂（过年时在街上横挂的布制四屏），吊挂上是碗口大的行书字，结构严谨，用笔刚劲。这些字都对我产生过深刻的影响。张鼎铭还常说：“写字一定要大方，有壮夫之气，敢为天下先，千万不能窝鳖，应有横空出世之威。”这些话我至今记忆犹新。

舅舅主要是种地，有时候也做银匠，下地不多，比较喜爱文化，爱养鸟、养花、养狗，就是家境不好，有点耗不起，也爱拉京胡，喜欢书画。由于学习拳术，舅舅结识了不少的文人。那时下叔村有所高小，也是文人相聚的地方，舅舅常去，也常带着我去。学校中有一个叫解庚中的教师，好拉京胡，算是我的京胡启蒙老师。还有一个教师叫郑子章，是画写意画的，去看过几次便知道了如何下笔，如何用色，回家后我也学着画菊花、牵牛等。下叔村还有一个叫王老山的，写的画的都很好，他为老百姓写的照壁、斗方和为庙堂里画的山水，对我也很有影响。

十岁时，我开始学武术，先学五行，站三体式，后又学连环、杂式锤、太极、八卦、三才剑等，都是外祖父教我的。我也曾跟着少林会出场表演过，不过形意拳是内家拳，不适合表演。那时是没有小孩子学形意拳的。有些人学的六合拳、花拳，这些拳有点花拳绣腿的意思。我练拳一直到十八岁，之后因抗日战争，又参加了工作，竟放下二十多年没练。直到1957年又重新拾起来的时候，太极拳一手也没丢，看来练什么功夫也是幼年起步的好。现在才意识到练武术与书法也有关系，武术很讲身架体式的准确和美观，而且强调力感，这与书法强调间架结构等是一致的。形意拳属于刚性的；太极拳是柔性的，特点是以柔克刚；八卦拳又是旋转灵活的，如一物水上漂。这些拳术的刚、柔、快，对草书的书写，特别是对气质的训练，都有着借鉴的意义。凡练武艺者，均应先树立英雄气概，充满英雄主义；其实书法的气势也是由此产生的。练武术讲究功夫，必须是坚持不懈，功夫越深越好，此点与练书法是完全一致的。在姥姥家，外祖父及舅舅对我的教育，要比我父亲的家庭教育强得多，也给得更多。从另一方面讲，苦难往往更会长人之志，使人取得意外的成效。

# 学步墨林

在学校里，接替高先生工作的是赵东兰先生，其实他也是我们本家的姑爷。赵先生的字也不错，不过他不像高先生那样热心翰墨。他也曾给我非正式地介绍过一些书法界人士。他说完县有两大写家，就是完县东街的裘宜安、裘宜仁兄弟二人。我家也曾保存有二裘的书法条幅，以前看过，留有印象；尤其是裘宜安写的魏村桥碑，学颜体，笔画惟妙惟肖，算是当地的一通名碑。赵先生说裘宜安的大草好，近似我村的吴笑山。原来吴是学裘的，裘又是学王铎、傅山的。没想到后来我也学傅山了，历史是这样的巧合！让我至今难忘的是裘宜仁的草书，他的草书是用楷法写的，与他兄长正好相反。赵先生也这样提过：用楷法写草书能使草书的间架准确，用笔稳重，这个过程是不可少的。赵先生对裘先生的介绍，使我对行草书产生了兴趣。可惜那时我家里没有草书的字帖，只有赵子昂的几片残页草书帖，上面的字很多都不认识，老师也识不出来，只学了学笔画。家里还有一部帖是董其昌的《前赤壁赋》行书，大部分的字能认识，只好以学此为主了，但与学习柳公权的楷书完全是两码事，一点也挂不起钩来。

书法与艺术的学习让我开始步入书林，我的眼睛就像鹰的一样，看东西有了选择，处处只注意书法。我们本家三大伯写得书法不错，不过是写馆阁体的，我不喜欢，觉得它太平板了。我不知为什么就是很喜欢草书，可是乡亲们都对草书不感兴趣，也许因为不认识吧；所以在这一点上我又有些与众不同。每逢过年闹红火，到各村看玩意儿，我特别注意的是书法，如会场大旗上的大字："精忠报国""赤心忠良""朝山进香"等等，还会注意每户门上的楹联、街上吊挂上的字。有一次真使我大饱眼福。我十三岁的那年，完县商会会长刘玉田去世了。刘出身举人，曾做过县令，晚年辞归故里，成为一方乡绅，又担当起商会的会长；所以他的葬礼办得非常隆重，规模宏大，是县里未曾有过的大排场。出殡这天还要举行文武大典，炮声、吹打声响成一片，在锦绣华丽的六十四人抬的棺罩前，纸鹿、纸羊、纸马、二十四美女掩映在旌旗招展之中，特别是装饰高大的香幡更是惹人注目。但引起我注意的是那举竿如林的白色绫绢挽幛。人们在绫绢上写了很多字，有的是挽联，有的是挽词，有大字也有小字。送挽幛的，大都是官员或有身份的大户人家，字写得自然都很讲究，可以说是千姿百态，我真是大开眼界。这是一次多难得的学习书法的机会，真是天赐良机啊！从这时我才知道在绫绢上写字叫挽幛。平常人家也用挽幛，但颜色不是白的，除了红的以外，什么颜色都有。挽幛上面的字是写在斗方纸上，然后贴在上面的，目的是等丧事过去了把字一扯，做挽幛的布匹还可以做衣服，说起来这就是穷棒子学官家的派头，也算是一种时髦。

我家里有一部民国年间修纂的《完县县志》，其中有几幅影印的书法，尤其喜欢其中一幅横批，写得甚好，不知反复看了多少次，这不像是看挽幛，一瞬即逝，所以印象较深。

我十二三岁就开始写春联，因为能写的老人们大都不在世了，该轮到我这无名小子下手了。先写自己家里的，好坏就是它。到第二年来找我写春联的乡亲就多了。"矬子里拔将军"，不行也行了。这些事父亲认为是体面事，他也帮我裁纸、叠纸、研墨，别人也赶来帮忙，真是像个过年的样子。过年的时候天气正冷，在门上贴对子，抹上糨糊就冻了，父亲便生着火盆在门框上烤刚贴上的对联，这也成了一段佳话。

在学校里，我非常爱写小楷，但写小楷是其他学生最惧怕的一件事，因为它太磨人了，如果指腕不灵活，大字都写不好，写小字就更困难了。我却很奇怪，偏爱写小楷；按说我是个闲不住的人，平时好动不好静，写小楷时却能定下心来，而且自创了一种肥体小楷，颇受同学和先生的赏识。那时候练字是苦差事，人家交了作业就完了，我还得练个不停——大部分时间是在中午和晚上。冬天屋里冷，笔尖冻挺了，还得放在嘴里哈热才能写；夏天晚上蚊子咬，拍死蚊子继续写；白天写得满身是汗，汗水把两个小臂黏在桌子上，一抬起来还吧喳带响。人们说这叫练伏练九。不管怎样，这也是一种迎难避易的训练，讲的就是硬功夫。

1936年我已十四岁，经学校新任的李先生推荐，报考了下叔高小。判卷老师看我的作文和字写得不错，便录取了我。入学后，我的字在班里是第一流的，和我水平相当的还有同学冉学孔。当时的书法老师是郑航之，他主讲的是自然和卫生课，捎带讲书法。他看到我的字，觉得我很有前途的，建议我换字帖。原来的字帖是黄自元临柳公权，别人临黄自元的，已经与柳公权的《玄秘塔碑》相差甚远。我家有一部未装订成册的《玄秘塔碑》，郑老师说这个帖好，至少是明代拓片，从此专学此帖。因为已有五年临习的功夫，所以收效颇显著。其他同学都是学华世奎的书法，我的字无形中受了颜体的影响，书写在一定程度上也在柳体中渗透了颜书的笔意。有的老师说我的字有点变形，郑老师说变形也不怕。颜柳合体倒有好处，又加我以往学过行书，看的也多，离开字帖也能写出比较灵活的楷体字，这一点能力是其他同学所没有的。这样一来，有的同学的课本、学习本的包皮都让我写书名，还有学画地图的同学的标题字也都让我写。

开学第一年，我是住姥姥家的，有一个本家姥爷新修了一个照壁，让我来写，我不敢写，大家都撺掇我写。我那个姥爷说："写！写坏了戗了它，重抹，重写，怕什么？这是我外甥子写的，叫他们看看。"在这种情况下，我终于大着胆子写下来了，写的是《前赤壁赋》中的一段文字。大家看了都说好，当然有一半是鼓励。人们说：“才十三四岁的孩子，能写影壁，真不简单。”不知怎的，这个消息传到学校里，又得到同学们的赞扬。

这年夏天，郑航之老师要报考张应武（军阀）的军事学校，让我为他抄写自传和履历，这些都得用小楷写。郑老师说：“你看，我是你的书法老师，我的自传还得让学生抄写，真不像话。”这个事也在学生当中引起很大反响。

到第二年时，我临习柳公权算是入法了，也更感兴趣了，临的字基本接近字帖，虽不能说是惟妙惟肖，也八九不离十了。但是认真写柳公权却有很大的排他性，向定型方向发展时，反倒觉得它不实用了，连办红白喜事拉个账单，也是拘拘梆梆的柳体字，惹得懂行的成年人笑话，我也受到一次很大的刺激，从此便有意脱离柳体，在更加实用的方面下功夫。

# 农村实验场

1937年7月，抗日战争全面爆发不久，敌人即占领了北平，形势紧张起来。我们学校于9月份宣布停课，学生们各回各家，以后学校宣告解体了，教师们也参加了抗日工作。算来我只上了二年高小，差半年没有毕业。不过在学校我的学习成绩很好，属于甲等生，年考考过第一名，其他期考也都在前六名。这两年间，我学到不少知识，视野要比在私塾时宽阔得多了，不仅在文化课方面，连政治思想方面也开始关注。在西安事变后的混乱声中，我们的校长郑子胥，专门给我们讲了共产党是真正抗日的，介绍共产党怎样同国民党打游击战，怎样联系群众，并且让我们看了书本上印刷的毛主席和朱总司令的照片，这与社会上贴的标语“共产党杀人放火”“共产党共产共妻”完全相反，总的印象是中国的前途要靠共产党来把握。

1937年秋，八路军就到了完县城。赶集的人回来说，八路军买烟卷还给钱，见推车的推不上坡还去帮着推，没见过这样的好军队，比起奉军杂牌军来说真是天上与地下呀！

1937年秋后，日本鬼子的大批军队从保定至唐县的大道开过来，正从我们村边经过。鬼子主要是步兵，也有骑兵，炮车、载重车，还有“屎壳郎”车（黑色的卧车），鬼子行军未遇到任何抵抗，如入无人之境。老百姓看到这种情况是何等的心寒！回想在6月份，也是在这条路上，中国的军队向北挺进，战士们冒雨行军，军官们骑着马，身披雨衣。雨衣随风飘扬，真是飒爽英姿，军情民情振奋，一派抗日的浩大声势。但是没过半个月，一个夜晚，在朦胧的月光下，军队悄悄地退下来了，没有一点声响，只偶尔听到铁器相击的声音。听到远处的轰鸣声时，人们开始说是飞机，后来才听出是汽车加油喘气声。人们听了，窃窃私语："打败了呗！""退下来了！"人们是那样的关心国家大事，又是那样的无可奈何，胸中如压上了沉重的大石头。

鬼子过去了，似乎又平静起来。离我村一里地的尧城村也临时立起一座高小，我继续在这里读书。校长是刘庚稀，他首先教我们唱《大刀进行曲》，这时的课本、课程似乎有些混乱，师资、经费也不足，不久学校也瘫痪了，我只好回家种地去了。

1937年冬，村里已建立起民主政权以及工、农、青、妇等群众组织，我任青抗先（青年抗日先锋队）副主任。1938年春，发生了一件我意想不到的事。那天，我接到校长刘庚稀的一封信，让我去报考边区四中，我当然很高兴，还找了同路人一同到安阳县政府去找刘校长。刘校长一看信说："我没给你写信呀！再说，招生已过期了。"经他打听才知道，这封信是赵璧写的。赵璧在晋察冀三分区办的《先锋报》当社长，想让我去写石印，怕我不来才写了这封信。刘校长说，反正已经来了，可以去报社试一试，都是抗日工作嘛。就这样，我去了《先锋报》社，地点在贾西庄，安阳西边，那里地处山区。我去了见到了赵璧，这里也不过六七个人，其中的贾绶卿我认识，在姥姥家见过他，那时他在完县教育局工作。还有一个也认识，原来是闲时卖毛笔的。他们都是编辑、记者。我写了几天石印，都是比小楷还小的字，觉得没意思，字太小很窝憋，工作也太沉闷，也恨赵璧用欺骗的手段把我骗来。我几次辞谢，赵璧不同意，于是我也用了欺骗的手段，我借口要去参军，去闯天下，不干这新闻工作了，他只好允许我回家了。说来这件事也是因为写字引起的。

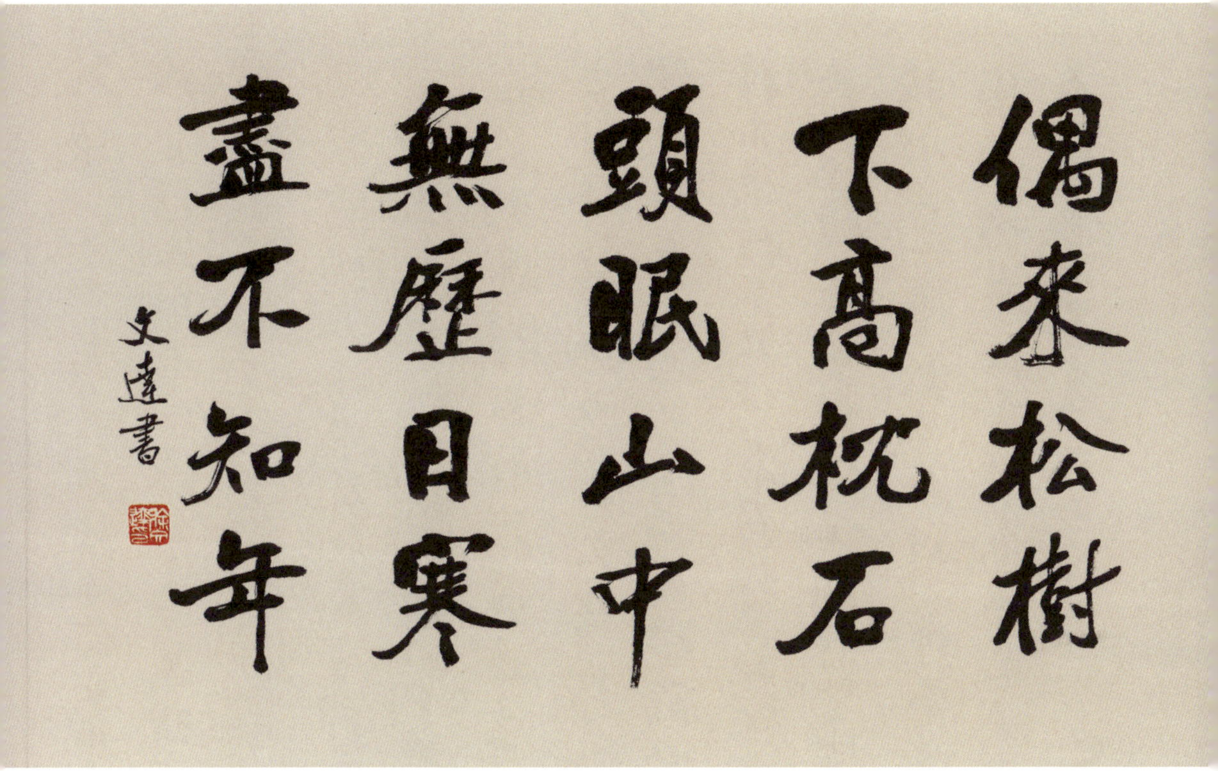


楷书　太上隐者《山居书事》

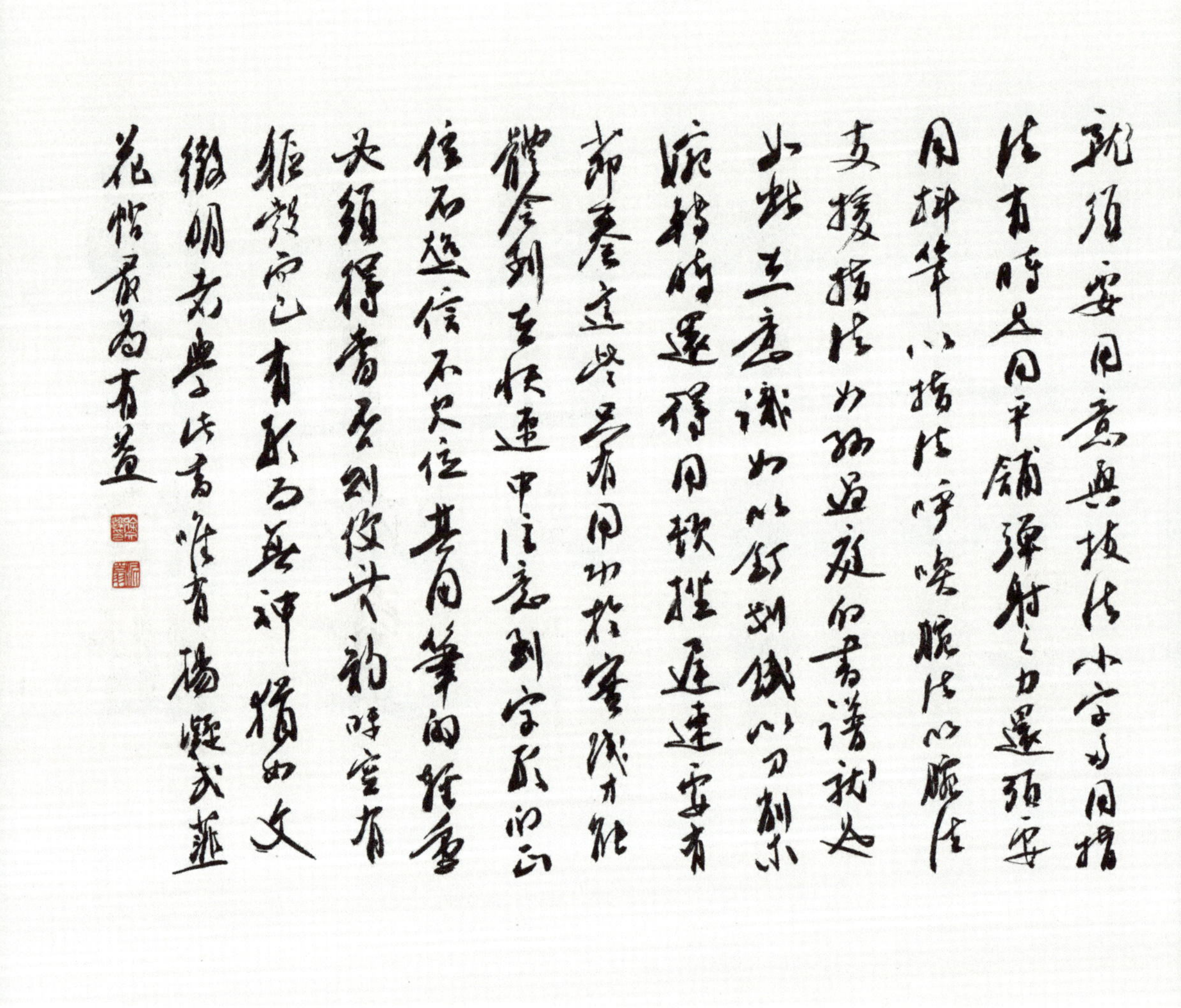

行书　书论

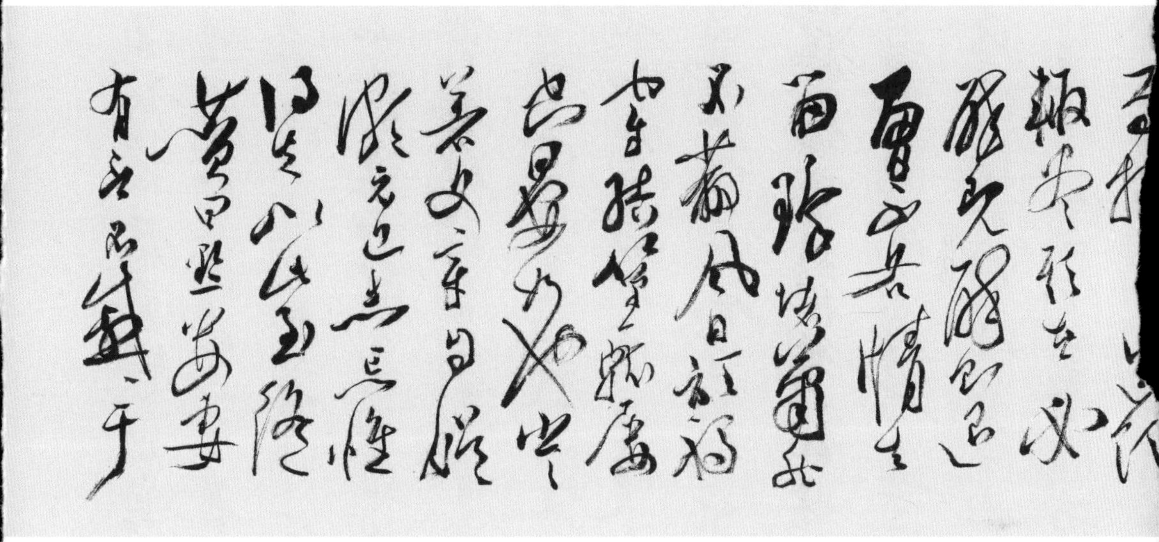

虽顾及宋重意之道又返晋唐但
少了晋唐时之骨气重其形及
用笔步骨之由因为速度也就
目前而论速而速度不单是常
见之弊甚屡因有二其一受西
方文字书写快速的影响又由于
五四运动带来的西风白话文成了
语言文字不重字意字形一味求
快犹如语言之录音法者亦是
照葫芦画瓢之嫌了其次是
封建传统的都视草芥不计
其术以为常事它的高峰就是
大字报[illegible]

中国书法向有三大难题一则
为刚柔相济则为雅俗共
赏另有速与准确亦难难
中之难在作书谱中曾云迟
者容易呆滞速者容易失势
概迟者间架方正准确速者顾此
失彼难于兼顾但要神速则不易
出神无而求全更不易出格警个
性从视大人风个性显著更有
法度的缺陷如黄山谷郑板桥之
其例由于宗守意而失敢题

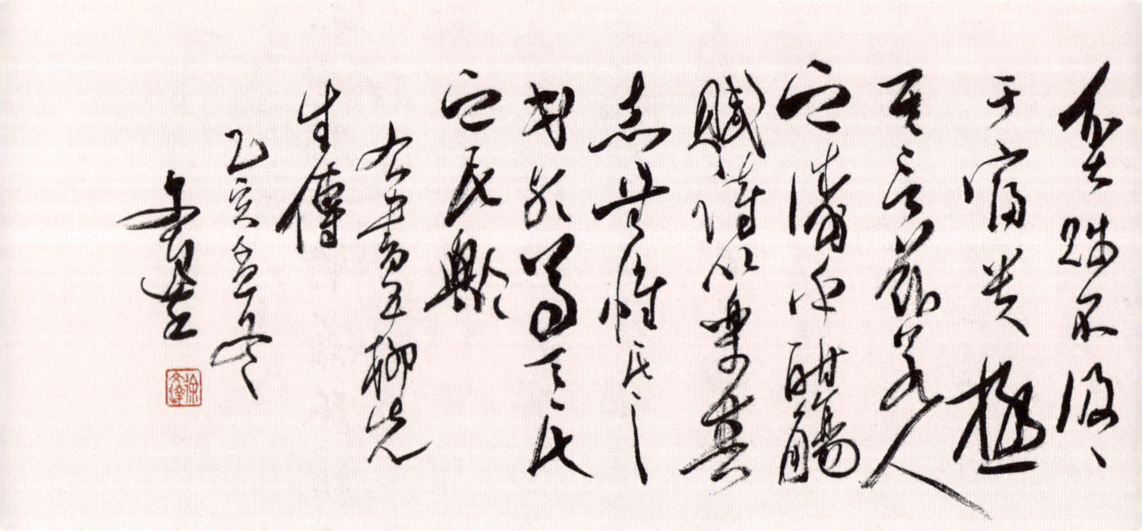

草书　陶渊明《五柳先生传》

只顧其快而不計其美，還誤以為快即是美，冠之以龍飛鳳舞，實不知已接近野狐禪矣。欲快中求好，依然是書法中之要道。全國十年來，始未很好地處理此道，多為快中之失務哉。快中之輕滑，流俗之弊，不能多注意字形間架，實際操作起來多是因快而不能，而不能兩全其美。今僅而觀之，則是用筆的苟且。如準則不能速，以速則不準，概因速中之盲目性，遂以為只須快速，中牽掣字形與用筆的準確性這

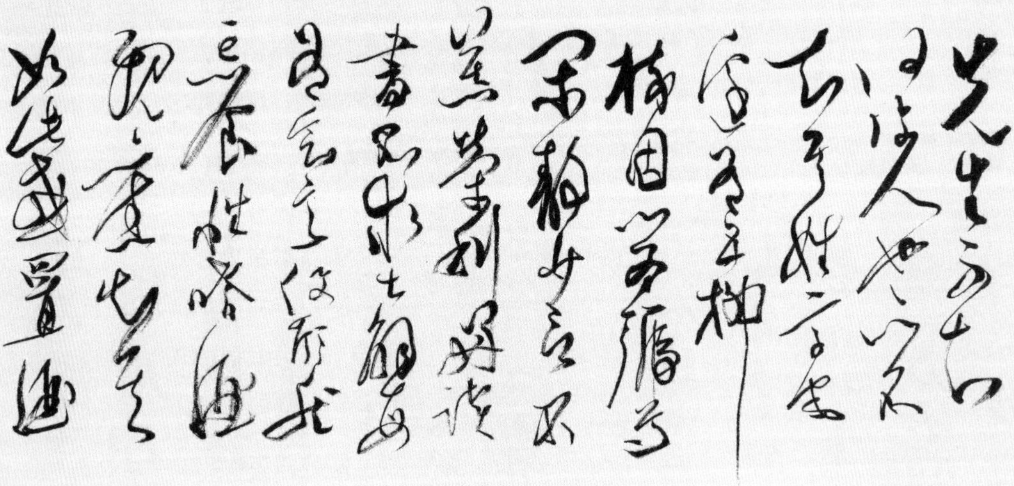

回到村里还是做农村基层干部，不过已不是青抗先的工作了，而是在村政权担任财粮委员，下面还有两名干事，他们是李云章和吴廷祜（吴笑山的次子）。每年的任务是征收公粮、公款，管理村政权的开支。除收公粮时是整天工作外，其余大都是在农闲时办公，如晚上、中午，主要的时间用于种地。担任财粮委员这个工作就离不开写字了，交粮名单、出入流水账或者上下来往信件，写公文也都是我的事。这些写字的差事让我不再为少纸而发愁，公家总还是有买纸的钱。那时用的纸大部分是当地产的麻纸，近于宣纸，写字很好用。失学以后，练字从未停止过，最愁的是纸，家里买不起纸，也没有墨。我曾将锅底煤灰和木炭捣烂加胶自己熬墨，把闲纸都用完了就用旧书当纸，也在秋后落下的桑树叶上写字，也曾用水牌代替纸。但是最常用的、最简单方便的方法是用木棍或石子在地上写，画满了用脚一抹就又平了，再继续写，以至无穷。还有比这更省事的办法，就是望着天空“意写”，你想写多大就写多大，想象出什么就是什么。有时还空划，或在衣服上划字，总之是利用一切的条件和机会练字。劳动时也能练字，如在间苗时手中的小锄用左尖时意味着字的撇，用右尖时意味着字的捺，锄三遍时用大锄顺垅往下拉就意味着中锋竖笔；尤其是下大雪以后的扫雪，在天井里先用扫帚写大字，然后再扫干净。这些都是因为没有纸墨不得已而采取的练字的方法。我这些零七碎八的随看随学、见什么收集什么的方法，就是俗语说的“老虎吃蚂蚱——碎拾掇”。

1937年至1938年间，村里倒还平安，抗日工作开展得也不错，日本人虽盘踞在县城但不常出来。到1939年日本人忽然在尧城桥建了一个堡垒，叫警备三分所，其中有日本人，也有伪军伪警察，情况就不一样了。这里离我村只有二三里地，敌人经常到村里来，查八路军的活动，村里也要有人出面应付敌人，所以设了一个联络员（也叫报告员），不过只有村长和联络员出面支应，其他抗日干部都是要回避的。到1940年，敌人又在尧城村西建了一个堡垒，叫西分哨，这里离我村才一里地。与此同时，敌人又调集大量民夫挖封锁沟——紧靠我村东，正好把我村排在沟外。紧接着，又在尧城村西南建了一个堡垒，叫南分哨。从此我村便成了一个游击区，也叫接敌区，而且地位特殊。因紧处沟的外沿，搞抗日活动的人们晚上都要从这里过沟，因此无论对敌人还是我们而言，这里都是聚焦点。在这种情况下，我们对敌人实行两面手段，采取暗中斗争与合法斗争相结合的办法。村干部以办公人的名义出面应付敌人，暗地里做抗日工作；对敌人是虚心假意，抗日工作是全心全意。这样一来，村政权的工作任务大了，白天应付敌人，晚上进行抗日工作。每天得给敌人派夫，供应米、面、柴，差不多每天都得拉出派夫的单子，派粮、派款的单子；还要经常写敌我两本出入流水账，几乎是每天都要写字；还要向敌人写报告条子，内容都是"平安无事"；发现敌人调动或活动，还要给区县游击队写情报，这些都是我的事。虽有些麻烦，却便于我练字。我凡字都认真写，就是要练得又快又好。农村还有着自己的一套文化习俗，如春节写对联，红白喜事写楹联、斗方，写金兰谱、婚书、祭文、书主（写灵牌），这些都是要用真书小楷，还有随时写的地契文书、信件等等，种类繁多。这些需要随时写出的各种书体，我都不含糊，也觉得这是练字的好机会；而且不用愁纸墨危机，这也是练习实用书法的一个广阔的天地。这也为我后来书法适应性强打下了基础，比起学院派来，这些书写要实际得多。每一次书写都是一次学习的机会。对于不同的书写内容和形式，我都要看前人是如何写的，既是练字也是学习，这也是我养成既善于吸收也善于发现的习惯的由来。我常称自己是在无字处读书，很多东西都是从社会实践中得来的。"土包子们"参加革命总是先干起来再学，或边学边用，用了再读书，先实践后理论，用理论再指导实践。可在实践中也有出洋相的事，有时把字写错了，或者写得难看，也总得到人们的原谅；因为都是尽义务，也没有人怪罪。没有高手在，"山中无老虎，猴子称大王"，就兴着我这半瓶子了。

我想写好字，但可供参考的资料太少，在农村到哪里去找字帖呢？！

城市被敌人占着。在我们村里，以前也有写得不错的人，但大都是写馆阁体，我不喜欢。当时仍然在世的吴笑山先生，原是在县政府当录事，即打官司时作记录的，他写的大都是草书，写得非常快，也很好，这是另一种功夫。他写小字完全是靠指法和腕法的机动灵活，用笔中锋，悬腕，半悬肘，写字时前后左右及转折的笔法，既自由，字的间架却又很准，我学不上来。因为吴先生是职业书写者，有自己的一套功夫，很不容易学到手。但他却教给我如何把字行写直的秘诀，也告诉了我柳公权坐车这一笔画的书写要诀。至今我写字凡坐车笔画都运用自由而准确，这是从吴先生那里学来的。我还注意吸收了完县北关薛树棠写的字，他的字学的是黄山谷加龙门二十品，很开放，有生气。原来他的师傅在保定，也写石印。这样的学习经历给我输入了黄山谷的影子。

1940年，我曾到保定去过一次，因为我们都有“良民证”，可以随便出入。同去的人有的是打听山货的行情，有的是逛商店，而我所欣赏的主要是文化方面的东西。我的亲戚领着我先看了关帝庙的古董市场，那里古书画很多，一时目不暇接；之后就到街上看牌匾，可惜那时没有照相机，只能凭脑子记。我印象最深的有两块金字牌匾，一是北街的药店“广生堂”，此字力度极强，系从柳体来的；另一块是绸缎庄的，店名“富兰斋”，字写得潇洒、流利、俊秀，据说是一位状元写的。在莲花池看到的最令人难忘的是亭子上一副木刻的楹联：“海为龙世界，天是鹤家乡”，书写为草书，劲健飞扬，章法伸缩有致，不同一般！保定解放以后，机关搬进了城，我也常去看这副楹联，但不知是谁写的，落款已模糊看不清了。直到1968年重游故地才看清——楹联已经进行过锦装，落款是邓石如。心想，真是名不虚传！邓石如是精于篆隶的，行草书这幅算是他的代表作。

我当村干部后，与区县干部联系多了，有很多干部知道我会写字。1941年冬，我的好友、区长章新同志来到了村里，把我叫去交给了我一个任务，让我当天写出十八张枪毙汉奸的布告。老天！这真是大事。章新把布告的词交给我，还有县政府的官印，说定晚上九点钟左右来人拿布告，并说这件事当日要保密。我一个人完不成，又找了我的干事吴廷祐，我们二人这才写好。原来区县干部是在当天晚上到敌人的据点王各庄村，掏出大汉奸梁胜宵，就地枪决了。随时张贴布告，以警告其他汉奸。

1938年闹人灾，死了不少老年人，遇这事就得做棺材。我村里会木匠的人不少，但都没经过师传，做棺材也是马马虎虎，一雕花就完事了。我也是半个木匠，平时很注意看别人雕花活，看得多了也就会了。我也能雕用于棺材堵头的牡丹、松鹿以及莲花等样式的木雕活，也学会做神主匣子。其中有些细活，也很是需要些雕工。因此，我在这个基础上又开始学习刻字。以前曾刻过字，不过是玩耍而已，这次是正经做刻工活儿了。有一次，在做木工活中，发现了一块旧的棠梨木，觉得可以刻印章，于是我自己借来铁匠炉打了两把刻刀。我在姥姥家也学会了看火、用锤、锻造等的方法，因为姥姥家是银匠之家嘛。看起来多学一招儿技术比不会要强。我打的刀子，连铁匠们也服气，他们说，我们干不了这样的细活。学刻印章的口子一开便止不住了，区县干部也来求章，有的还带着印材，有牛角的、石头的，不过我只能刻楷书、隶书，还不会刻篆书，所以这个时候的“篆刻”其实不能叫“篆刻”。因为没有篆字的工具书，也不能瞎刻，个别有参考资料的才能刻篆字。无论刻得好坏，起码是练了刀法。勤学出成果，我刻章也是见缝插针，一有闲空忙从衣袋里掏出刀子来就刻，甚至练到走路时也能刻。我六十岁以后有几次坐汽车时就在车上刻，也在火车上刻过；尤其是坐长途火车，刻印章时感觉不到坐车的时间长短，在火车上是刻了印文刻边款，刻了边款又刻纽子，真是乐在其中。我不知其他篆刻家有没有这个经历。那时除了给私人刻印以外，还要为公家刻章。记得曾为完县供销社、完县农民协会刻过公章，这些都是木质的长条章，刻的都是扁宋字；还为县长王进仁刻过一方不带框的行书大名章，是在布告上用的。我在刻章活动中也出过洋相。有一次，区委书记李兴同志让我刻一个大方章，内容是“完县政治处”，因为对这个名字很生疏，以为是小单位，也没放在心上，过了些日子李兴催我，我说还没有刻呢。李兴批评了我，说：“你可得抓紧刻，这事很重要！”随后我按要求刻好了。原来那个时候党是不公开的，我未曾入党，又不能给我说政治处是什么单位，岂知政治处，就是中共完县县委会。我入党以后跟章新谈起这事引得他哈哈大笑。在刻印中我没有师承，是自己瞎琢磨的，左手食指上不知因走刀刻了多少口子。手刻破了，抓把尘土掩上照样继续刻。后来见林鹏比我聪明，他刻章时为了防止刀伤，在左手食指上戴了一个指套，这也是一种发明创造吧！

在农村的时候，我还临摹过一些画，就是民间流传的一种南洋兄弟烟草公司的广告画。有的是中堂，有的是立轴，都是民族形式，质量也很好，都是照相制版彩色精印的，其中的画，作者大多是梅生和伯翔；也有月份牌画法，都是些大美人，也有山水花卉。在学校我也初学过素描、着色等，临摹其中的山水花卉时，由于学习过素描，注意了对形象的把握，所以临摹得还不错。有了绘画技术，就为那些熟悉的老年人画头像，起初只是玩耍，其中有的画得也不错。后来有人主动找我画头像，也有画得不错的，不过大抵也是碰巧了。

20 世纪 90 年代初，徐文达先生与林鹏先生合影

那些年在做农村基层干部的工作中，我也学到不少知识，积累了不少工作经验，区里有时抽调我去帮忙。在实行统一累进税的时候，有个计算技术问题，我

还要给村干部进行辅导，因为之前我受过专门训练。除此以外，区里有时让我参加他们的区务会议，让我做记录。这是区长章新对我的器重，把我作为培养对象，他也是我入党的介绍人。开完会，区长总结出几条，让我根据记录写成一个总结，直接报县政府，区公所的印章也交给了我。有时区长起草的文件、材料，让我校对、誊写出一份交县政府。那时区里的人都把我叫作“不脱产的秘书”。

1943年，抗日战争进入反攻阶段，我们村的干部配合不断攻打西分哨、南分哨的部队，对哨所进行政治攻势，我也曾几次参加，打打停停，打了又讲，讲了又打，逼得这两个分哨实际无法存在，敌人便撤走了。只剩尧城桥三分所一个据点，敌人也不敢轻易出来，要点米面柴也只派一个人缘好的伪警察马志清出来联系。

从这时我开始学唱歌了，学会了再教群众，唱久了就练习识乐谱，方法是先会唱了再对照乐谱来看。慢慢的，拿起乐谱，我也能试唱了。后来有人从县城给我带来一本《识谱常识》，看了一个晚上，就基本了解了简谱的知识。画圈圈就是休止，画横道道就是节拍，再加装饰音的符号，都学会了。这样学唱歌曲的方法，就是先干后学。参加以上这些艺术活动，贵在处于青少年时代，记忆力强；特别是练手，青少年时更为重要，青少年误下的功夫，一辈子也补不上。

# 书法与职业既矛盾又统一

1944年，区长让我到下叔村当教员，不久又让我当高小校长。论文化我真是不行，论工作经验倒是绰绰有余，尤其会教歌也是一大优势。后来到巷北当校长时，我就加上了书法课。我任教的每一所学校都很注意音乐、戏剧活动，书法活动也很是活跃。这大概就是我与众不同的地方。在巷北，我还自制了一把小提琴，引起下乡搞土改的抗敌剧社的龙康和王佩芝的重视，他们听到我发音很宽，音量也大，而且识简谱，也懂得一些戏剧常识，想调我到抗敌剧社去，因为县委不同意，没有去成，我失掉了一次再造的机会。在杨各庄高小工作时，我还是以书法打开局面的。杨各庄是个老区，有一位教师是北京大学毕业的，学问很好，叫臧方文，像我这样的“土包子”，人家是看不起的；对村干部来说，前前后后调了不少校长，也都很一般，学校没有什么起色。有一次，杨各庄起庙会要唱大戏，舞台上要挂匾，众人到学校请臧老师写“蜃楼”两个大字。臧说学校没大笔怎么写。来人很尴尬。我说可以把几枝小笔捆起来写。臧有点不理解，于是推脱了：“那徐校长写吧！”我说：“还是臧老师写。”他一直推脱，再三不写后，我只得包这个“粽子”了。我拣大些的笔，捆了四支，中间一支长出一些来，作为中锋，“蜃楼”二字到底是写成了，而且得到大家的赞赏，更有好事者在看戏时宣传我徐某如何如何有学问等等。1948年，我又调到西朝阳村当校长，去了不久，就有一位解放军来找我，并拿出一封教育科的信，原来是让我到塔山坡去写碑文。塔山坡离西朝阳不远，也就六七里地，被书碑的人是解放军十一旅参谋长钟天法，他是在清风店战斗中牺牲的，长征时的红军。这件工作是一位解放军同志主持的，他是十一旅文化科科长。塔山是离太行山几里地忽然突出的一座尖顶圆形孤山。我去时，石碑都已准备好，帐篷也搭下了，共有六七通碑，大部分是按标语式碑文裁的石料，只有一通是圆柱六角形的幢形碑。那些标语碑王科长主张写美术字，因为那时写美术字很时髦，认为那样才是带有革命性的形式——就是用铅笔画出轮廓来再去填墨。我总认为那不是写字，于是就用手写出的美术字直接上石。离塔山坡不远有个村叫荆尖，村里颇有些书法传统。民国年间，这个村出了一个有名的书法家叫冀兆强，他是写颜体书的，但比华世奎用笔还肥，间架也雄壮，在县西北山区，凡粮袋上的字都是他写的，我家的钱褡裢上也是他写的字。他死后虽然没有后人继承，但村里也有懂得书法的人。每天都有人来看我写碑，只是光看不说话。有一天，北关薛树棠也来看，还是没说话，当时我也没有谦虚几句，很是没礼貌。按说薛在当时是完县写字最好的一个人，但没有请他写碑的原因是，他成分不好，又属于绅士圈内人，思想也比较落后。当写到钟天法自传和履历的时候，因字数太多，又是在六角幢石上写，要用美术字写不仅费时间，也不好看。因此我向王科长建议还是用楷书写吧。王科长同意后，我便准备用楷书写。经计算，每个字比鸡蛋小一些——还是用我的柳公权再加行书笔意，使其不致拘板。这时王科长又找了一个帮忙的，是一位老先生。他来这里的任务主要是提词，王科长怕把字遗漏或写错了。老先生很认真，在写以前，他先提第一句，然后提第一个字，有的字提得很清楚。如“天”字他就提是天上地下的“天”，不是种地的“田”；再如“志”，就提是同志的“志”，不是智慧的“智”等等。当写了几十个字后他便说：“休息休息，抽口烟，喝茶！”我那时正年轻，性子急，不想休息。老先生看出我的意思，就谈起了不能写快的道理。他说写快了容易写错，如果写错擦去重写就是对死者的不恭。记得在书主（灵牌）时，也有类似的说法，如果写错了还得用刀子把错字刮去，人家就会说这是刮祖宗的骨头呢！葬礼上举行文武大典时，也有人唱词，如“点外函”“点内函”，也是怕“点”错。所谓“点”就是用朱笔“点神”，即“先成主，后通神”：在书“主”字时先写“王”字，成“主”就是用朱笔在“王”字上点一点就成“主”了；“后通神”是指在书神字时不写“申”字的竖笔，最后再用朱笔加上一竖笔就成“神”了。另外，在灵牌上书的孝男等等的旁边还用朱笔点上几个点，“外函”“内函”都有。这种书和点一般是两位先生来做，书的不点，点的不书，点“主”的先生品德、学识、地位要更高一些，但不要做过官的；因为每次杀人，做官的要在招牌上用红笔勾画才能行刑。还有一忌，就是不能用茶水研墨，特别是研朱墨，这也是因为在法场上，研朱墨时为求方便，就用茶水来研，不再专门找清水。这些说辞当然都是牵强附会，没有什么实际意义，只是为说明人们对这些树碑立传的事是相当谨慎的。老先生继续说：“按早先，子孙为祖上树碑，是非常尊重大先生（书者）的，称之作大宾。每天开始写时，孝子要恳求大宾，跪下磕头；结束时，孝子要请大宾，还是磕头。当然现在不时兴这个了，况且钟参谋长的子弟又不在跟前。”每当休息的时候他就说：“过去的先生们写碑从来没有着急的，写不了几个字就歇一歇，抽口大烟，躺一躺，反正写多写少由大先生定，别人也不能指手画脚，还得有点大先生的派头，讲究的主家还给大先生现大洋。你现在是为人民服务，当然不提这个了。”我心想：这都是摆臭架子，磨洋工。旁边另一个老者说：“嗨！大先生挣钱不挣钱，打下手的总是先挣钱的！”老先生沉默无语。看来这种认真的精神还是对的，但这些封建的礼节完全没有必要。

一写楷书，荆尖村来人看的就多了，有人说：“这才称得上是书，是正经写字的。”又一人说：“我们不知道你的楷书写得这么好，还以为你不会写字，只会画标语那种字，眼下时兴这个，我们也不能说不好。”看起来群众还是喜欢传统的书法。

什么事也是活到老学到老。在这次书碑过程中，于无意间也晓得了刻碑的一些秘密。六角碑是写一面刻一面，当我看匠人们如何刻的时候，匠人们说：“先生你看，你写的字每一笔我们都留下了一道很细的边，不致走样。”我又见他们刻石的时候，总是拿一束刀子，从来不在刻的时候磨刀，我问这是为什么，他们说这是照师傅说的做的，为什么，不知道。原来刻石与书碑一样也有名堂。不在刻石中间磨刀是让刻石者不能中间走神，怕把字刻坏了；另外，磨刀的手劲和刻石不同，手劲一变，刻的细微之处便会走刀，尤其刻小楷字时更是如此。20世纪70年代，我刻毛泽东诗词后，才体会到这里边更多的道理。一般的书法名家都有自己认为可靠的刻手，这种刻手不仅不会刻得走样，还能修饰原书的缺点。柯璜先生就有这样一位刻字工人。这人也有一定的书法基础，又熟悉书者的书体，这样的刻手在刻石时，就不存在留边不留边的问题了。如果遇见留边的刻工，字要写得稍肥一些，如果是刻帖或翻刻帖，一般宜瘦不宜肥，因为如果再拓印这种石板，越拓棱角越小，形成的笔画越肥而模糊。再者，刻帖与刻碑也有不同。刻碑是为让人观赏石面的，刻下去的笔画要光滑，字应尽可能保持原貌；而刻帖却不是为观赏石面，而是为了看拓片的效果。所以在刻帖时，凡是锋芒用笔，宜超出原作一些；凡肥笔，深度宜大、角度宜大，这样拓出的拓片字的锋芒几乎等同于原作。如按原作刻，拓出的拓片锋芒就会短一截；肥笔如果刻得浅而坡度大，拓片就会瘦而模糊。上石方法还有书丹，即用朱笔直接写在石头上，这最好；另一种是写在纸上再勾勒到石头上，这样容易失真。现在，用电脑刻，可以使笔画逼真，但是深度不够，拓不出好拓片，还得用刀挖深。

从刻碑起我考虑，写大标语能否用榜书？那样会又快又好，只有特别大的字才考虑美术字。我试做了一支大笔，其骨干是一把小扫帚，形状就像一支大笔，再披上七寸长的猪鬃和麻一块扎起来，每次用过还要拿水洗，越用越好用。有一次在县城写大标语，数我的任务完成得快，这还引起一些老先生的重视。一位老者说：“写这大字的一定是位老先生！”旁边一位教师说：“嗨！这个人才二十多岁。”老者说：“八路军里还是有人才。”这些工作为我后来写榜书奠定了基础。

在做教育工作时还有一件得“利”的事。学校的一些补充教材需要印刷，那时都是油印，刻蜡版的任务就由我完成。刻蜡版用的是专门的一种字体，近乎印刷体，而且要求速度要快，我虽赶不上县政府印室那些专门刻蜡版的人，却也差不到哪儿去。刻这种字是用铁笔在带网纹的钢版上刻，下笔用力一定要匀，不能像写毛笔字用“提、按”，基本是硬碰硬，需要点力气，功夫全在指尖上；特别要注意字的间架，还要有耐心。岂不知这种劳作，对我以后刻印章的边款起了大作用。刻版本身就有金石气，有了这个功夫，再加肥瘦，用刀、用锋的技法（铁笔是不用锋的），大大有利于我之后边款字形的完成。

1948年秋，县委调我南下，先要到易水地委（即原来的晋察冀三分区）报到，地点在易县的皮庄。在未南行以前，解放军又连续解放了保定以北六个县城，地委要吸收一批新干部，补充大批南下干部的缺额，就决定让我们几个做教育工作的来完成培养新干部的工作。当时成立了两个培训班，即两个队，吸收城市中青年学生、教师，还有乡村知识分子，地点暂设在地委党校。我担任二队指导员，那时的山区生活很艰苦、很单调，也没有什么文化生活，我便主动组织起课外文化活动来。先组织办墙报，举行体育、歌唱活动，以后又组织晚会，其中有口技、合唱、清唱、杂耍等项目，后来又进了一步，演出了小话剧、小歌剧，与农村戏迷合演了传统折子戏，很是活跃。组织这种活动，除使学员安心学习以外，我又能接触到学员，深入了解他们的思想动态，还能联系农村群众。党校肯定了我的这一做法。待到保定解放，地委机关也进了城，党校也由易县白堡村迁

20世纪初，徐文达先生与友人切磋武艺

入保定郊区庞村。到了这里，文艺活动更扩大了，与庞村业余剧团合演了京戏《法门寺》《打渔杀家》《捉放曹》等大戏，还有一队新型文艺组织，专门进行唱歌、舞蹈、小戏、朗诵等活动，培训活动更加红火了。

1949年，地委调我到宣传部去工作，可能是由于我爱搞文艺活动，被上级领导发现了。到宣传部后才知道，是叫我组建文工团；组建起文工团后，又任命我当团长，这些都是不曾想到的。在文工团里工作也是“土打土闹”的，都是一把年轻人，其中有不少是培训班的文艺骨干。大家都没有做过此种专业工作，团里也没有什么权威人士，基本是从零开始的。大家团结一致，艺术上群策群力，我既当行政领导，也当业务领导，没有上下官兵之分，同样与大家一起练功，一起演出。为了提高业务能力，我在山西省艺校戏音班学习深造，音乐水平得到提升，又懂得了一些戏剧常识。文工团的工作红红火火了起来，但是写字的时间少了——没时间写字，却得到了不少“书外功”。如戏剧的综合性，音乐中的节奏感，声乐中的音色、音量、音域，这些艺术表现手法很多都符合书法的艺术规律：舞蹈的身段美和书法中字形的间架美有着近乎一致的标准；交响乐的浑厚、起伏、强弱、雄浑，对写草书的章法有可借鉴的地方；在器乐演奏方面，尤其是弦乐、键盘乐，都需要指腕的灵活，这可直接用于指导书法的操作。这些艺术的形式和规律都潜移默化地渗透到我的书法中来，再连同武术、锻工、钳工一并汇总起来，成为我书法之外的多种修养的积淀。

# 终归于书法艺术

1951年，文工团奉命解散。1952年，我改做电影发行工作。1954年春，我调到中国电影发行公司山西办事处。1956年，我任山西省电影发行公司经理，那时电影还是个新的艺术形式，我还不入行道。

初到山西，几乎没熟人，对艺术界也是一片陌生。继续搞文艺是不可能了，但仍然“坑灰未冷”，曾写过几十篇影剧评价文章，断断续续地写过两个电影文学剧本和一出六幕话剧。一番忙碌之后，逐渐发现，我的戏音艺术基础不好，对表演艺术也只能是“爱好有余，才华不足”，同时，我对电影发行工作也并不怎么感兴趣，便在思想上逐渐向书法、篆刻转移。当看到报刊上刊发有郭沫若、蔡楚生、田汉等的书法作品时，我很兴奋。既然这些大知识分子还在运用书法，便觉得书法艺术不是没有前途的，况且毛主席都是用毛笔题词，将来书法也应是可有所作为的。受这些激发，我又开始练起字来，比起音乐、戏剧来，我的书法有童年的功夫，并曾大量书写过若干社会应用的书法，基础较好，也得心应手。若干年来，觉得自己写字的间架很好，只是骨力不行，所以必须加强力度。郭沫若的字对我有影响，其气势和骨力均可取。这个时候我也开始买字帖了，见好的就买，价钱都不贵，先学《兰亭序》，比较顺手，要求自己尽可能“逼真”字帖。由于继承了高先生的书法，又有学董、赵的基础以及小楷的基础，临写的习作基本接近字帖。另提一句，绍兴兰亭纪念馆曾展览并保存一幅我临摹的《兰亭序》。与此同时，我也临摹怀素的《草书千字文》，以后发现此件是翻刻的，便放弃了。使我最感兴趣的一本字帖是《王氏一门书翰》，这是钩填王羲之、王献之等王氏一门书法的字帖，能看到用笔和墨迹；最喜欢的还是《伯远帖》，此作是东晋王氏书风的代表。除临帖外，我主要还是看帖比较多，反复阅读，记间架、用笔、神情，按我的手上功夫，只要脑子记下的各种形象都能写出来——这就是常说的眼到手到。没功夫的就是眼到手不到，庸才是眼不到手也不到。这些都是灵活的学习方法，但假若不认真，也收效不大，还得有勤学的精神，一丝不苟，才能由硬学再到活学。我缺乏的仍然是“硬学”，但是我这种活学也有它的好处，即学帖和运用相结合，学了就用，不至于学帖和实用脱节。

电影公司经常举行新片招待会，请一些领导、作家、艺术家、新闻单位人员来看新片。这对他们来说，是一种学习；对公司来说，是为了请他们写介绍新片的文章，在报纸电台发表，以进行宣传。后来，公司又出了一本刊物叫《新电影》，与一些作家、评论家保持着联系，因之，我也逐渐与文艺界相识了。在一次招待会上，我在放映室前的走廊里挂出用毛笔写的一些宣传电影的词句，近乎一幅中堂，引起大家的兴趣；特别是山西省副省长郑林同志看到了，很高兴。这是我的书法在太原初露锋芒。大概是1960年，日本外交人员来访时，谈到中国书法已经转移到日本了。这话令很多中国人不服气，有中央领导大声疾呼：中国书法不能转移到日本！一定要振兴我们的书法！这一番话得到全国书法界的拥护。山西省的郑副省长积极响应，不同场合宣扬、发动，以期振兴山西的书法。这之后他召集了几个搞书法的人员进行讨论，大家认为应先建立一个书法组织。郑省长的意思先成立一个山西书法篆刻研究会筹备小组，由赵建邦（山西省图书馆副馆长）任组长，刘永德（山西省博物馆编辑）、高寿田（山西省博物馆副馆长）、水既生、程曼（山西省文联副秘书长）和我为成员。

在第一次会议上，大家提出应先搞一次书法、篆刻展览，一方面联系书法人才，一方面扩大书法的影响，由山西省政府和省委宣传部发出通知，让各地、市、县组织参加展览。因为这是山西自古以来第一次举行的全省书法、篆刻展览，大家自然是非常重视。来稿不少，选了一百二十幅在山西省博物馆展出，场面很隆重，参观展览的人也很多。《山西日报》进行了报道，并以一个版面选登了书法、篆刻作品。我参加展览的是一件条幅作品，内容是毛主席的《清平乐·六盘山》，报纸上也选登了，得到了好评。自此次展览以后，在太原兴起了一股书法热，已经辍笔的老先生们重新奉墨，新手们也积极投入书法活动，有一些单位，选一定的纪念日举行不同形式的展览、笔会，如重阳节书展、迎泽公园赏菊诗书画笔会等艺术活动。山西书法艺术局面初步打开了，这也更坚定了我走书法之路的思想。

早在1955年，我曾到晋祠参观过一次，深觉晋祠文化层次之高，晋祠规模也很大，建筑与山水树木各种景色完美结合；特别是在那里看到了傅山的一幅字，觉得写得异常精灵。虽然这件作品是木雕的阳文字体，依然倍见风采。又看到了一块石刻横匾“晋源之柏第一章”，真是绝唱啊。拜观傅山的书法，总的印象是：第一，字体无懈可击，很难找出它的毛病；第二，正派、端庄而有气势，大家风度；第三，既有自己的特点，又有艺术上的完整性。不像有些名家，虽个性突出，但在整体上各有偏颇。我从此立志要学傅山，并为自己制定了几条原则：学习以傅山为主，字体以草书为主，时间以业余为主。在学傅山的同时，要兼学二王、怀素、黄山谷、苏东坡等。在理论学习上以《书谱》为主。决心下了，要以学傅山为宗，但当时有关傅山书法的资料很少。当得知山西省文管会曾出了一本宣纸影印的《傅山书画集》时，我托李正云同志索来一册。又在天津购得一本上海博物馆编印的《傅山书法》专刊，还收集到一部《太原段帖》。资料已经收集得差不多了，时常翻阅揣摩这些资料，心想，先学什么呢？

首先要学习傅山的人品，再学他的气韵，他的书法一般都是连绵不断或者笔断意连的，总是一气呵成；第二学他布局紧凑，字势喷薄欲出；第三学他婉转连环；第四学他丰满充实；第五学他意境高远。但不一定认真死抠字形笔迹，要接受学柳公权的教训——进去出不来，所以主要是学他的精神，而且要边学边用边提高。

在参加山西省首届书法篆刻展以后就有人向我来求字了，这就是用，而且用在了实处。所以我基本上是有求必应，当然是完全为人民服务，自己包纸包墨。这种“学习方法”有学一点巩固一点的好处，也有成熟速度慢的缺点；因为那时不理解这一点，学得毕竟闲散不集中。学书法有其法，凡法有其利也有其弊，总得因人而异，不强求一致，像我这样的就是“迟收的庄稼”。

那时学写字主要用的是麻纸，此种纸比较便宜，也有某些宣纸的效果。由于纸少，凡写的字都被抹黑了——大字中套小字，小字上又盖再大的字，写得不能再写为止；可惜的是，这些资料没有留下来。应酬中最难

1981 年，中国书法家协会山西省分会成立时主席团成员合影

的是两件事。一件是买不起宣纸，有时到商店只买一张，最多也只是买两三张。卖纸的商店也只有山西省文联开办的书画店，太原也只此一家。每次应酬之作，由于惜纸，大都是一次完成，没有改善的余地，这也是不利于我书法提高的一个原因。第二件是苦于研墨。古人写字大部分是小字，用的纸张渗墨性也不大，像用绢写就一点也不渗墨；现在用宣纸写字，吸墨特别大，好容易研一池墨，两笔就用完了。那时的我不富裕，经常买不起纸，我的书桌上连砚台也没有。1963年，我到天津才买到一方旧歙石砚，也很小。那年拍马烽写的电影剧本《我们村里的年轻人》的续集时，陪导演苏里还有词家乔羽到汾阳拍外景，借此机会在汾阳的商店里买了几方讲究的端砚，砚盒及砚雕都不错，价钱也不贵，每方也不过是三五块钱。还在太原文物商店买了一方一尺二寸直径的大墨海，是五台文山石。满以为可以解除研墨之苦了，可是用起来却大失所望，没有一方是发墨的，研半天，水只呈现出暗红色，还不如我那巴掌大的歙砚好用，这也促使我下决心自制砚台。

随着时间的推移，我的书法影响较前有所扩大，求字的也多了起来，反正都是白拿白要，不要白不要。这时有人建议："再有求字的，要他自己带纸，否则不给写。"拿纸求字的才是真爱字的，不拿纸的只知道沾光。我这样实行了，果然还灵，但是人家有的要多大字只拿多大的纸，一点多余的也没有。又有人给我建议：要带纸，一定要带整张或者带两三张，对他们说要写坏了怎么办，所以拿时要富余一点。从这以后的应酬，我就用不着自己掏腰包了。

既入了墨阵，便逐渐成为墨客了，我每次到北京开会，总要去荣宝斋看字看画，也买些文房用具，也买些字帖。记得1956年在琉璃厂路北的一个卖卡片的商店里，买了他们仅有的两只湖笔羊毫小楷，一直用到现在，已经是四十多年了。1994年，写《前出师表》就是用的这笔。1979年，我到孝义贾家庄蹲点半年，也带着这笔随身使用，这笔已是我的功勋器物了。

买帖、读帖、看帖，这是学习书法基本的“功夫”，但读帖时间的长短、次数的多少，其效果却有很大的不同。我有祖传的一幅苏东坡书《后赤壁赋》四屏拓片，后装裱起来悬于壁上一年多，每日不知要看多少次，时间长了，苏的笔意自然地输入我的笔法。所以有人说我的字有苏东坡味了，我却没有觉得。从这里可以体会到，学某家必须多看，连续看，不间断地看，会收到“自由入体”的效果；如果是偶尔一读，间断且不经常，则收效甚微。

# 时间从哪里来

说写字道书法，练字的时间怎么解决？我从学校到文工团，再到电影公司，都是一把手，主要负责人，有很多行政和业务工作要做。搞书法是业余的，不能影响工作。在电影公司工作时经常晚上看电影，在山西省委宣传部文艺处工作时，差不多每晚都得看戏，经常是到夜里十二点才能结束，时间实在太可贵了。1957年，我求柯璜先生写了一幅字，内容是："时间是挤出来的。"平时我常到柯老先生家中去聊天。柯老十分谦虚，他给我写信时自称是小弟，可那时他已经八十一岁了，而我才三十多岁，这是旧时文人的礼节。文人相交尊称对方为兄，即使对方年纪小也是要称兄的。有一次，我问他给我写的那幅字的出处，他说是马克思说的——没想到后来这幅作品对我起到了巨大的作用。1958年，"大跃进"开始，大干苦干大炼钢铁，每天都要苦干通宵。干了两三天后，我觉得这样不行，磨时间不是"大跃进"，要看速度。我提议改进技术，缩短工作时间，每晚到十二点便休息。但即便这样，开始也很不习惯——平时都是夜间九时至十时就睡觉了，可如今，每天熬到夜里十二点，好像也没有什么不适应的了。这时我又想起"时间是挤出来的"这句话。事实证明，懒的习惯可以养成，勤的习惯也能养成，早睡觉也未必能够健康身体。记得山西省博物馆录制师彭元培先生一生主张每晚九点钟睡觉，连电影也不看，还几次劝我早睡，可是他也不算寿长，八十一二岁就去世了。我从1958年开始每天十二点以后才睡觉，有时延至一两点、三四点，甚至通宵，干什么呢？无非是干书法、篆刻、制砚等艺术活动。这种自己向往的、令人心情愉快的劳动，对身体并没有什么坏处，从某种意义上说，干有兴趣的劳动等于休息——以苦为乐就是如此。精神力量是巨大的，革命战争年代，真苦，却没一个成天叫苦的人。有的战士不惜牺牲自己以换来战斗的胜利。当经过艰苦卓绝的奋斗而取得胜利的时候，战士们那种喜悦的心情是无法描述的，这种愉悦也是其他任何事情所不能替代的。所以，愉快的劳动就是一种保健，精神的享受要高于物质的享受。从来没见过通宵赌博的人说辛苦，反面的正面的道理都是一样的。从1958年算起，我每天平均多工作三个多小时，到1998年的四十一年间，我多工作了六年，等于多活了六年，我今年七十八岁，按工作年龄，我应该是八十四岁了。

# 有功不受赏

我这样的辛苦搞书法，并没有影响工作，因为我把这些艺术活动放在晚上去做。即便如此，也不被人理解。有一些干部认为：搞工作以外的一些文化活动，就会影响到工作，就应该把所有的精力都放在工作上；如果不这样，便是“不务正业”。在我们电影界的同行中，就有这样的人，还时常到文化局党组书记李庶民同志面前告我的状。庶民同志不仅没有批评我，还鼓励我好好写，并说：“你才四十岁，正是发展提高的时期。”告状人仍不死心，又告到山西省委宣传部部长李琦同志那里。部长亲自到我办公室看了不少我写的字后说：“写吧！你的字写得不错。”1959年“大跃进”反右倾的时候，告状人又在小组会上揭发我在开会时刻印章。其实这样的事情只有一次，那是中央组织部副部长乔明甫同志让我为他刻一方名章，并说他晚上回京。时间急，我只能用下午开会的时间完成。大家对这个揭发并没有理睬，因为这与右倾无关。待到反右倾小组会结束时，组长张颔同志说：“康老在中央政治局开会时也刻过公章，可是毛主席也没有怪他。”这些话实际就是对揭发者的回答。博物馆有些人也看不惯我搞“夜行军”，有的传播说我不会睡觉，彭元培同志几次劝我：“徐馆长，九点睡觉，早晨可以早起。”我说：“九点睡觉那些事儿谁来干！”

# 初见成绩

自从书法复兴起来，主要的活动是书法展览。自参加山西省举办的首届书法篆刻展览以后，我又参加了“全国首届书法篆刻展”，随后又参加了“黄河流域十省书展”——从陕西开始到山东结束，继之就是“晋冀鲁豫书展”（后转成华北五省联展）。这之后，各种展览风起云涌，此起彼伏。甚至不同行业也举办了全国性大展，以至还出现了大奖赛。1984年，我还获得了“全国储蓄书法大展”一等奖，但无奖金。这是属于非本行的活动，所以我也很少参加。1984年，我获得山西省文艺创作银质奖，奖金八百元。随着众多展览的推出，相关书籍也陆续编辑出版了，当时我只参加了中国书协出版的《当代中国书法大成》和《当代书法家辞典》，其他的均没有参加。后来也有人编辑出版了一些名家的书法集，如河南闫正编的《当代中国书法大全》、文化部周倜编的《唐诗三百首四体书法艺术》、香港收藏家石景宜编的《中国书法集》，都收入了我的作品。我还参加了加拿大金城雅集举办的当代中国书展，作品入编《中国书法选》；韩国出版的《中国名人书法集》收入我的一幅画，等等，有些也记不清了。

除了参加这些展览以外，我还写了一些帖式的案头读物的小型书法作品，有多件毛泽东诗词，有《前赤壁赋》《长恨歌》《书谱》《归去来辞》《木兰辞》等，这些都是“展览效果”以外的作品。书法有一种现象是，能写小字的可以写大字，而专写大字的却不能写小字。像日本人写小楷的就很少。不过我的书法成就可以分两个阶段：从1985年到1994年这十年间属于间歇阶段，不参加任何全国举办的展览；第二阶段是从1995年开始至今，这是个后发的阶段，也可以算作是晚成阶段。上述的这些是前一个阶段的书法学习及艺术活动。

# 坐冷板凳

我的书法艺术活动并不是一帆风顺的，但愈有坎坷愈有进步，这也是一般性规律；但这只实现于有志人的身上，少志的人一见困难便缩回去了，落得前功尽弃。坐冷板凳不是什么苦难，于我而言是一种享受，也是一种动力。“穷则思变”，我就是沾了坐冷板凳的光。1980年，沈阳举行首届全国书法篆刻作品展览，来稿甚多，在评选时提出兼有书法、印章作品的作者只上一种——上印章就不上书法了，我上了印章，这说明我的书法水平还有待提高。回想1964年和1974年中国到日本举行的两次书展，我被选中的都是印章，说明书法不如篆刻。但当时我觉得印章的影响力不大，心里有些不大痛快；后来一想，这就是对我书法的一种考验——还是水平不够。当然评选上的作品也有偏高偏低的现象，主评的只有五人，杨仁凯、李长峪、秦萼生、胡问遂，另一位记不清了。主评委也只是一面看墙上的作品一面定，没多少时间推敲，更不了解作者平时的情况，

20世纪70年代的徐文达先生

所以我觉得此次评选也有些匆忙了。为了听取更多的意见，我于1981年在太原建筑工人俱乐部举行了一次个人书画展，当然作品准备得很匆促，组织工作也做得不好；好在展出时，观众还是一片赞声。在同道之间就不同了，有一次在并非座谈个展书法艺术的会上，受到两位道友的严厉批评，对我的作品基本上是全盘否定，特别指出错字有一千有一万！当然这批评中有因别的缘由而发泄情绪的成分，但这确是对我的一次很大的打击，我当然很不高兴。经过细想，这些批评还主要是在错字方面，其他也没说出不好在哪里。无论如何，不管他批评者的动机是什么，对的批评我就接受。这就是“言者无罪”“闻者足戒”“有则改之”“无则加勉”。既然批评的主要是错字，错字又主要错在篆体上，这改也不难，刻章时认真于字形的准确就行了，不会的就查工具书，错字并不是评判篆刻作品高下的要害。但是这种舆论也影响到中国书协，在全国第四次书展时，我的作品就没有入选。以后我又投石问路，河南举行全国性的书法大展，宁夏举行草书大展，还有哪个省的大展，我都送了作品，均未入选。其实早在全国第三届书展时，我的作品也是勉强入选。其中不单是作品的原因，也有某种毁誉的影响。不管外界如何，我已感到还非提高自己的书法水平不行。先闭门思过，一律不参加全国举行的各种展览；也感觉到自己的作品并没有什么特点，学傅山也没学好，况且各地书界并不太了解傅山，人家不选也是可以理解的。这时，自醒也好，感悟也罢，想到一些大书家遭遇泼冷水而长进的先例。米芾就曾经因自命不凡而受到指责；文徵

20世纪80年代，徐文达先生在进行书法创作

何时缚住苍龙

卖老酒

长城

明十年没考中进士，这才下决心写字；沈尹默也挨过陈独秀的批评；启功为人画了一幅画，人家不让他题字，要让他的老师题写，说他的字不行。这些人由于遇到小看和批评，才使他们长了志气，终于取得了艺术成就。我看我也得走这条路，毕竟我对自己的书法还是有自信的——山西广大人民群众对我的字还是肯定的。在参加加拿大书法展览时，有一位素不相识的人，他是展览的组织者，陈风子先生，给我写了一封长信，评价我的字可与明代祝枝山的相媲美。陈先生也是书法家，精于篆书篆刻，曾在香港当过多年教授，所谈也是行内之言。有位日本朋友，还有香港鲍耀明先生都来信称，以我的书法而言，我堪为当代国手。在肯定自己的同时，还是要知不足，要高标准要求自己。失败是成功之母，这也是一条规律。往往在踌躇、彷徨的境地才会发现“又一村”，出现新的希望，冷板凳会带来热座位。没有这个冷板凳，就没有我晚年的新成就。

# 在墨海中畅游

自从我步入社会以后，书法是在实践中锻炼的。虽然在农村标准是低了些，可是也在逐渐提高自己，实践也在检验自己。书法学习也是在实践中发现问题、解决问题。我的书法艺术走的是一条雅俗共赏的路子。这是个高难度。不赞成那种所谓“只叫少数人说好，不要多数人说好”的思路，那实际是一种贵族艺术思想。历代书法大师的作品以及重点文学著作，大都是雅俗共赏的。那种清高的、醉心于与众不同的、眼睛向上的人，却偏不能为群众所欢迎。听说有号称书法家的，在“文化大革命”中，连大字报也不让他写，他写的字人们看不懂，这样的人也称不上大家。一个书法家，既能“阳春白雪”，也能“下里巴人”，凡是真正的书法家，都会被人民群众所承认、所尊重。我刚刚调到山西省委时就有这种体会。1964年，山西省委统战部部长张德颁同志逝世了，丧事办得很隆重，举行仪式要写很多字，办公厅行政处找了两个人来写，因为他们写的都是美术字，很慢，办事人员很是着急。这时陶鲁茄书记的秘书赵海望同志建议让我去，行政处半信半疑，抱着试试看的态度让我去写。先是写追悼会的会标“张德颁同志追悼会”几个大字，都是榜书，我只用了三分钟的时间就写好了。大家顿觉惊奇，都说又快又好。其他的如花圈上下款、挽联、挽幛等一天就写好了。就此，我会写字的名声在山西省委大院传开了。这种活动对我也是一个锻炼，什么字应该怎样写，怎样才能取得最佳效果，也不能是太随便的事。动手又要动脑，要用多种手段，这是实实在在的锻炼。

此后不久，“文化大革命”开始了，写大字报成了那时的主要工作。我把写大字报当作练习书法的方式。那时，人们大量地读写毛主席语录，书店里《毛主席选集》已经卖光了，只能手抄。在省委大院里，凡是家里没挂毛主席语录的都要补上——写书法作品当然比写大字报要认真，光我一个人写不过来，好在还有赵海望和张茂森。再往后，宣传部还要编写文章并书写在一块小看板上，大概每周编写一次。从宣传部资料室得到一批新闻纸，这种纸写小字很好用，也弄来几支画水彩的圆笔，正适合写这种字。

这样一来，写小字倒是有了练习的阵地，写二王书体尤其觉得手畅，对我来说，这是求之不得的练字的机会和条件。这件事对别人来说，是一项辛苦的工作，我却当作机遇，这里没有一个人批评我爱写字。

# 集中精力、集中时间

在我的临池实践中，没有什么规律可循，比如每天在什么时候练写、练多长时间。有时写得时间很长，写的文字也长，甚至连续写十个小时。当写到最后的时候才感觉到有了一种得意的笔画，即作品的最佳效果常常是书写到最后才出现的。这是为什么呢？一般来说，可以理解为熟能生巧，也可以理解为傅山说的“正极奇生”，在大范围内是“正极奇生”，在小范围内也是“正极奇生”——这些情况应该是在人精力旺盛的时候才会产生，如果是老态龙钟的年龄，就不可能是如此了。1996年，我为了到北京举办个人展览，已经在我的斗室里写了一些多条屏大字的草书作品，但由于纸长，桌子小，伸展不开，还得自己移动纸，不能尽表其情。为此我又搞了一次集中书写的做法，找学生李治国和女儿晓梅帮我拉纸，地点在五分部的会议室，房间很宽阔，在大室、大案、大纸的条件下，写大字、写长文、写多幅，写了一整天，心情舒畅，精力集中。这是在不怕写坏、无所顾忌的情况下动手的，事前又稍饮了一些酒，乘酒兴写狂草，先写苏东坡的《密州出猎》：“老夫聊发少年狂……”第一次写得过热，缺少含蓄感，于是又写，都不满意，待到数次反复后，才摸到纸、墨、笔的最佳处，精神也更兴奋了，接连用八尺纸写了李白的《太原秋早》、苏东坡的《前赤壁赋》十屏、毛主席的《沁园春·雪》十三屏……书写时，有助手和围观者的喝彩，书者、观者产生了感情交流，我近似忘乎所以，让助手不停地拉纸，我在流动的纸上用傅山连绵大草的笔法，挥写李大钊的七律，真是一气呵成，酣畅淋漓啊！有人注意到我凡笔枯再醮墨的时候才呼吸，我自己却没有感觉到，这可能就是用气用神的一种表现吧！所以这一天所写的都是成功的作品，但每幅作品最成功的部分还是后半部，先正后奇，正极奇生啊！与此相反的也有教训。在为山西省委和省人大写大幅之作时，都不顺手，纸大（六米长，一米八高），房间小，把沙发桌子都搬了也周转不开，故不可多写。手不热，环境狭小，心也不畅快，在这种情况下，写的都不甚满意。以上所述，说明写一幅作品要有合适的主客观条件，也要有较长时间的酝酿，有练手的过程。当然，也有随手就书写得不错的，不过那都是属于偶然之作。

# 笔墨交往

在省城太原，由于书法的缘故也接触过不少人，均是以书会友，翰墨交流。

在电影界最先认识的是大导演苏里、词人乔羽同志。乔羽的书法也不错，在“文化大革命”中，我们还保持着联系；但直到1996年我在北京办个展时才又重逢，那时他已是秃发老者了。

杨成武将军到太原时，我也为他写过作品。杨将军误以为我是他的部下，因为都曾是晋察冀的，见面比较亲切，也为他刻了印章。

1976年，赵朴初先生来山西省博物馆参观，我们请他留字，谦虚了一番，到底还是写了。我和张一两个人铺纸研墨，当墨研好后，赵朴初先生准备书写，临写前一直膏笔。张一小声对我说：“怎么老是膏笔不写呀？”我说：“那是在打腹稿。”朴初先生书写的是一首七律诗，最后一句转了韵，词句倒很好，“村翁奉手连声道，芝麻开花节节高”，还落了我

徐文达先生（中）与著名画家李琦先生（右）、小女徐晓梅女士（左）在迎泽宾馆合影

的上款，可惜他没带印章。下午我到宾馆去看他时，顺便给他急就了一方印章，速度很快，就在他给我备好烟茶的时间里，我已经刻好了。他见此非常惊奇，连连说："这么快？"

1976年，北京电影制片厂电影艺术家谢添来到太原，在贺新辉（山西省委宣传部文艺处处长）的陪同下来到山西省博物馆。谢添知道我，以前我与长春电影制片厂厂长胡苏，导演雷坚、张其、苏里都打过交道，后来长影一部分人调来北影工作，所以谢添知道我。我对谢添也有所了解，因为曾经都是同行。寒暄了一阵之后便开始笔会，当然先让谢添写，因为他是客人。谢添笑着说："我这不是喧宾夺主吗？"谢添开笔，在场的人无不惊讶，原来他是倒写书法。把字颠倒了写，这一点我没有想到。此前我已有一个腹稿，但见他是倒着写字，便立即重拟了一个腹稿，然后书之。作品写完了，谢添拍手叫好！诗文是："影家大将到山西，不是屏颜面君仪，倒笔从容开生面，弄墨也是蒙太奇。"谢添对这首诗很感兴趣，因为这首诗几乎是脱口而出，来得太快了。据说谢添写过一篇文章谈这个事，发表在一个刊物上，可惜我没见过。

徐文达先生（右一）与朱焰先生（中）、邓明阁先生（左一）合影

1979年，对外开放以后，日本人来太原旅游的很多，其中有不少是书法访中团，我多次组织接待，不时举行笔会，并尽量让山西省书法家轮流参加。日本著名书法家渡边寒鸥也来过，这个人曾写过一百首歌颂中国书法的诗，字写得不错；在山西省博物馆二部（纯阳宫），他还参观了我所制的澄泥砚，他提出有没有"鱼肚白"的

砚，看起来这人对砚还挺内行的。

1980年，我又接待了日本栃木县书法访中团，团长是大森卷山。在笔会以后的闲谈中，他问我对简化字怎么处理。我说，从不写简化字，还是用繁体字。他赞成，并说：“我们日本在教科书上把简化字后面还注一个繁体字，这不是瞎子戴眼镜——多一层嘛！”从言谈中看出，这个人是不赞同简化汉字的。他走后，我问翻译：“怎么他也说瞎子戴眼镜？”翻译说：“那是我按他的意思翻译成中国话的。”

1982年，还接待过一个日本书法访中团，这个团不全是搞书法的，也有搞医疗的。其中有一个女团员叫若生爱子，这个人很活跃，她也会说中国话，她是在东北出生的，日本投降后，参加了解放军，在医疗队，因此对中国人很有感情，不同于其他日本人。他们临走前，外事办在晋阳饭店招待他们，若生爱子吃饭中忽然唱起歌来，其中还有中国歌曲。若生爱子比其他日本人晚走了两天，我便为她刻了一方印章，文曰：“对酒当歌”。她非常高兴，每次给我来信都盖上这方印章。1983年，她来过一次，我到宾馆去看她，我说下午还要去残疾人的福利基金会，她随手为残疾人福利基金会赞助了两万日元。

还是这一年，日本书道联盟秘书长梅舒适一行到山西来参观。他们是由中国书协介绍，由山西书协来接待的。梅这个人比较傲气，他学过中文，对中国文化也颇熟悉，这次来，主要想看傅山书法。这时山西省博物馆二部正陈列着傅山书法作品。当他看傅山书法《读宋史南迁》时，我说：“这是我临摹

20世纪70年代，徐文达先生在笔会现场

20世纪70年代文联会上，徐文达先生（右二）与出版社的总编高鲁、儿童作家郝丁、山西省群艺馆馆长禹明合影

的，不是原件。”他点头。看完后，他一直要求到接待室，那里面有我临摹傅山的四幅字，他们一下都买了，有三人没买上还觉得很遗憾。在宾馆我们交流了书法和印章作品，我给他刻的是“君再来”，他和其他接待他的山西人都觉得好笑。1999年，他又来山西参加山西省与日本篆刻展览，在宴会上我们坐到一起，我对他说：“你记得我给你刻的印章‘君再来’吗？”他忽然明白到我的意思了，于是点头，我说：“你真的再来了。”他说：“是，是，是！”

日本人有的很吝啬。有一次，外办支守元告诉我说，日本琦玉县要送我礼品，并要还些礼。我将以往用垣曲紫石刻的带纽薄艺的四方印章，交给了支守元。这印章上的印纽，是利用紫石上的一层白色石层刻的，非常别致，很有价值，可是来人给我的礼品却是一个打火机和一支圆珠笔，这其中不知是什么原因，我真是后悔莫及。

日本书界人士到中国来，是因为他们认为日本书法来自中国；可是有些中国人在书法方面却也崇拜日本，如有的中国人到日本去学书法，有的学校请日本人当书法客座教授。1980年，在沈阳举行首届全国书法篆刻作品展览时，日本一个书法家川上景年去了，当时他正在北京举行个人书展。在沈阳不知是什么人的主张，让川上讲一讲中锋论，各省的代表都去听了，可是他讲的并不是中锋论，只是讲了毛笔的结构和制作材料。这时，听众席中一年轻人忽然站起来“互动”，这个年轻人装束很时髦，长发披在后脑，发尖正好可以扫衣领上的尘土。他说：“请讲讲创作自由吧。”川上说：“创作自由是从西方传来的，其实世界上没有绝对的自由，连地球、月亮、太阳都不自由，它们必须按照轨道运行，否则太阳系也就不存在了。”当时在场的人都感觉到，这个年轻人有崇日倾向。后来才了解到，这个人是陕西省的代表。

日本东京人近森孝恕，专门研究山西的书法家赵铁山（山西太谷人），还专程来过太原两次，赵铁山的儿子赵子言接待过，近森还出了一部研究赵的书，至今我和近森还有联系。可是山西却没有专门研究赵铁山的人，实在令人惋惜。

1970年代末，李炳璜先生带着自己的画到江浙去求教，我拜托他求沙孟海、林散之、陆维钊各赐一幅墨宝，李炳璜带了回来，真是难得。

多年以前，大概是1965年，听说郭沫若来了，我亲自到晋祠去求字，那时接待的是郑林同志，他说：“郭老游天龙山有些累了，我为你求字吧。”果然郭老给我写了字，郭老还是对我有印象的。因为河北省文化局李泽严，曾托我给郭老的夫人于立群刻过两方印章，也为林铁的爱人弓彤轩刻过印章。不足的是，没能聆听郭老关于书法的见解。

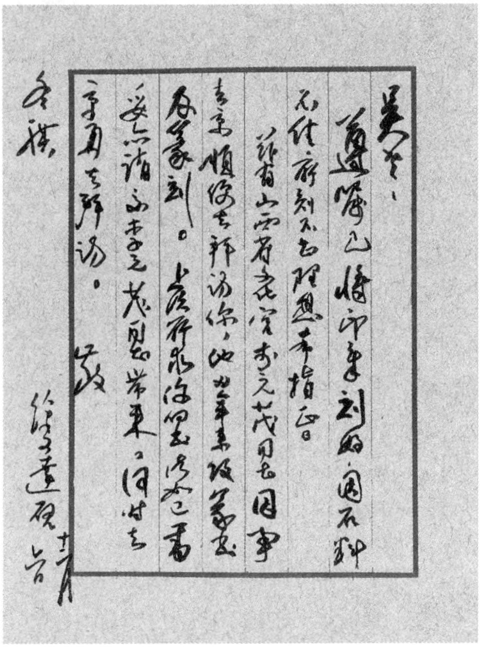

徐文达写给吴玉如的信札

1978年，我也曾到北京去拜访吴玉如先生，是华而实的哥哥潘耀阁引见的。那时吴老已是晚年了，落齿苍颜，他看了我的字说，学的帖少。当谈到周总理的诗时，我才知道他和周总理在天津南开大学时是同班同学。1996

1991年"卫门书派"研讨会期间，徐文达先生（前排中）与姚奠中先生（右一）在运城

年，我到北京举行个展时，有一人到饭店来找我，要我为他所出的关于吴老的书籍提几个字。他说他是吴老的学生，还拿出一张吴老苍发蓬松、孤独扶杖的照片。看到照片，我很难受。

在我的书法活动中，离不开以文会友，因而结识了许多朋友，有不少朋友帮助、鼓励、爱护我。1984年，中央来山西考察干部的领导也喜爱书法，常到山西省博物馆来看我。我也为他们写了一些字，还谈到做澄泥砚的事。他们拿了两方澄泥砚，并且执意给钱。当山西省委领导班子换届以后，他们就要走了，走前到博物馆向我辞行，他们说："你的政治问题，我们为你解决了。"当时我只能含糊地说："谢谢！"心里思忖：我谢什么呢？我早就是党员了还有什么政治问题需要解决吗？不久，山西省政协送来表格让我填，我这才知道是他们推荐我当政协委员。在此以前，老省委书记霍士廉、新省委书记李立功是不认识我的。此后，霍书记曾两次到我的宿舍，看我的房子不行，还设法给我解决了住房。1983年，我住在了省政府机关事务管理局王村宿舍。李立功夫妇也来过家里两次，还在我家吃过饭。后来霍书记常住北京了，可每次来太原总要叫我去坐坐，然后吃个饭。1991年，我曾给李立功书记写信说想要出个人书法篆刻集，他批转给了宣传部，由出版局分配给山西人民出版社出版。这是属于特批的，我至今不忘这些伯乐式的领导。

从1986年到1993年，我曾随山西老年书画研究会到大西北两次、大西南一次、汉中一次，以文会友，参观名山大川，成诗若干首，受益匪浅。

# 太原市第一块金字招牌

解放以来，太原市还没有“金字招牌”，新成立的单位大多是挂木牌子，比较讲究的也只是用美术字勾画出来再上漆。也有的更简单，在白漆漆过的木牌上，用红漆或黑漆一写就成了。大部分牌子是郭伯英写的，也有程虹川写的，机关单位对此也并不重视。写牌的任务是合作社承担的，也是他们的一种营生。我也写过一些，每次都对使用单位提出要求：牌子上的字必须是先双钩再上漆，尽量忠实于原作。但也只有重视牌匾的单位才这样做，大多数是总务部门给合作社打个电话，牌子就做好了，省事！

有一天，太原市服务公司的一个叫张敏学的来找我，他说他是垣曲的，和我还是半个老乡（我在垣曲下放过），他要我写个牌子，名曰“太原市鸿宾楼烤鸭店”。还说这是由一个卖牛肉店改成烤鸭店的。我有点含糊，卖牛肉的并不在乎牌匾如何。他看出了我的意思，立即说：“这是市委决定的。”我说：“市委还管这些事？”他说：“嗨！这是领导建议的，人家说不光要接待外国、外地人，也要让太原的群众尝尝。”那时太原市并没有烤鸭店，来人说这还是领导让北京烤鸭店连人带技术搬到太原来的。我一听精神来了，领导关心群众这很难得：“写！领导的建议当然要照办！”当时李元茂也在场，就研究起名字来了。我说，写“鸿宾楼烤鸭店”就行，还要太原市干什么？于是我就讲了一个啰唆人的故事。山西省委宣传部的干部在中央学习班学习时，教育处一位副处长买了一部收音

机，在背带里面写了很多字：太原市府东街省委宿舍一号楼四号房间。年轻干事们一看，就议论开了，大家知道他写文章非常啰唆，有人就对他说：“你这带子上的字写得不完全，还没写山西省呀！太原在哪个省？”又有人说还应该写上中华人民共和国。大家以此类推地说：“还该有亚洲、地球、太阳系、银河系、宇宙，这就最完整了。”听我讲完大家都笑了。李元茂说：“干脆就叫鸿宾楼三字就行了。”我也同意，我说比如“乐仁堂”，并没写中药店，谁也知道是卖中药的。张敏学说：“我回去后请示一下咱们再定。”第二天，他来了，说：“定了，鸿宾楼，还要做金字。”太原第一块金字招牌就是这样诞生的。

# 发现人才，扩大阵容

1979年春天，襄汾县来了两个年轻人到家中求字，我按要求写了。临走时，他们又拿出一幅字，是旧作，四尺对开的纸，内容是陈毅的《大雪压青松》。他们问我："这字怎么样？"我说："很好。目前我省还没有这样水平的书法家。"当问起写字人时，他们说他叫卫俊秀，又名景迅，是他们襄汾人，原在陕西师范学院教学，因写文章研究鲁迅的《野草》被划入胡风集团，打成"反革命"，现在劳动改造，不过不让他劳动了，叫他教学，教学也是劳动嘛。我说："太可惜了。"他们说陕西正在为他落实政策。我说："把作品留下吧，参加第一届全国书展。"

在沈阳举行首届全国书法篆刻作品展览时，此件作品入选了。展出前一天，沈阳电视台采访我，让我介绍卫俊秀先生的情况。我说可惜我连他的大名也忘记了，只记得是景迅，正在落实政策，其他什么也不知道。人家只好把作品播放了一下。自此，卫俊秀先生的名字和他的书法水平才显露出来，成为一个后起的大名家。

还有一个没见过面的朋友，陈曼若先生，他在临汾师范学院图书馆工作，我从他给学生的一封信中发现他是一位了不起书法家。以后每次举行书法展览我都给他去信，请他参展，他都及时送来作品。他的作品让我惊讶，字非常文气，法度严谨，间架得当，一看就是学者的手笔。当召开山西省第一届书代会时，我把他列为代表。他托人送来一幅清代楹联书法以示祝贺，并附有一信说明要去北京看病，不能参加书代会了。可惜一去未归，陈曼若先生病逝于北京，令人惋惜。

我这个人爱才，总是想把有水平的或有前途的书法家吸引到书协来。我最早发现的是夏县的贾起家。我是在夏县商店的柜子中发现了他的字，原以为是老书家尉世芳写的，没想到是他的学生贾起家写的；当山西省举行书展时，我通知他送作品，也被选用了，那时他才十八岁。在青年书法家中，他是一个认真学习、人书俱佳的青年才俊。从开始学《圣教序》、学二王，多年不变，写出了自己的风格；且为人正道，热心于书法艺术事业。其他还有太原的王留鳌、田树苌、闫俊、谢启源，运城的张生、王陆，忻州的宋培卿，介休的李刚，新绛的梁鸿志，平定的王宽，还有天津的况瑞峰（在天津收为学生），北京的陈维，保定的杨恭义等，都是随时发现随时联系的。和这些人有的是当面交谈，有的是写信，有成绩就鼓励。切磋书法，写信是一个好方式，写长信，多次写信，也收到了一定的效果。也有个别的人不接受我的观点，另起炉灶；但没有一个人说我多此一举，大家还是希望提高书法水平的。做这些事除了对大家有帮助外，对我自己而言也是有了一个学习提高的机会。作品内容的推敲，手稿手札的书写，都让我体会到教学相长。我也曾收了一个入室弟子牛小平，从不会拿毛笔到能应世，共用了五年的时间，后由于急于找工作，对书法的学习有所影响，如果努力的话，还能继续提高。有的人急于求成，踏上一条不利于自己书法发展的道路；也有的寻找到自己的出路，并也有所建树。有的人将书法活动变成了政治行为，为自己谋取地位。这给了我沉痛的教训。在长期教学中，我忽视了书法人格的教育，没有强调人品是书品的第一要求。但是自觉性强，努力学习，有成就的人也不少。在道友中，合作得最好的是袁旭临先生，他工楷书。20世纪80年代，我建议他学行草。从80年代到90年代的十年间，他专攻行草，大有长进，如异军突起。他本就功底深厚，艺术上比较完整，篆刻、绘画、诗词无有不能，全方位发展，前途宏大。他与我有共同的方向，同心同艺，有他这样的同道颇让人欣慰。

# 自悟、自修、自强、自立

我常对人说，我是“土包子”，是“三无”干部：无高校学历，无文凭，无职称。为此我还刻了“柴门布衣”“土包子”“泥土巴掌”“乡野村夫”“秋后蚂蚱”等印章。但论起学历来，我比齐白石高，他只上了二年学，我上了七年学，邓石如也自称是布衣，所以学历并不重要；重要的是，要有自力更生、苦学苦练，自己找问题、自己解决提高的能力才行。我既反对洋教条，也反对封闭的土教条，书法艺术，只有在长期的艺术实践中才能提高。既要在无字处读书，也要在有字处读书。不过读书是为了应用，不是为读书而读书。假如读了书也不能自用，把读书与为人处事脱离开来，读书只是为了把玩，这种读书又有什么意义？有人提倡学者书法，认为读书有了学问就一定能把字写好；然而有好多学者是写不好字的，写好字的往往又不是学者。按要求，学者应该是书法家，书法家也应该是学者，没学问的书法单薄而无深度，甚至低俗。所以书家要学习文化，包括书法理论，但具体学什么也应该有所选择，不是所有的经史子集都要读，主要是学习自己需要的理论，不在多而在精，更要注重应用，以促使书法提高。有些书法理论实际只是些经验，有的提法并不科学，存在偏颇，反倒使人越学越糊涂。但是基础理论的学习却是必要的。1960年，我到文化学院学习了半年理论，主要是唯物论、辩证论，结合多年工作经验，领会得就比较深刻，学会了用辩证唯物主义认识问题，特别是对立统一规律理解得更深了，感觉得益很多，并且能运用到对书法的理解上。

我对书法理论的学习也不是很系统。实际上，古代也没有系统的书法论著，观点比较杂乱，有的甚至互相抵触。我主要学习过孙过庭的《书谱》，这部书内容是比较丰富、完整的，也比较接近实际。我特别注意孙过庭所说的“偏工易就尽善难求”的观点——艺术就要从难从严，凡传统文化艺术都讲综合性，最典型的是中国的戏曲艺术。《书谱》一书，提出了一些观点。第一，《书谱》中把王羲之看作多面手，认为钟繇、张芝各有长短，这是有典型意义的。在京城四大名旦中，也以梅兰芳为首，因为他太全面了。书法讲究综合功力，搞偏工，单打一，除个别高才外，终究不能成为大器。西方单项活动的规则，不适合于中国书法，如打篮球用手不用腿，足球用脚不用手，话剧只说不唱，歌剧只唱不说。但这些项目在训练的时候还是需要综合训练的，一蹴而就的办法是不可取的。我就是各书体都学，但重点是草书，不能平均，会分散精力。《书谱》中也说“草不兼真，殆于专谨；真不通草，殊非翰札”。第二，《书谱》中提出了书法发展的三阶段，即“如初学分布，但求平正；既知平正，勿追险绝，既能险绝，复归平正”。这实际上是练字中出现的一个“之”字形的规律，也是否定之否定。如写字先生后熟，熟又再生；先拙后巧，巧又回拙；学贴先不像，后很像再到不像；先无法后有法，再无法，等等，这些都带普遍性。第三，《书谱》中提出很多矛盾协调的观点，如“遣不恒疾”“留不常迟”“带燥方润”“和而不同”“违而不犯”“古不乖时”“今不同弊”等都是精辟的论述。第四，《书谱》指出许多写字出现的毛病，并将之归结为“偏玩所乖”，这就是偏工所造成的。以上这些理论对我起了很重要的作用，我的草书成就即是有赖于楷、篆、隶同草书各体的综合。对于书法理论，虽然没系统地学，但还算是零打碎敲，拣其重要者，纳入思维之中，当然也就是随着实践，学一点记一点。墨海拾贝，逐渐积累。

除了书法理论学习外，不可缺少的是文学和历史的学习积累。在文学范畴中我以为尤以诗词为最妙。我对诗词的注意是从小时候看楹联开始的。过去，乡里流传着一种对对联的习惯，一人出上联，旁人对下联——也记得一些这样的故事和故事中的楹联文字，并由此初步了解了一些对仗、平仄等诗词技巧。特别是那些难对的上联，很有趣，至今有的还能记下来，这些对我后来作旧体诗很有帮助。抗日战争时期，写过一些新诗，包括写剧本也都是通俗化的新词曲，但也要借鉴一些旧体诗词歌赋。1958年“大跃进”，刮起写诗、采风之风，引起我的兴趣，也写了若干首诗，发表在《文化周刊》上。那个时代，在书法书写内容的选择上，多是毛主席诗词，也有一些唐诗及古文等。书法的内容还是以古诗词为好，因为诗文首先有节奏性，又具诗情画意，文字精练也少重复，这也是古典艺术的同一性。在应时的书法活动中，还是需要写一些与当时、当地有关的词句，有时就要即兴赋诗，“缀句”虽来不及推敲，做得多了，便也能大体“成文”。为此也读了不少诗、词，也学了一些诗词格律，并在实践中运用。那时，旧体诗读本大都没有释文，有些注解也很简单，只好自己领悟，查词典，每有所得便心情愉快。有时理解一首诗要费很长时间，以手头工具书引路。这种边学、边作、边用就是我自学的一种形式，学以致用，偶然也有得意之作。常为一首律诗费几年时间才选上合意的词句。我写诗主张通俗化，少用典，更不为了押韵用生僻的字。除注意平仄以外，很少用古韵，因为它的难度太大；在少年时没有学过声韵，古韵律也记不住。我对古韵也有自己的看法。由于中国自古语言不统一，至唐归结出《唐韵》，至北宋归结出《广韵》《集韵》，到南宋又归结了一个《平水韵》——是对之前的进行了简化，但是平水韵也概括不了各民族、各地区的语韵，这些韵很复杂，学起来很困难。而现在已有全国统一的语言——普通话，语言统一，韵就简单了，只要把四声掌握好，韵也就不难了，所以现在再去追求古音古韵，已经没有什么必要。避开这些韵的戒律，有利于语言的发挥。我每次作诗，都是在外出时触景生情即兴而作，不是为写诗而写诗。而且多作绝句、律诗、楹联，主要还是“学为用”，作，也为用。1983年春节，我到原平县（今原平市）去为群众写春联，曾去一个致富有方的农民家里访问，回来后拟了一副反映群众生活的春联，上联是：“这几年咱真是，五谷丰登，六畜兴旺，钱多得花不了。”下联是：“那光景谁都说，四季发财，万事亨通，高兴得睡不着。”为了口语化，其中用了两个“不”字，这也是采用了顺口溜的句式，也并不见得别扭，大家对这副春联很感兴趣。还有一次为晚年幸福的老太太写趣联，上联：“看老脸为什么忽然变横？”下联：“皆因为光景好笑逐颜开。”有一年去沁县为石刻馆和文化馆写固定楹联，也是自编自写，并且刻木上金。这些活动，既是体验生活，也激发了我的诗词创作。

除此以外，更多的是去书写和领悟一些古典长诗和散文。新出版的一些诗词及散文书都有了释文，好理解了。在专注于古诗文及散文学习、研究的同时，也通过书写的形式，边学边写，写也是辅助记忆的主要方式。1998年，我经过多次的书写，竟全文背会了《兰亭序》《归去来辞》《将进酒》《醉翁亭记》等数篇古文。

在读书方面，除注意阅读关于书法理论书籍以外，凡有关文化、艺术、科学、历史的报纸、杂志我都不放过，还特别注意对历史的学习——是想有助于了解书法的历史。可惜的是，现在还没有一部切合实际、有深度的书法史书籍。有些文章，偏于抽象的理解；有些洋腔洋调洋名词，说不明问题。在基本理论方面，山西张光鉴的《相似论》很有见地，他这个理论是钱学森肯定过的，并谓之为一种思维逻辑的新创造。这个理论对于书法继承和创新问题提供了一个科学的认知方式，对于研究当代书法走向及辨别正误，是有参考价值的。

由于彼时在“坐冷板凳”，不能不作各种思考，我的书法上的问题究竟在哪里呢？纵观我的书法，婉转流畅有余，熟而轻滑，缺乏厚重与沉着，也缺少个性与特点。但原因是什么呢？

原因之一，仅仅把书法限制在笔墨圈子里。从毛主席的狂草中我得到启发。毛主席是一位伟大的领袖，胸怀宽广，文韬武略，有超人的智慧、必胜的信念，心中有天地，有英雄豪气，超凡脱俗！这种神采正是我所缺少的。我以往只是在不疼不痒的方寸中回旋。

原因之二，我的字流畅轻滑，少骨，内容贫乏，这是由于综合功力不够，学傅山不深入不认真，停留在表面上和外形上，缺乏对其更深一层的理解。

原因之三，在对工具的理解上有误区。过去认为，写草书要用大笔写小字，但多大的笔写多大的字没有考虑过；其实，一味地用大笔并不实际，尤其是迅笔婉转必然要引起松软。小笔也能把草书写好。多次思考和练习之后，才将羊毫长锋这种工具用得得心应手。

一直以来，我都认为北碑是静态艺术，隶书也应列入静态，楷书和篆书是半静半动，以静为主；所以凡开始学魏碑和隶书，包括小篆起家的，一般写不了草书。尤其魏碑，收缩力相当强，很不容易突破。清代的邓石如、赵之谦就是典型的例子，山西的赵铁山也一样，他们都为静态艺术所局限。但也有初学魏碑、篆、隶而后成就草书的，凤毛麟角。那么草书中什么时候需要魏碑、篆、隶？那就是书写轻滑时。轻滑就是油滑，我目前的线条就是这样，这是太熟而带来的负面影响。沈尹默说的“最嫌烂熟能伤雅”就是这个道理。油滑就需要掺“砂子”，这“砂子”就是魏碑、隶书和篆书，当然也不能放弃楷书。找出了问题，明确了方向，便开始训练。隶书，我倾向于《曹全碑》和《石门颂》；魏碑《张黑女》属于上乘，还有若干墓志铭；篆书习惯于钟鼎，以《吴大澂篆书论语》为蓝本，旁及《墙盘铭》。学这些的目的不是把他们学得怎么好，主要是为了写好草书——就是把动与静结合起来，把方笔与圆笔结合起来，把逆锋、折锋和偏锋结合起来。关于草书的方笔，我不仅揉进北碑和隶书（包括笔画和间架），还吸收了剪纸中的直线结体。在楷书中，我又把柳、颜、欧、赵结合起来，以柳公权立骨，颜真卿树筋（即韧性、弹性），以欧阳询出凌厉，以赵孟頫入秀润。从宏观上说，是帖与碑并用，以帖容碑。其中还吸收黄山谷行书的开阔、用笔的落点和扬长。我就在这各种书体的幻化中融通，其中的乐趣难以言表。并且根据《相似论》中所示，各种书体虽其形式不同，但其内容在规律和核心方面是相同的，摸到它们的共同规律，抽出它们的特点，就得到它们的要点。如北碑虽各有不同，但其特点概括起来是：方笔、刀法效果、严谨、方块、平均安排、沉静、金石气、断而不连。我的书法主体风格应是雄浑，气韵连贯、通畅，仍然不失傅山书风。综上所述，只有书体的相融才会产生百变，多种变化的书法形式才有利于书写内容的表达，才不会出现千篇一律与定型化的毛病。这样书家就可以根据不同的内容，作者的不同感情、意韵，写出不同形式、不同风格的作品。书者的胸怀、知识、性情，才能在书法中表达出来。如果是一个只有小农意识，自私自利、眼光短浅、胸无大志的书者，断不会写出意境高远、典雅高尚的作品。如此，我所写的作品大都各有面貌，有的粗犷雄健，有的飘逸畅达，有的淡雅清逸，有的狂放张扬，有的严谨聚合，有的参差错落，有的平铺匀称。其中我最典型的作品是《前出师表》。我根据经验总结出，凡先写一段北碑或隶书，之后再写草书，必然是沉着劲健；如果先画一段山水画中的大写意皴法，再写草书，必然是奔放开张。虽然有多方面的考虑，但真正的契合、贯通，是不以人的意志而定，也还是需要一定的技法。其中首要的是间架的准确性，要定位，不能超位、欠位、错位；其次是笔画的净化，剔除庞杂无用的东西，笔笔不苟。只有这些基本要求熟悉了，方能发挥，方能恣意放荡，越出常规，出现险绝与奇意。而在此以前，需要经过一个手不达意或顾此失彼的过程。要解决这些问题，就是多练多写。选好内容反复地写，更要写长文，写生文，寻找拦路虎，哪个字难写没把握，就必须把它攻下来，等到对任何字都没有什么顾虑了，才能获得创作的自由。无论写什么都要有严格的要求，第一，整体效果（章法）要好；第二，每行字也要好；第三，每行的每个字也要好；第四，每字的每一笔也要好。要知道，“取乎上者得其中”，所以虽然不能全部达到高要求，但要有个高标准，这样才不至于信笔闲散，不经推敲。有时我在深攻某一作品时，常常得不到最佳效果，可是却会出现“副产品”，在不经意中出现新的收获。比如写毛主席词《沁园春·雪》，我从1946年就开始写，至今已五十多年了，还是写不好，原因是什么呢？是对这首词没有深刻的理解，转了五十年，只是在笔墨上兜圈子，突不开局面。再如攻《黄河大合唱》不成功，却在无意中写《醉翁亭记》时收到轻松的效果，这是由于从激动的心情忽然步入轻松的心情时出现的一种逍遥自在的意趣所致。书写古人的长篇文章，不仅可收获线条的出神入化，对文学作品的理解也在一次次地书写中逐渐加深。回忆过去，我写过的长文有《前赤壁赋》《后赤壁赋》《滕王阁序》《长恨歌》《前出师表》《后出师表》《秋声赋》《归去来辞》《书谱》《醉翁亭记》《五柳先生传》《将进酒》《木兰辞》《阿房宫赋》《与元九书》《心经》《陋室铭》，还多次写过多首毛主席诗词。

在平时书写中，我是以傅山为宗，无论写什么都是一气呵成，从不间断，思想动作集中，本着神采为上的原则。感觉作字就像打仗一样，心潮澎湃，气贯笔端，快节奏，包括裁纸、拉纸、换纸，一切都是快的；不间断的行笔，看似是外松，实际是内紧。按“神形”来说，神是十分，形要八分，千万不能倒置。如果本无笔意，随手夸张用笔，必然是苍白无力。

1995 年，徐文达先生（右二）与友人登芦芽山

以上这样操作，持之以恒，才得深功，才能得到优良的效应，积累起作书的“资本”，获得艺术创作的表现能力。但是要真正发挥感情，又得忘掉这些技法、法度、规则，作书时要像演员一样进入角色，忘掉自己，要“心忘于手，手忘于书，心手达情，书不妄想”。我的作品《兰亭序》《祭侄文稿》都是在这种情况下完成的，取得了“不欲佳而佳”的效果。

1994年，我应杜志乐同志之邀到汉中，曾游定军山，拜谒诸葛亮墓，看了当地的武侯祠，以及祠内所悬挂的若干前后《前出师表》的书法立轴，觉得气势不够。诸葛亮向来是我崇拜的人物，回来后即兴书写前《前出师表》，取手卷的形式，还用了一支使用了四十年的老笔尽情地挥洒起来。胸中思考的是诸葛亮，体验着他的心境，基本上没有考虑章法、字形、风格，随着诸葛亮《前出师表》的语言意念而挥毫，其中有些字形、章法并不甚好——当时也并未关注这些，反倒成就了一幅上好的作品。以后我又重写了三幅，均赶不上此幅的神采。1995年，《中国书法》编辑周祥林先生到我家，当他看到这幅作品时，非常激动，自言自语地说：“嗨呀！这字是当前一些大家所没有的。”1996年我去北京举行个展时，这幅长卷也受到普遍赞扬。在周祥林介绍我的文章里，谈到这幅作品时说“完全是徐文达法”，并冠之以“孤蓬自振，惊砂坐飞”。1999年夏季，山东烟台王耀泰索去一幅《前出师表》手卷，并请周志高先生题跋，周对此作品作了比较全面的评价。跋曰：“山西徐文达先生是当今书坛公认的草书大家，徐翁深悟傅山书艺精髓，做人正直，作字中气。故而，其书磅礴苍劲，浑厚雄健。徐翁又取北碑之凝重沉雄，把篆隶之圆润朴茂，借山谷之舒展跌宕，揉颠张狂素之率意奔放，合而为一，自成一格。此草书长卷《前出师表》长达十二米，一气呵成，犹如万丈瀑布，一泻千里，势不可挡，其气势之浩荡，酣畅淋漓，令人拍案叫绝。今有幸拜观徐翁之草书代表作，受益良多，不揣浅陋，谨题数语以表予心。”

另一幅作品的创作是在2000年1月26日清早，忽然想起要再写《黄河

1999年，徐文达先生在家与弟子贾起家（右一）、姚国瑾（左二）、周天明（左一）畅谈《黄河大合唱》书法作品的创作设想

大合唱》。于是就用8尺×2尺的纸，写大幅多条屏作品做试验。以前曾写过多少遍，总是不得要领，抓不住主旋律，确定不了形式。曾考虑以黄河奔流为形象，随着文字内容及音乐的节奏而起伏，以表现黄河的气势和群众抗击侵略者的激情，但总是表现不好，不是不足，就是过头。在为黄坡烈士陵园写此文的碑文时就有点“过热”，甚至“臃肿”。那天乘兴，我又写了一幅，还是“热燥、臃肿”，很不满意。在书写的间歇喝了一杯陈年的老白汾，更是火上加油。原来考虑条幅不能是偶数，现在放松了，写多少幅算多少幅吧，偶数也未尝不可。打消了对形式的顾虑，又写出了一幅九条屏的《黄河大合唱》，折腾了两三个小时，还是无效劳动。吃过早饭以后，又习惯性地休息了一个钟头，睡醒之后，觉得脑子更加清醒，仍然想再写《黄河大合唱》，总结前面失败的教训，觉得还是思想上有问题。用书法创作《黄河大合唱》，只能是再现而不是表现，书法本身的局限性表现在其抽象艺术性上。所谓再现，是说现在已不是抗日战争时期，我们有的只是回忆，书者除了仍然应具有那种如火如荼的感情之外，主要应是忆旧抒情的情绪，如怀念、追思、爱怜等等，都应该有。所以第二次书写应该以深沉回忆、难忘激情的情绪来写。学生刘汉一来帮我拉纸。开笔时，电视台正播放电视剧《鼓上蚤时迁》，打斗的镜头很多，时迁极尽幽默之所能而又逍遥自在，恰好与我的情感碰撞在一起。这次，我决定以瘦笔、

疏朗、速笔为基调。开笔了，当写到《黄河颂》时，基调是抒情的；写到《黄水谣》时，自然流露痛恨日寇的情感；写到《保卫黄河》时，又激起了抗日斗争的情绪。写到后半部时，正好电视里又改播大型交响乐，宽广、浑厚的音响激荡着我，使书法的线条与音乐交融在一起，起伏、跳荡。在音乐与线条的交融中，强烈的音乐与《黄河大合唱》的线条产生了共鸣。这样边写，边看，有时还停下来，情绪饱满而愉快，脱去了那种硬要去书写的紧张的心绪，中午饭也顾不得吃，在轻松中完成了《黄河大合唱》，正好是八条屏。这是我所写的若干件《黄河大合唱》中最成功的一件。这一天情绪始终是好的，中午也没有休息，一直到晚上仍然精力充沛。这种兴奋从何而来，我还不知道，相信客观条件的配合起了一定的作用，这在创作思想上也是一次升华。这样的升华是基于若干次的练习才能得到的，但归结起来，还是感情支配书法。这种情感支配书法的艺术也是在自然条件下形成的。此件创作比《前出师表》更为复杂，但是由此也可证明，书法创作的“自然”与“神采为上”仍然是书法艺术的根本。

# 技巧与工具

最近一段时间，论书法者有一种说法，认为技巧是不必追求的，而且和者众；还有人批评某地某人太重技巧了。面对这种说法，我认为，其实目前在书法界所缺少的正是技巧。书法创作不同于文学创作，文学创作主要靠的是生活的丰富和作者的思想高度；但戏曲、杂技如果不讲技巧，那无论如何是不行的。书法虽不是戏曲、杂技，但它们也有相似之处——光靠思想境界和文学修养而没有技巧是达不到艺术的最高境界的；而且这种技巧也不是人人都行，更不是靠短时期就能熟悉和达到的。历史上的书法名人总是从儿时就握笔，到了一定的时期，积累的技法可以激发突变，从而大大提高书法水平。当然，也有随时间的推移逐步提高的。认为书法不须注意技巧的人是把书法创作和文学创作混为一谈，况且，文学创作也不是不管技巧的。凡文学大家没一个是不讲技巧的。当然，无论是书法还是文学都可能产生只注意技巧不注意深入生活，忽视思想内涵的毛病。但即便这样也不能“怕狼就不敢进树林子”——去忽视技巧，技巧的核心是技术，是作者本身的一种才能的发挥，一种才华的表现。可能是没有技巧的人，才提倡不要技巧，提倡表现自我、随心所欲。没技巧的艺术，本身就不是艺术。

什么是艺术技巧？怎么掌握技巧？这是个很难说清的问题。一般而言，技巧是能够表现作者意念的手段。人们所说的手不达意，就是因为缺乏技巧。掌握技巧的多寡因人而异，有的人多面，有的人擅长一端，无论多寡都需要历练和积累。书法技巧，主要是就间架和笔法而言，关键是笔法。间架的掌握需要书者的聪明才智和较强的形象思维，还得有较好的观察、造像能力。笔法的技巧最多，章法是技巧的最后一道程序。说来笔法最难的是草书，其一要活，其二要准，其三要正，其四要奇。既能平正又能险绝，同样要走一个由不熟到熟再到不熟，由平正到险绝再到平正的过程。既能粗犷又要细腻，既能速又能迟，既能枯又能润，既能肥也能瘦，既能方又能圆，既能严谨又能开张。在这些相反相成的操作中，还必须保持敏感度，有手快的能力。变化常在一刹那，这种快速变化就是熟，熟能生巧，这些熟和巧要服从书者对笔画造型的想象，以使书者运用技巧完成书法形体，而神采的创造是由意念推动技巧的。在技巧中，关键之一是指、腕、肘的连用，其中主要是手腕要活，凡用笔细微的地方，如起笔、用锋、画小圈都是用指，画大一些圈是用腕，一般是以腕带指，由指及腕，再大就要用肘了，更大则要牵动全身，有时腕要代替指则更需显稳健。在指法中还应注意拇指的运用，其内扣与外折有不同的作用，所谓笔法中的“内擫”，就是拇指的内扣，用此法写出来的字比较严谨，不至轻滑，但并不甚活；所谓“外拓”，就是拇指的外折，此法灵活，便于用腕，但容易轻滑。所以两种方法应该互用。关于肘的用法，如果字写得不太大，因用意，肘也可以带及臂膀，即以身心助之，指、腕、肘愈灵活，愈见效果。执笔法还是五指法最好，执笔如写草书时，应以执笔管的中间偏下为好。那些高悬笔、低执笔、回腕什么的执笔法，都不太科学，不带普遍性，可能个别人可以如此。关于执管，是握紧好还是握松好，其说法不一。凡写小楷及中楷握笔宜紧一些好。至于写小字，用全身之力是不必要的，有点像打太极拳，是用意而不是用力。那么写草书则忌紧握笔管，一用力腕必然要僵，腕不活是写草书的大忌。这种指灵腕活的境界，当然要多磨炼才能达到。世上没有什么省事的办法，指腕灵活的技法更需要有书外功，多种技能都可以借鉴。在刻印章及细雕时大都是用指法，而且还非常细微。用筷子、刻蜡版、铅笔写字、画工笔画、拉胡琴、弹钢琴、弹琵琶、拉小提琴、破竹、塑泥塑以及戏曲中的耍水袖、打锣、打鼓等都是既用指法又用腕法，这些技法又可运用到书法上。以上这些，我都实践过，尤以操琴最为直接。

掌握了用笔的技法就有助于用锋，用锋很重要。用锋有圆有方，有中锋、明锋、偏锋、折锋、逆锋，其中尤以中锋、折锋最为主要。逆锋在书法中是表现力度的一种手段。凡明锋、偏锋是表现灵利的，但是明锋之类若加快执笔的速度也会出现骨力。按照力学的原理，速度是加力的一种手段。如子弹射出去，没有速度也就没有穿透力；打锤没有速度也就没有大的压力。再者，胶着也是一种力，如同拉重胶粘住的东西，胶把两种东西粘在一起，力就产生了。拉开的皮筋也暗含有一种力，这种力与快速拉开的力方向上是相反的。以上所说的道理，落实在书法上便是潇洒与沉着的关系。实践中，这两种不同的用笔意念和方法都要采用。

关于偏锋和侧锋的区别，前几年在《书法》杂志上有过争论。其实这个问题很简单，但缺少多方面实践的人是说不清的。所谓偏锋，是锋的一部分，不是全部，有时还带上笔肚子一部分。侧锋是什么呢？这大都是在用硬毫写小字时出现的，笔锋并不是一直保持锥型，有时会出现铲形，在用铲形的一角时，便是侧锋。所以偏锋、侧锋是有大的区别的。

书法书写中在解决了婉转流畅又能沉着迟滞的时候，就该用提、按了。出现险绝的技巧大都离不开提、按。提是要功夫的，尤其是用大笔写均匀的细笔画必须提住笔，只有提住笔才能畅通地运用笔。但有些书法作品像开汽车一样是平行的，只有快慢、横直的区别，却没有高下的区别；其实，只有高下才能显示出惊险，才会产生激烈。如飞机扔炸弹，鹰抓兔子，滑雪者从高处飞向空中翻着跟斗往下滑，运动员跳水，人从悬崖上掉下来，凡俯冲下来的东西，落地之时总要发生特殊的动作而成险。我现在写字时凡在平行中有大按大提的才出效果，当然这也要适可而止，不能“故作险绝”，功力使然，不能过分。这种提、按的技巧是来自楷书，在笔法的运用上又来自于生活的实践，假如上述那些惊险的场面都没有见过，那就很难说能运用得好了。

写好字要有技巧，技巧又离不开工具。我过去不大注意工具，特别是笔和纸，后来才逐渐体会到书法是综合艺术，其中也包括工具。写什么内容，要什么意境，要什么书体、风格，工具是有区别的。这主要是就多变的书法家而言，如果是千篇一律的书家就比较简单了。工具中笔是主要的，一般要有主用的，或长锋或短锋或软毫硬毫，其他的也可以多准备一些。长锋不是唯一的选择，短锋、肥毫、瘦毫各有各的作用。我写草书多用长锋，也不一定是大笔，因为长锋吸墨多，可以连续写，保持一以贯之的情绪。有时用短锋同样能写出有气势的字来。长锋多用腕，短锋多用指和肘。有时硬笔、残笔也能写好字，各有其长。我写《五柳先生传》时，就是用的一管不合格的狼毫，笔锋的几根主毫太长，其他陪毫又太短，形成“孤峰独立”之势。当主锋写好婉转笔画，一按笔，又能粗犷起来，轻重随心所欲，很出风采，而且锋的聚拢也很好。有的毛笔戴笔帽，也是一种养笔的好办法，这样可以使一些羊毫增加弹性，既能柔也能刚，既能写小字也能写大字，可以笔尽人意。如写特种风格的书法作品要选用适合的笔。我有时用很多不同的毛笔先做试验，练到顺手了，再正式作书。笔的性能也是多样的，各有各的作用，所以用笔不要一竿子插到底。如果平时只用一支笔练习，就不会有大的变化；当然，笔的种类多了，不一定都能掌握了。工具与手法也有关系，如像长毫主要是用中锋，用短锋或中长锋则可以偏锋，反倒得意。这种多次选择、多次试验也是一种创作，也是一种趣事，特别是遇到那种败中取胜、坏笔写出好字的时候，更觉是一种幸运。

写书法光笔好也不行，还得有合适工具的纸，或者工具服从纸。现在的纸有吸水强的，有吸水差的，其中有的是细腻的，有的是粗糙的，有的纸书写出来墨色鲜明，有的纸书写出来墨色暗淡，各种优点很难集中到一起，不是这不好，就是那不好。同时与用墨也有关系，有的纸喜欢淡墨，有的纸适合浓墨。草书书写一般要用淡墨。什么样的纸宜用什么样的墨，墨汁中应兑多少水也不尽相同。有的人不管什么纸，不管什么笔，倒出墨汁就写，这是十足的外行。为了解决这些问题，凡顺手的纸就多买一些，这样就不必多动脑筋了。当然，碰到什么纸就用什么纸写也有好处，可以提高书者的适应性，不过这不是上策。至于用什么样的墨，也是要经过三番五次的试验至得手为止。什么品种的墨汁，什么纸，什么笔，墨汁里兑多少水，也是一项系统工程，不要因为一个环节不注意而写不好字。当这些技巧、技法用熟了以后，又得忘掉，太注意技巧、技法会影响神情笔意。有人提出“艺术的最高境界是无技巧”，就是这个道理。如果根本就没有技巧而讲无技巧，那就什么也没有了。

具备了以上这些条件，还要有一个好的情绪、环境和气氛。诸如适宜书写的桌案、光线、气候，甚至体质、饮食，各种辅助条件都要配合得好。如果再拥有特殊的兴奋情绪，一定会出好的作品。其实起主要作用的是情绪、心境和兴趣，其他的都是辅助作用。据记载，有一次傅山到外地时想写字，见只有缎绫而没有笔，于是就用折断的柳树条子写字，由此可见，工具也可以借鉴。在南宋姜夔的《续书谱》中曾提出写字“五乖五合”的理论，其实生活中不仅是这些个“五”。有条件者可以讲这些条件，无条件的也不见得非如此不可。有时在困难条件下只要专心致志书写反倒能写好字，所以不能搞条件论。

# 用功夫和动脑筋

从20世纪80年代到90年代末这十几年间，是我的书法大变法时期。挑战和冲击促使我对自己多年的书法进行反思、总结并寻找出路。尽管多年学傅山，但过去对傅山的研究少，没有认真读过他的书。我利用在博物馆工作的便利条件，取出傅山真迹进行钩填，用这种方法训练，大约钩填了有二三十幅真迹。这样一钩填，的确感觉与学习影印书册大不一样。如此临摹，既能看到大局，又能察觉到细微，对他的特点就更明确了，也因此找到了行笔的主要特征。傅山的书法主要以雄健为主，也有些奇形繁笔，缠绵聚拢；但又开阔疏朗，神情高雅，有逼人之势。颜是他的基础，作字丰满，仍是二王体系。章法密多疏少，善书大条幅和多条屏，小字异常精到，手稿更见功夫。在大条幅中，有的巧中见拙，遒劲浑厚，乃为绝品。如此，我才算走进了傅山书艺。我从他的书法艺术的思想中领略到了不凡的风采，在过去三十年学习的基础上又大大进了一步。这样，第一我可以学到傅山的雄健；第二，能学到他的气势；第三，能学到他流利团圞；第四，基本掌握

20 世纪 90 年代初，徐文达参加座谈会

了他的章法处理；第五，基本摸到他的用笔方法。至于神情、内涵，由于自己学识基础不足还是没有完全学到手，此点只能望洋兴叹。纵观他的书法，变化很多，几乎每件作品都是同中有异，异中有彩，原来他是按照自己的感情写字的啊。刘正成先生说，傅山就像唐朝诗人中的李白，王铎像是杜甫。傅山才高志大，以神情为上，不离书法正宗传统。再细看他的书法，虽号称真、草、篆、隶均精，实际上还是行草最好，尤其是狂草——只有这种书体才能够抒发他的胸襟和才情。书界有种共识，傅山的篆、隶和楷书均不及草书精彩。他虽然提出了“四宁四毋”，但他的字还是巧的多，拙的少；美的多，丑的少。他反对赵孟頫，实际上他的字中赵的东西也不少。所以不要把傅山说的任何话都当金科玉律，他的字仍然是柔多刚少，至多是刚柔相济，而且虚多实少，这种虚就是神采，也正是难学之处。我目前所看到的清代以来山西人学傅山的作品，大都是注意傅山的粗犷、雄健的形式，而缺少他厚实的笔墨，因而显得松散、贫乏。看明白这些我就要补傅山所缺少的力度和殷实了。因此，我取北碑的严谨凌厉，取隶书的沉着迟涩，取篆书的婉转遒韧，取楷书之筋骨，方圆结合，多用瘦笔，迟速起伏更多变化，字形取瘦长以加强流动垂溪之感。

山东有个叫魏启后的人，主张学今人，也不无道理，我也学启功的一笔不苟，学于右任的简约，学林散之的笔画。卫俊秀先生说：“采各家之长就是创造。”有七八年的时间，我围绕这个中心进行练习和应用，似乎比以前有较大的进步。最显著的是，增强了骨力，克服了轻滑，净化了线条，气势也较前宏大。自从接触到狂草，胸中的天地也宽广了。我自1985年离职退居二线，有了充足的时间，由原来的业余书法家转入专业书法家的行列。又加上刻帖、刻砚，充实了书法中的金石气；在技巧上更加熟练，加强了腕力，书法中出现了厚重与沉着，使作品更加凝练；并且出现了简练、淡雅的书体形式，风格也多样起来。然而这些在当时仍然处于自觉不自觉阶段，其实这就是融会贯通。也正如孙过庭在《书谱》中说的：

“初谓未及，中则过之，后乃通会。通会之际，人书俱老。”我学傅山开始不熟，注重了傅山的婉转，后来出现轻滑，现在克服轻滑又加骨力及其他技巧，这就是通会，通会之际，我已七十多岁了。

书法练习的量与度，往往被人忽视。在古代书家中，有一种职业写字的人，他们的技巧非常熟练，往往为文人所不及，这种技巧的产生是常年操作所致——或为了生计，或应主家的要求，不得不过量地操笔劳作，在最极度时忽然发现了一种技法。文人也是一样，当他研究学问时，过多的书写练习，就会激发极佳的思绪和书写手段，傅山手稿的书写恐怕就存在这样的情形。我在写小行书字时几次过量劳动，最得意的时候，也是在最终时刻——我有时书写近十小时，最多的时候是一气写十六个小时，我想这可能就是傅山说的“正极奇生”吧。但是，也不一定什么作品都需要过量才有好的效果，有时由于多种原因，合适的时间反倒不会太长。如果一直写下去，可能后者不如前者；如果书写的作品没啥进展，一直写，不分析，写得过度了反倒变成了伤雅。这就是书写的度和量的关系。一切事物，自然科学、社会科学，都存在量和度的问题。在张光鉴的《相似论》中也谈到不同事物的宏观相似和微观相似及量和度的相似，将之用于指导书法学习却也不为过也。

# 检阅与评判

北京有个青年朋友叫赵来群，若干年前多次提议要我到北京举办一次个展，我觉得尚不成熟，有些犹豫，便搁浅了。直到1995年，由贾起家牵头联系，定于1996年11月在中国美术馆举办个人书法展，从起意到展出相隔近一年的时间，其间可以补充一些作品。以前我曾进行过多次个人展，都不在大城市。先在基层征求意见，同时也是为各地市丰富文化生活。我先后在山西运城市、长治市以及万荣县，河北保定市、完县，山东泰安市举行过个展，已集有一些作品。但这次是去北京展览，作品档次自然要高一些。如何提高作品的质量，我征求了赵梅生的意见，他说到北京展，一定要有大作品，因为展室很大。照此又写了很多大幅作品。计有《前赤壁赋》十屏、《沁园春·雪》十三屏，均是70公分高、70公分宽、

1995年深秋，贾起家先生（左三）及其夫人李香爱（左一）等陪同徐文达先生游览永济普救寺

画心八尺，还有《滕王阁序》《将进酒》等大型条屏以及若干大型条幅。共带去二百多幅，展厅只挂了一百三十八幅，除多条屏外，还有小条、楹联、手卷、填墨、榜书，书体也较多，小楷、楷书、草书、篆隶、狂草，同一种书体的作品，也各有各的面貌，并不雷同；还有四十多方澄泥砚、三十多方澄泥印材以及篆刻作品，展览内容相当丰富。要说以“晚开的花，陈年的酒”作比喻，还是恰如其分的。

在展览前一两天，《北京日报》《北京晚报》就发了消息。开幕这天来的人很多，中国书协代主席沈鹏及各位副主席（除李铎不在京以外）都去了。老领导有李雪峰、王谦、史怀璧、任建新、李琦，老朋友有乔

1996年，中国美术馆举办“徐文达书法展”，徐文达先生与蓝天野先生、尹瘦石先生、赵望进先生等艺术家合影

1996年，徐文达先生在“徐文达书法艺术研讨会”现场

1996年，在“徐文达书法艺术研讨会”上，徐文达先生与沈晓英女士（左二）、赵承楷先生（右二）、赵望进先生（右一）合影

徐文达与王景芬先生合影

羽、王冰、欧阳中石、尹瘦石、曲润海、胡健、沈竹、谢辰生等。开幕式由山西省文物局副局长李有进主持，中国书协副主席刘艺讲话。刘艺先生对这次展览十分肯定，说作品“很传统”，说我不担任书协工作后，书法反倒进步了，“现在应该刮目相看”。当天上午进行了“徐文达书法艺术研讨会”。在研讨会上，大家很是郑重，大都若有所思，这次展览对书法艺术界是有所触动的。大家发言态度诚恳、明朗，都本着对艺术研究的态度来发言，没有冠冕堂皇的奉承。首先是刘正成先生提出“人书俱老”的话题，其后谢云、王景芬、于曙光、梅墨生等先生接着发言。其中梅墨生先生作了具体分析，颇有见地。这次研讨会的谈话概括起来说，有以下几点：

一、“人书俱老”“末年乃妙”；《五柳先生传》狂草有新的突破（刘正成）。

二、艺术修养丰富、思想活跃、书法多变（王景芬、于曙光、梅墨生）。

三、书法刚柔相济，倾向于刚，功情两见，雄浑奔放，属当前书坛的领衔阶层（梅墨生）。

四、既广博又专深，既狂放又精微（刘正成、于曙光、王景芬、梅墨生）。

五、有创作意识。根据内容做出形式、风格、间架的不同处理，是自古以来的创作模式（王军）。

在展出的作品方面，评价最好的集中在几幅作品上，它们是：《前出师表》（手卷）、《前赤壁赋》、《五柳先生传》、《赤壁怀古》、《将进酒》。大家一致认为《前出师表》是代表作。也有些人认为楷书《心经》和行书《陋室铭》颇具功力，可与赵孟頫媲美。

总之，这次展出是对我的书法的一次检阅，也是一次评判。展览在北京以及全国产生了很大的影响，有着轰动效应。这次个展，中央电视台

1996 年，徐文达先生在《中国书法》原杂志主编刘正成先生（前排右三）家中

1996 年 11 月，徐文达先生在中国美术馆举办个人书法展时与力群先生（右）合影

1998 年 3 月，徐文达先生参观政协举办的改革开放二十周年展览后题词“书法贵在参与”

1999 年，徐文达先生与小女徐晓梅女士在上海参加世界华人书法高峰论坛

1999 年，徐文达先生与新加坡友人在“中国书法名家高峰论坛”上合影

（八频道）、北京电视台均作了报道，山西电视台还播放了专辑，《人民日报》（海外版）、《光明日报》、《解放军报》、《山西日报》、《山西经济报》、《太原日报》、《太原晚报》、《书法报》、《书法导报》、《书法通讯》、《中国艺术报》都作了不同篇幅的报道。山东的《书法艺术报》、陕西的《书法教育报》均以一个版面作了作品的和文字的介绍；海南省的《收藏》杂志、北京的《文房四宝》也作了报道，《中国书法》和《书法》杂志均作了专题介绍。

此后，我又连续参加了几次书法大展，1998年的“全国二十一世纪书法大展”，同年法国巴黎的“中国当代书法大展”；1999年的全国“建国五十周年书法大展”、“第七界全国书法展”、上海“国际书法邀请展”、河南“中国书法名家代表作品展”，还有“中日自作诗书法展”“中日建交二十周年书法展”；1999年12月的上海“国际书法邀请展”。这期间还结识了一些外国书友。1999年1月，天津《中国书画报》发表了胡湛所撰《共和国书家蠡品》，把我的草书列为“能品”。这是一个很高的评价。第一位的极品仅毛主席一人，我的作品是与马叙伦、齐白石、章士钊、蔡元培等的位列一起。这虽属个人之言，但也是一种社会评价。这些都是前所未有的机遇和收获。周祥林在《中国书法》上所发的文章中对我作了全面的评价：第一，特别指出我的狂气，文章的标题就是“老夫常发少年狂”；第二，提出自清代乾嘉以来草书衰败，唯有黄慎还算写草书的，我以学傅山为主，是草书后起的一种迹象；第三，学傅山又出傅山需要有很大的胆识和勇气；第四，肯定了我主张攻草书不能从北碑和隶书学起，但草书中还必须融进篆、隶、北碑的雄健，学草书必须学隶、篆、北碑的观点；第五，认为我已经有了自己的书法面貌，似某家又不都是某家，像《前出师表》就是“徐文达法”；第六，赞扬我的诗词，并举了两首诗为例；第七，提出我的书法中有音乐，并说“音乐是草书的灵魂”。这些评价、观点有些是我所不知也不觉的。

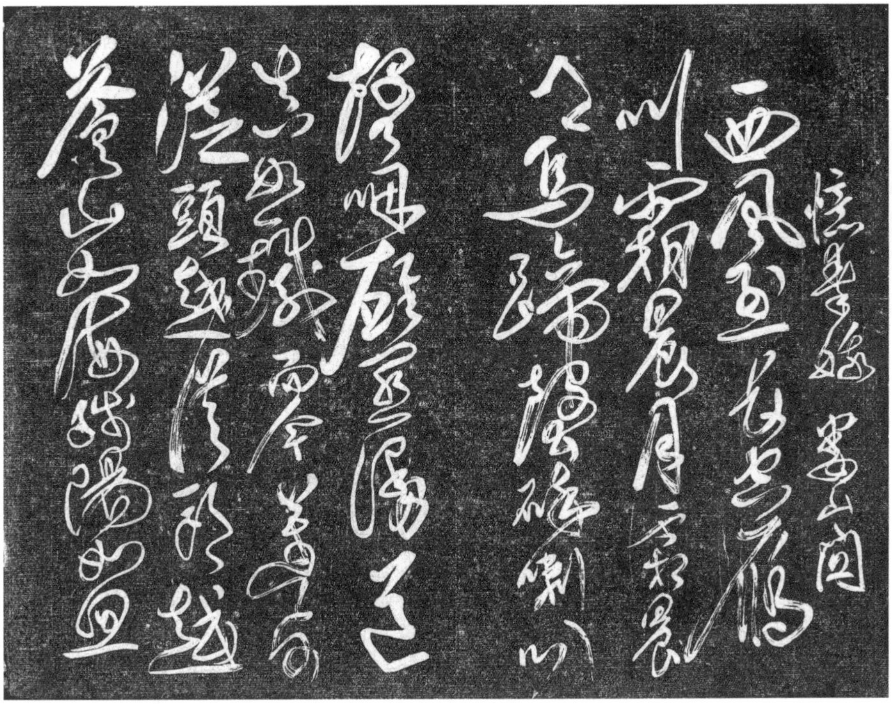

草书　毛泽东《忆秦娥·娄山关》

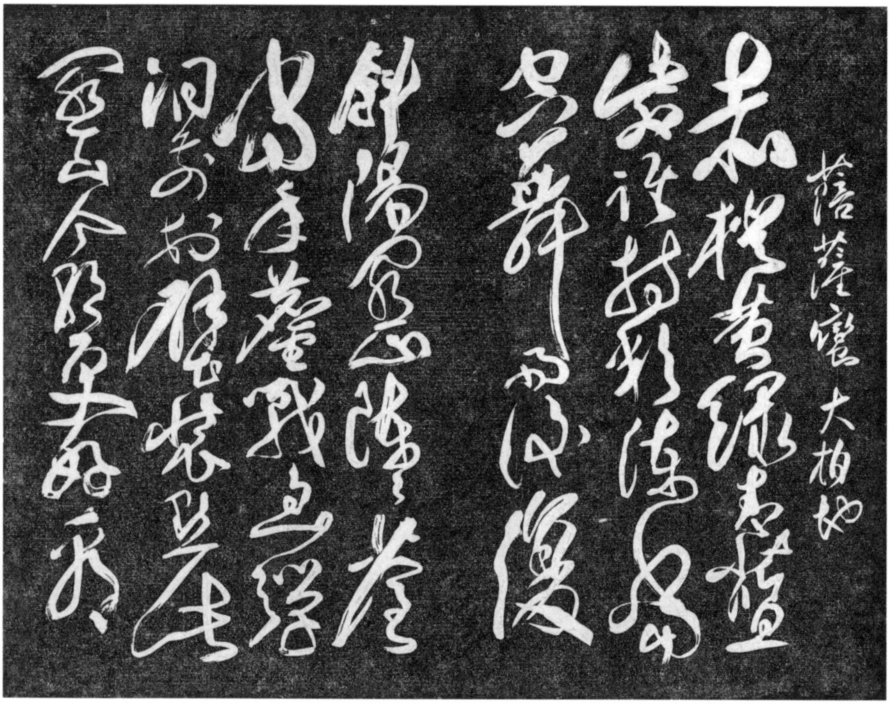

草书　毛泽东《菩萨蛮·大柏地》

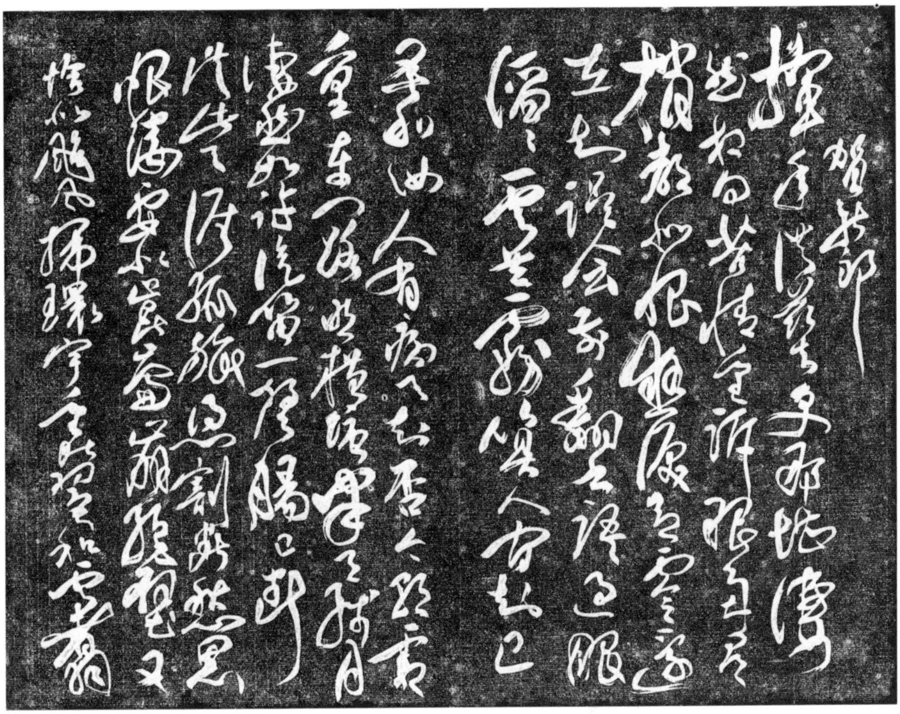

草书　毛泽东《贺新郎》

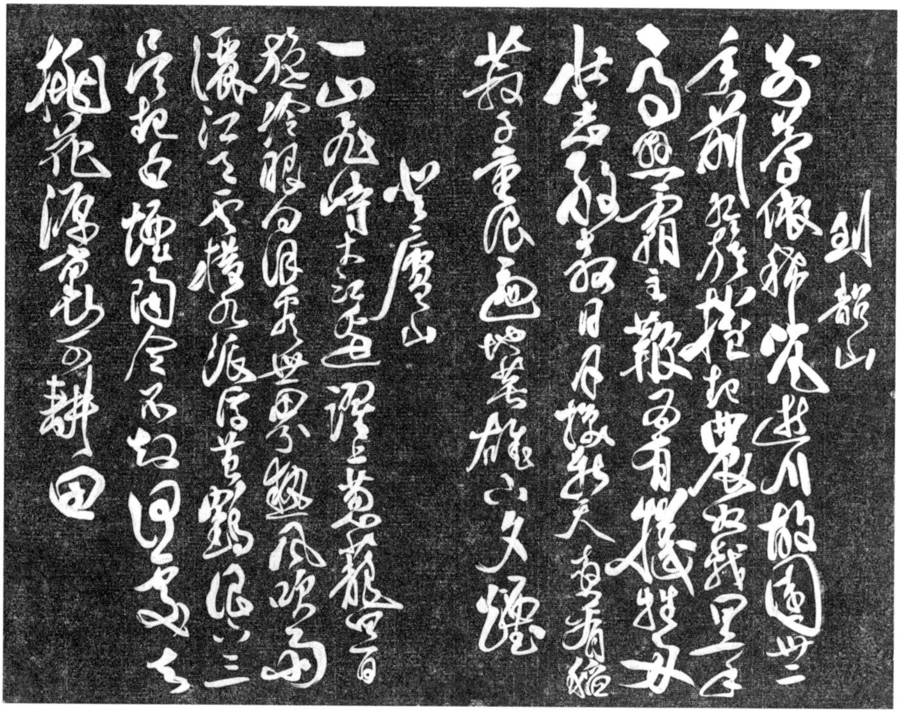

草书　毛泽东《到韶山》《登庐山》

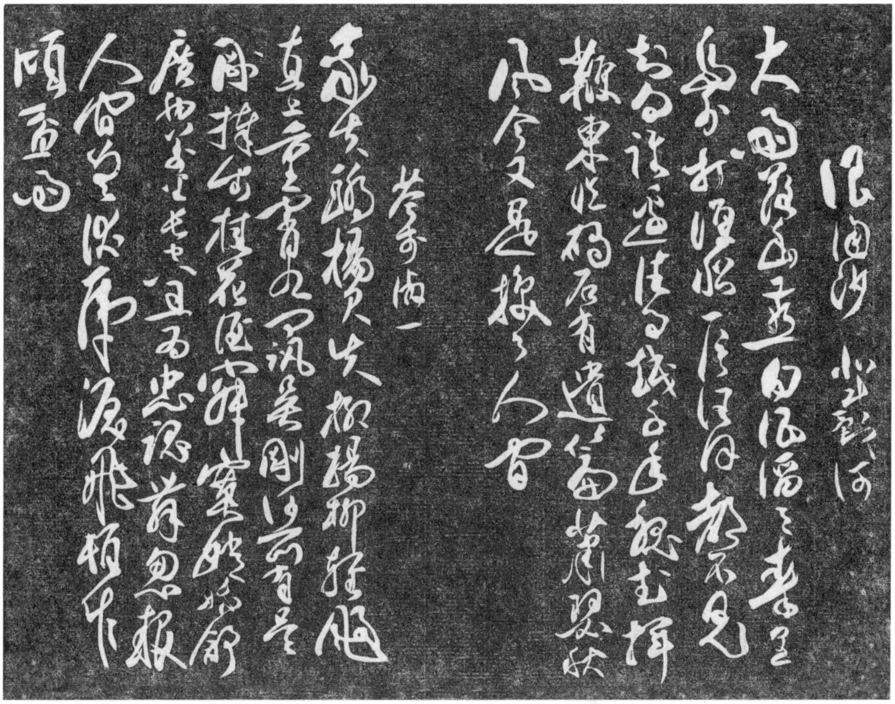

草书　毛泽东《浪淘沙·北戴河》《蝶恋花·答李淑一》

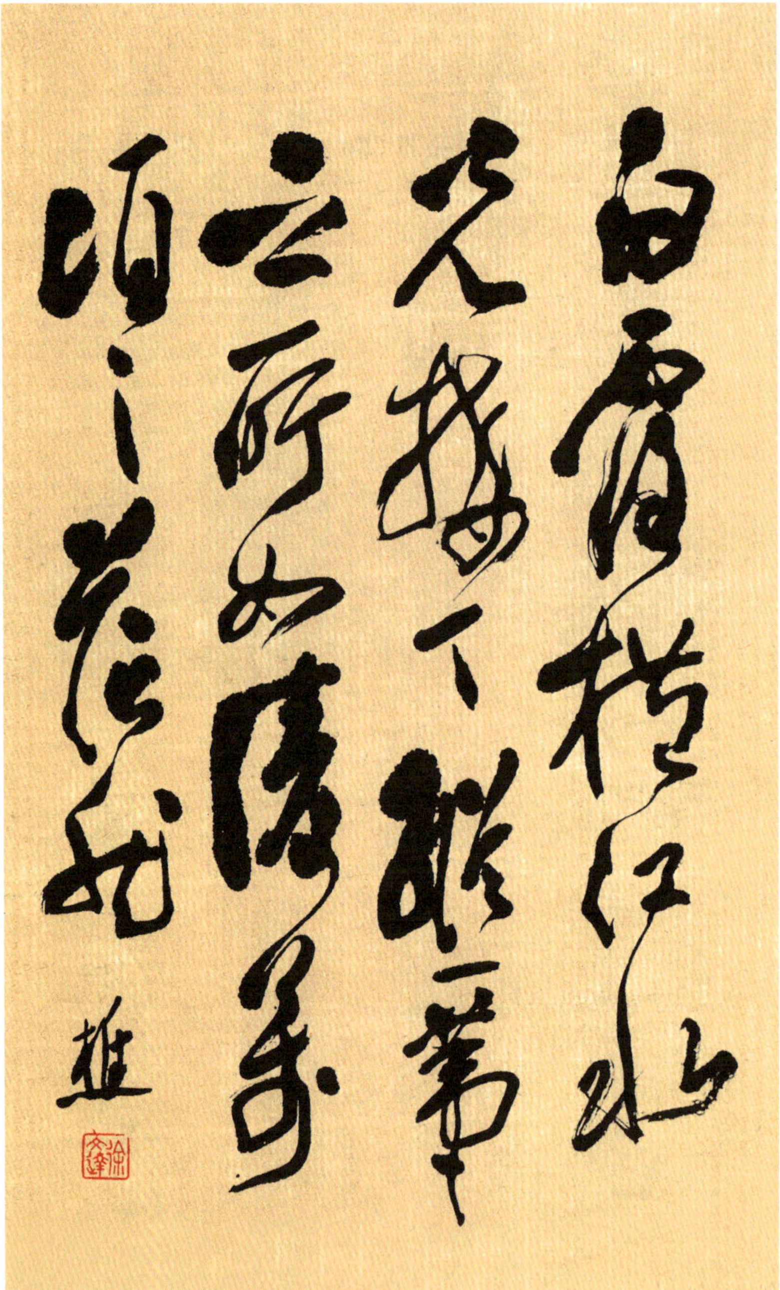


草书　苏轼《赤壁赋》摘句

行书 叶绍翁《游园不值》

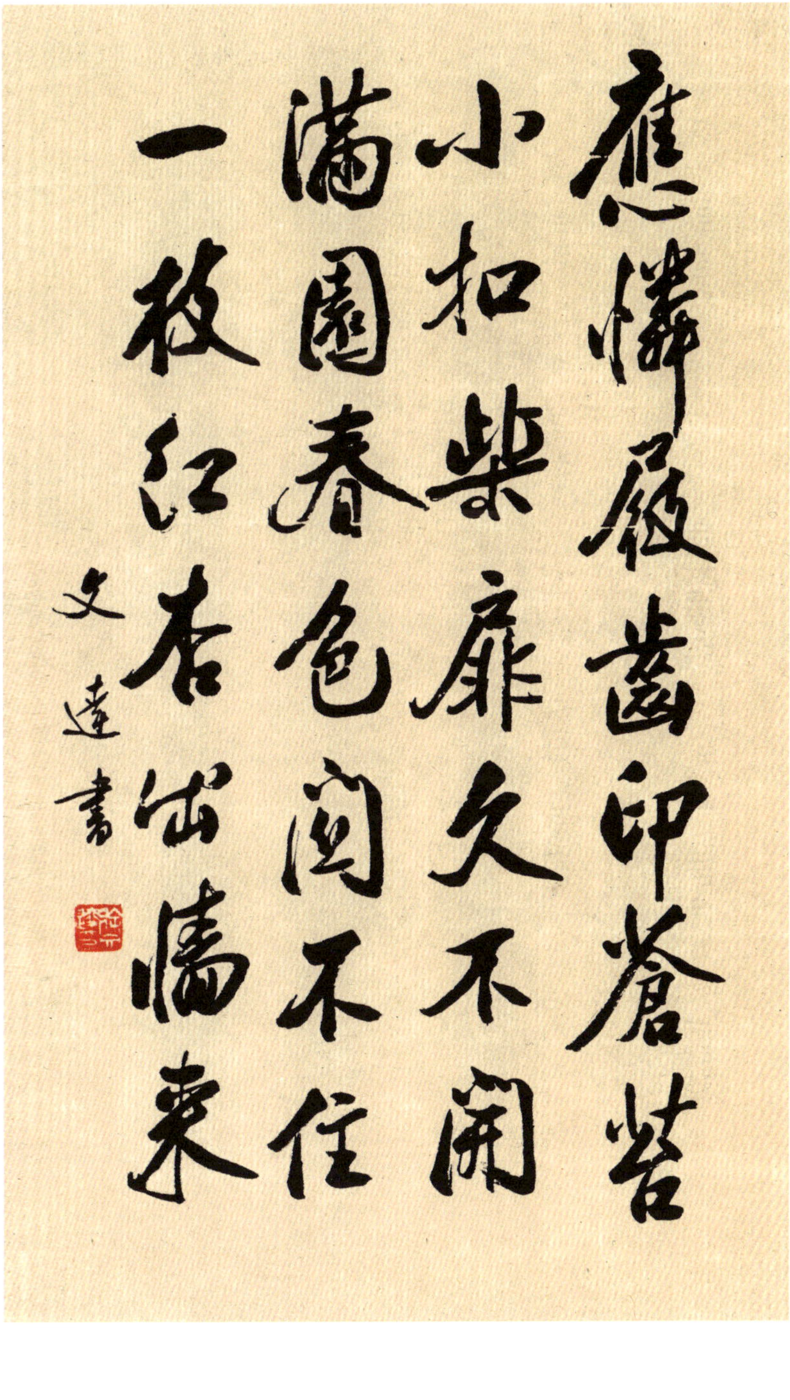

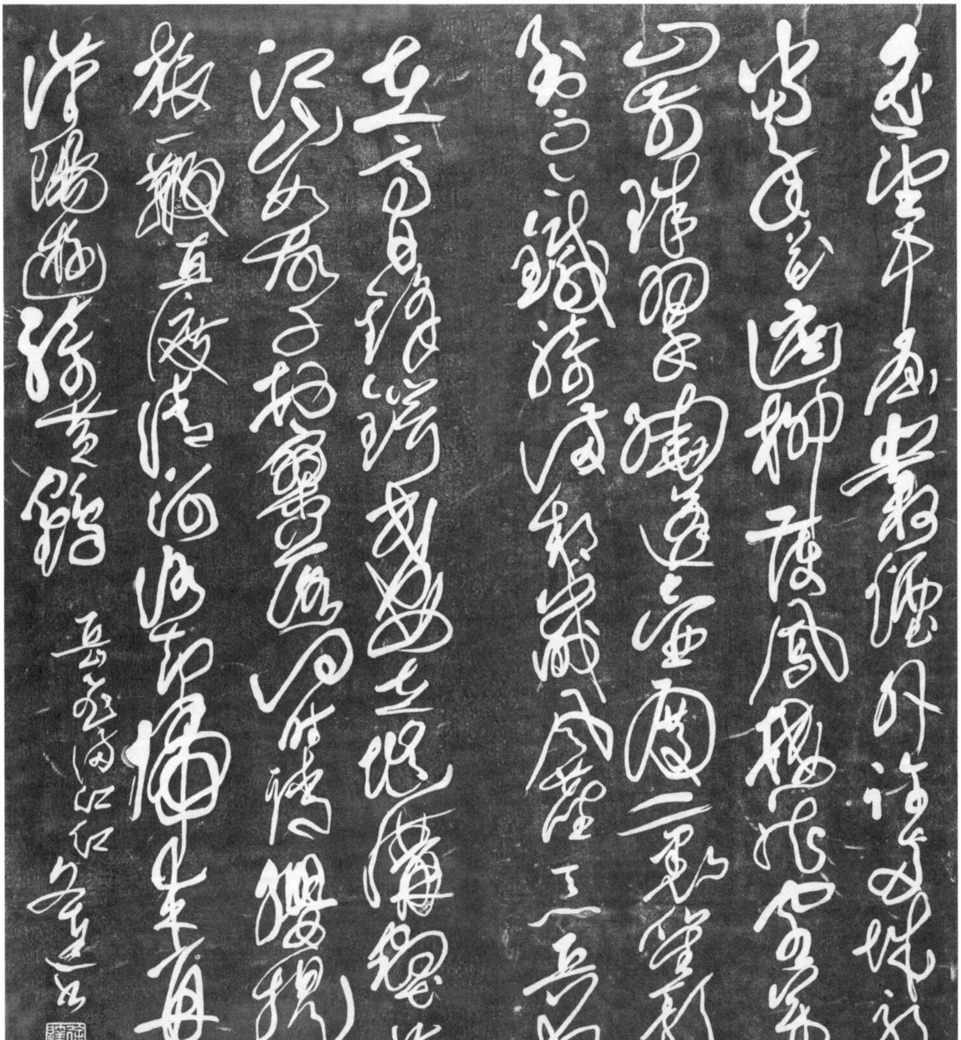

草书　岳飞《满江红·登黄鹤楼有感》

1997年，徐文达先生在原山西省博物馆举办赴京个人书法展返并汇报展

1997年冬，天津市书协与中国书协举办“中国书法艺术节”，邀请我参展。我除参展外，艺术节委员会还给了我一个摊位用以销售一些作品。这个艺术节规模很大，所有展览、摊点都设在天津体育馆内。作品很集中，最热闹的还是这些摊点和相近的几个书展和刻字展。我的摊位位置很好，设在十字路口，对面是王学仲，右侧是李鹤年。我这里来的人比较多，在天津，大家对我还很陌生，但作品禁得住看，且雅俗共赏，品种也多，人们觉得新鲜。又赶上《书法》杂志第五期刚发表了介绍我的文章，也颇引起观者的兴趣。天津人民喜欢书法，就是手头不充裕，好的作品也买不起。不过我的作品还是卖出去不少，有的作品是现场写的，有的人愿意花一千元买一方澄泥砚，也有的人以六百元买一方澄泥砚印章（带刻）。后来还有人来买书，并让签字。这下可热闹了，人们开始排队买书，几十本《徐文达书法篆刻集》和《徐氏澄泥砚》一抢而空，供不应求。我想，这样的热闹情景，应该得益于展览开幕那天，天津《今晚报》

的记者对我进行了一次采访，采访内容第二天就见了报，这报道也确实为我起到了扬名的作用。

有一件事现在想起来还有些不解。那是在华北五省书法联展中，我的一幅作品入展了，布展时却被安排在最后背角的地方。放在前面的都是各省书协正副主席的作品，署名时均注明是特邀作者。然而天津《中国书画报》却偏偏选中并发表了我的那幅作品。看来作品水平的高低和摆在什么位置关系并不大，怎么署名也不那么重要。

天津书法博览会中，遇到一位叫况瑞峰的同行，他是天津商学院副教授，初次见面，他对我就非常热情，并送了我一束花。后来他非要拜我为师不可，我推却不过，只好应允了，并且举行了拜师仪式，天津市文联的负责同志也去了，天津《今晚报》还发了报道文章。这次在天津，使我感受最深的是：书法必须雅俗共赏，才会为广大群众所欢迎。以前听一些老先生们说自己的书法要让少数人说好，而不让多数人说好。我认为，只有贵族艺术或畸形艺术才会如此，好的书法艺术是应为广大群众所欣赏的，是雅俗共赏的。

# 我的一个“碑年”

1999年，黄坡烈士陵园碑廊落成，徐文达先生前往参观

1999年是新中国成立五十周年，又是迎澳门回归之年，全国各地的书法活动很多，许多邀请我都一一应作了。还写了不少碑文，并已刻好竖了起来。第一次是为平陆傅说纪念馆写了六通《说命三篇》的碑文。应主人所求，全是草书，碑高168公分、宽70公分。第二次是为太原万柏林区黄坡烈士陵园写了三十二通碑。时任陵园主任的刘凤真原来希望由我一个人书写百十通碑，并已想好将之命名为“徐文达碑廊”，他知道我各种字体都能写；但我还是主张其他书法家也要参与，这是对逝去英烈们的最高敬意。碑文是我选辑的，书者也由我组织，由陵园来邀请，在黄坡烈士陵园的最好位置共竖了一百通碑，修建了一个碑廊。刻工、备石、施工都是我找武秋月安排的，前后一共用了一百五十八天，于9月28日落成。在我书写的三十二通碑中，有八首诗是我的自作诗，如《解放太原》；碑文有楷书、行书、草书、大草、狂草、

隶书、钟鼎、大篆。其中的《黄河大合唱》，自感还算雄健，有气魄。这是《黄河大合唱》书法从1988年开始创作以来第一次上石刻碑。碑高180公分、宽70公分，碑面经过抛光，光洁如镜。参观者反映书法、刻工均好。这些碑文一律是传统风格，没有任何现代派或流行书法。年底，又为兰州"石佛沟国家森林公园"书丛帖第六卷。

1999年，是我书法最活跃的一年，夏季到山东青岛旅游了一次，看看城市建设，会会朋友，老友王斌堂接待了我。到了烟台，捎看了威海，为朋友写了些字。9月份也是我们保定文工团建团五十周年的日子，于是又到了保定与老战友相会，结识了河北书法家、大学教授熊仁望，还有保定市书协的吴占良先生。路过石家庄又看望了老战友刘春风同志，也安排了到河北省进行个人书展之事宜。此行虽在秋天，却感觉一路春风。12月，应邀又到了上海参加国际书法邀请展开幕式，并进行了笔会，结识了众多国内外朋友。

这一年还有一个新的现象，就是外省求字的多了，兰州、泉州、苏州都来电话联系过。烟台一位藏家索去一幅手卷，铁道部来人索去手卷《阿房宫赋》，均付出相当的润笔费。年底，马来西亚、菲律宾、日本人也来函索字。想来不经意间，我的影响已从山西省内传到全国，也传到了国外。

# 书外功

冉冉岁月，捉刀弄石曾耗去我不少的精力，进行印章篆刻的同时，也在石板上刻些小字。如有关游晋祠的诗——是作为旅游纪念品而刻的。大一些的也有，一块高18公分、长80公分的石板刻了李白的《将进酒》，还用80公分×60公分的石板刻了大“寿”字、叶剑英的律诗《望远》，还有“有朋自远方来，不亦乐乎”等几块。最大最多的是刻的毛主席诗词，共五十首，石板高32公分、宽40公分，从1976年开始刻，到1979年，历经三年的时间才完成，其中有一些是请刻字工人刻的，这些石板加起来总长度约10米。为什么要刻石成帖呢?

第一，为了认真推敲字的造型及笔法。因为是在石板上写字，写不好可擦去重写，直到满意为止。第二，摸索书法的金石气。第三，可以关注到笔画的细微处。刻字要比用笔写更为具体，尤其是枯笔。飞白用刀来体现，无论如

徐文达在进行篆刻创作

何，也不可能完全地表达笔踪，这就需要简化。刻出的笔踪变成了刀踪，这种刀踪就是金石气。第四，观看刻石的笔画有一种立体感，可以增加笔画的厚度。第五，有些学者、鉴定家一直埋怨字帖、碑石书法失真，我就用这种办法，忠实还原了作品。其实应该感谢古人创造了刻石这种技术，拓片已经成了书法美的一种形式。毛笔并不是万能的，它总有不能尽如人意的地方，而刻碑帖用刀还可以修正原作的缺点，达到笔所不及而刀所能及的效果。碑帖实际上是刀笔的结合，尤其是魏碑，刀法效果最为明显，而笔法却不能达到刀法的效果。我在刻印章边款和刻砚铭的时候，这种体会尤为深刻，只有把笔法和刀法结合起来才能见到最佳效果，如果缺了刀法便少了神采和金石韵味。还有一点更为重要，就是黑底白字的视觉形象胜过白纸黑字的效果。一般的书法经过拓印显得更加突出了，瘦弱的书法经过刻石再拓出来就显得丰满了，这是什么原因呢？原来人的视觉并不是十分准确的，由于黑白颜色的大幅度反差，产生视力的错觉，本来小的觉得大了，本来瘦的显得肥了，而且拓片有一种刺激作用，特别使人振奋。有一件事可以证明我的说法。1975年，山西人民出版社出版了《翰香馆法书》和《太原段帖》，不知什么人自作聪明，把拓片的白字翻成黑字，结果图书大为减色，不成样子，毫无韵味。这就说明，同样的碑帖，将黑字做成白字就大大增色，这就是利用黑、白反差产生的一种特殊效果。但是无论什么碑或帖，都是无法看到墨色的，也不好看出细致的笔踪。所以，今人写碑，在纸上写就可以不受墨色的限制——只要能获得刻石拓片的书

柴门布衣

春到云中

道康

横槊将军

自强不息

法艺术效果，书写时就可以不管墨色的浓淡，也不计较纸张的质量；如果求笔墨效果，则不容易达到高层次的碑帖的效果。我书《黄河大合唱》草书就用的这种方法，到狂热时，大都用的是淡墨，而且用的是小笔，完全脱离常规。

书外功很多，学历史、学文学、学造型艺术、学工艺、学体育、学音乐、练刀工等，但离书法最近的还是篆刻。篆刻首先联系的是古文字、小篆，这些都是书法的基础，篆刻是最精细推敲文字及其笔画的技艺，刻字时仅设计一项就需要多方考虑。在操刀时，对每一笔画的要求也是极尽精微的，甚至分毫不让。在文学、戏剧创作上常用的术语就是刻画人物，刻画一词来自雕刻和治印，自然，书法作品也离不开印章；因此，我对篆刻的喜爱如同对书法一样，上瘾、成癖，篆刻能传达出书法中的金石韵味，使其沉练、凝重、典雅，对写篆书有直接的作用。我从事篆刻起自少年时代，没有师承，无师也无法。1955年，我寻到一本介绍齐白石的篆刻书，是傅抱石写的，令我大开眼界，就此才算知道篆刻之真谛。一夜之间，篆刻大变样，朱焰说我的篆刻有个大跃进。1957年，《山西日报》文艺部记者朱明赠送了我几本书，其中有一本《篆刻缄度》，另有一本是带有篆字的《中华字典》。我先学齐白石，后又学汉印，参考的是吴昌硕、赵之谦的篆刻，篆刻水平有了较大的提高。1964年和1974年，参加中国赴日本书法展览，入选的都是我的篆刻作品。刻章要比写书法费时间，裁石、磨石、设计。刻一次成功不了，有时改刻数次。我不捉刀便罢，一支开摊子就不可收拾，直到热劲儿下去了，才能清闲一阵子。那时候家里穷，治印有困难，买不起石头。怎么办？就用不花钱不知名的石料。如湖北利川的黑石，平陆的花石、煤干石，甚至用砖头；有时给人家刻章要求必须是自带石头，当然也有连石带刻都是自己付出的。不过这些石头大多是劣石，对治印是不利的；不过却也增加了治印的适应性，练了手。20世纪50年代，我开始自制刻刀。一次，在路上捡了一截弹簧钢丝，我就在煤火上锻造了两把刻刀和一个钻头，后来友人在工厂给我打了几把刻刀，最得力的是一把锋钢刀。我的大女儿也在工厂给我做了大小不同的白钢刀子。篆刻也和书法一样，也是“正极奇生”，没有量和度是不行的。治印也应有不厌其烦、刀不释手的精神。我有时刻章，整日整夜地刻，总以刻得满意才止。有时候磨了刻，刻了磨，肯定、否定没完没了。有的印章三寸长，不知磨了多少次，磨得只剩一寸长才算定稿。在《齐白石一生》一书中，介绍齐白石也是如此。他自称三百石印富翁的意思，想来不仅指艺术之成功，也指治印石料之上等，当然，最难得的还是艺术之成功。我对印章的章法、笔法、刀法越琢磨越磨炼就越成熟。有时一夜间不知反复刻多少次，直到满意时才肯入睡；但到第二日早上再看时，又发现了毛病，再磨掉重来，就这样几经折腾才能定稿。

别看一方印章小，也确实令人着迷。有一年我父亲病了，自觉不久于人世，便手中攥着我早年为他用寿山石刻的一方名章，上面还有个狮纽，他要求我同意让这方名章随他入葬。其实那是一场虚惊，父亲的病很快就好了。但，这件事在我心中留下了深刻的印象。父亲是想让这枚带着我的心血和温暖的印章永远陪伴着他。

我刻的印章当然是名章多，但闲章也不少，有毛主席诗词、山西名胜的套章。治印和书法一样也可以以文会友。我曾为赵朴初、吴玉如、郑林、王谦、刘江、于立群、赵树理、弓彤轩、马烽、张维庆、卫俊秀、鲍耀明以及日本的梅舒通等人刻过章。在治印的石形方面，方章、圆章、不规则章、长章都刻过，字体有小篆、钟鼎、写意、铁线，大朱大白都尝试过，最大的长章长15公分，方章每面长16公分，还有的为了刻边款，用了长达19公分的石头。

玩石、赏石也是我的一大兴趣，这也是一门学问。我赏石的能力

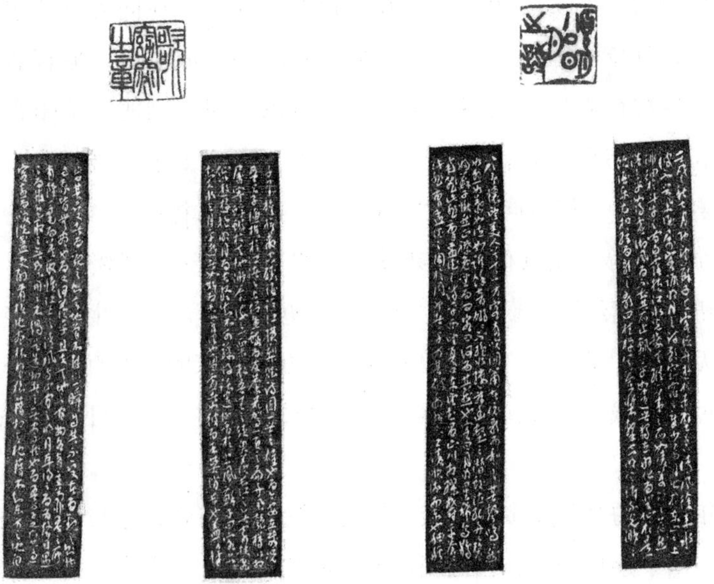

顶款：歌窈窕之章。印面：诵明月之诗。边款：赤壁赋

寿而康

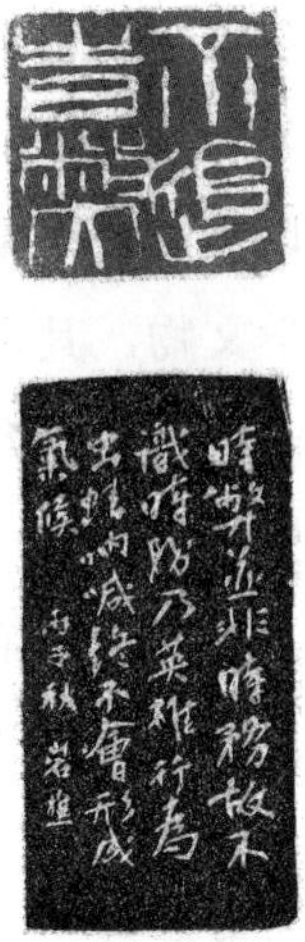

不追时弊

禹门之虹

一般，却是喜欢弄石头。1970年，我去垣曲县插队，在同善公社宋家湾村发现了一种红紫石，存于十公分厚的岩石层中，取出后，见石的上下两面均有一道白色石层。利用这层白色，可以刻纽，刻薄艺（印章边侧的浮雕），很有特色。我曾用它刻过“垂梅”“百丈冰”“荷花”“叶蝶”“三羊开泰”“梅樱同放”“云鹤游天”“山水林树”“跃鲤”“白头翁”“金鱼”等。用其他石料刻过“鱼纽”“蛙纽”“蜗牛纽”“虎纽”“狮纽”“猪纽”“猴纽”“禽纽”“龟纽”等。我一生刻了多少印章，已经无法统计了，粗算大约也有四万多方，现存的有五百方——但佳石很少，过去没钱买，现在有些钱，市上也没好石料了——目前已整理成印谱五卷。

到晚年，我的篆刻没多大进展，只是刀法更加精到，这与长期刻砚、雕砚有关。出乎意料的是，我在刻边款方面却有很大的进步，而且善刻长文，如《兰亭序》《前赤壁赋》《将进酒》《归去来辞》等。张颔同志说我的印章边款“不让古人”，李刚田先生对我说：“徐老，你的边款再过十年我也赶不上！”田树苌在介绍我出版的书法篆刻集的文章中说我的边款是微型字帖。这个消息不知怎么传到山东枣庄，那儿的一个青年竟来信指名要买我的书法篆刻集。我所刻的印章边款的词大都是自己拟的，有诗、词、短语，且富有哲理，有批评书法现代派的，也有的颇具情趣。如给老朋友吴钧刻的边款是：“老来学文物，其乐也无穷，班门弄点釜，管它通不通！”给文超万刻的边款是“超万不是万元户”，在我自己的印章上刻有“秋后蚂蚱还有一跳！”的边款。

边款镌刻有所成绩的原因也是多方面的：第一，我的刀功比较强，尤能刻细微的东西；第二，主要宗赵之谦所说：“古人有笔犹有墨，今人但有刀与石。”因为我有小楷的基础，把印章边款的刀法与刻帖、雕刻的刀法结合起来，既有刀法又有笔法，似书似刻，反倒加强了书法的效果，是典型的金石书法。既胜过刀刻效果，也胜过书写的效果。有时所刻印章的边款却占了“主要位置”，成了人们主要欣赏的对象。芦焰同志说我把印章的边款提到独立的地位，这也可以算作我的一个创新吧！

关于印材，我也有新的收获。无意中，我发现澄泥陶品可作印材，很是应刀。手感柔实，不滑不硬。不仅可以刻出写意效果，还可以刻铁线文，有的还很适合刻边款，而且还最善出残缺，意味质朴。最令人欣慰的是，成功率很高。烧的火候高低还可决定它的硬软。外观可以光洁如镜，能出开片裂纹效果，也能烧出各种颜色相兼的形色，有斑斓的点状色彩。印纽、薄艺可以先刻后烧，也可以烧后再刻，比石质还方便。不过同道者尚未重视此种印材，我在近几年所刻的印章中多数是用这种陶材，据我估计，此项成果是会有前途的，这也应算作一种创新吧。

鲶鱼水草

与书法再相近的是绘画，书画是相连的，古人已有明示。实际上，绘画也需要书法，绘画也可助于书法。我的绘画基础不好，在学校只学过简单的素描，也临摹过一些国画山水，但没有坚持。在工作中虽对素描有所关注，画过一些头像，但从来也没画过石膏像。有时在开会时，偷画人家侧面头像。在保定初建文工团时，没有专职搞舞台美术的，都是由我来干的，所以也曾画过水粉画。我在练字的时候也画些山水画，主要是练笔法，以有利于草书的书写。这些虽然都是点点滴滴，但在思想上始终没忘记绘画。“文化大革命”期间我画了一幅《毛主席去安源》的水粉画，

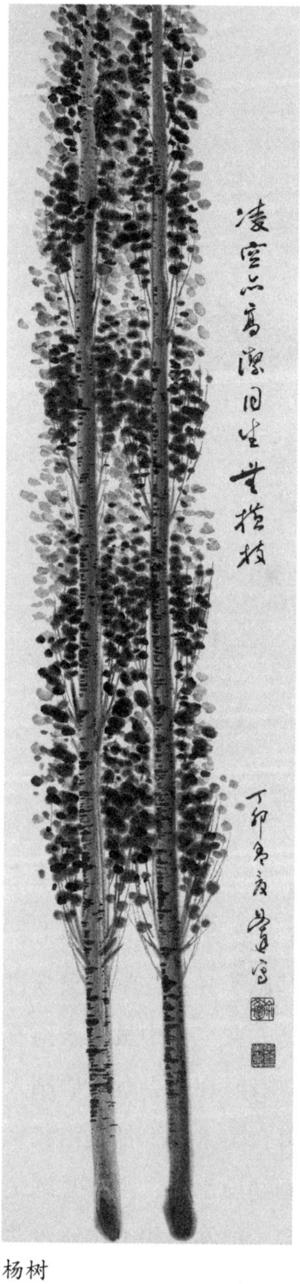

杨树

挂出去以后，没人批评，也没人赞扬。重新拾起来绘画是在插队期间搞运动的时候，那时用美术作品做宣传工作。在垣曲县同善公社观坡大队发动群众打大口井时，我用画头像的方法表扬一些先进人物，还是很起作用的，引起了当地群众的关注：竟有外村的人到表扬栏来看头像相女婿，也有相看媳妇的，特别有意思。有的青年妇女还专门请我为她们画像，也有让我为一些已故的老人按照片放大画头像的——通过美术活动很能联系人民群众。观坡村有个不好惹的婆娘，绰号“毛队长”，为村里人所讨厌，我就按她的作为画了一套漫画，对她可起了作用，群众纷纷议论：“快看吧，‘毛队长’上画了！”直到这个人表示改正错误才撤下漫画。平时在村里，我也用绘画来出黑板报，很引人注意，我的美术作品在农村大有用武之地了。

1972年底，我到运城行署文化局主持工作。1973年，山西省要搞国画展览，我为鼓励其他作者参加展览，自己先画了一幅《劈崖造田》的山水画，题画中有“五十学画”的字样。当时山西省美协主席苏光同志很高兴，说：“这幅画一定展出，领导带头画，你还是第一个！”第二次参展画的是一幅打井时两个妇女随绳飞身下井的人物画，是和张振发合作完成的。画作内容都是从生活中来的，我逐渐地对中国画产生了兴趣，从此便步入国画的行列。我很少去临摹别人的画，基本原则是，没见过的、不熟悉的不画。如“四君子”，我只画其中的松树和菊花，因为梅花、兰草我没见过其自然生长的形貌，竹子也不画。但我却常画一些别人不常画的内容，如地黄（俗名猪妈妈草）、鲶鱼、柳条子穿鱼、鹭鸶（俗名老等）、杏子、蒲草等，对这些我最熟悉不过了。我最擅长的是画鲶鱼，此画由一主笔构成，技巧难度大，画出的形象比较逼真。我曾在晋祠和汾河网鱼，也不知捉住过多少大小不等、形态各异的鲶鱼。我在垣曲下放时，大约有半年多的时间，每当路过小溪小河时，都要抓螃蟹。我还喂小猪，与小猪交朋友，用螃蟹斗猪，看螃蟹与小猪打斗，看螃蟹捉蚂蚱，仔细观察螃蟹动和静的状态，八条腿如何运用，逐步了解到它们的性格。想要有那种来源于生活又高于生活的画风，不是很容易的事。画天鹅时，经过四五次修改，才从画“地下飞”变成“天上飞”，从画个体到画情侣，而且用隶书的笔法绘成天鹅的主体，很有笔墨情趣。王朝瑞是我的指导老师，在画鹭鸶、青蛙、鳜鱼、老少树的画中，他让我题写富于哲理性的诗词，使之成为典型的文人画。画青蛙题名“苇塘蛙声忽断时”，为此还写了一篇文章《旁论空城计》，说明无论怎么高明的人，做事总是既有正确的一面，也有错误的一面，正是这正确和错误的矛盾冲突构成故事和戏剧性。我的有些画是提出问题，让读者去考虑为什么。如一幅柳条子穿着两条鱼的画，标题是：“家中有酒客

家中有酒客人来

1990年秋，徐文达先生(右二)与王朝瑞先生(左一)在运城视察书协工作时，为运城书法工作者现场示范

人来”。在太原，好多读者不理解；一到老家保定，水乡的观众一看便知道，这是客人来了，家中有酒没有菜，在河里摸了两条鱼做菜以待客。很多画家都不画钻天杨，我每次出行最喜欢看这种抱枝杨的英姿，就画了一幅两株高耸的白杨树，技法主要是一笔通干，用浓淡墨点叶，也很简单，题词为：“凌空亦高洁，同生无横枝”。有点批评当时流行派性的意思，不过却受到欢迎。贾俊同志、王廷栋同志，甚至我的老友章新同志也从湖南来信要这幅画。题词有时为画增色不少，1998年，我画了一幅荷花，题词是批评污染环境的：“出淤泥而不染，染清水为污泥，莲不生也！”我也曾画过一只孤立的鹭鸶，题为“耐心者”。以前我在运城永济观看这种水鸟捕食的情况，就是伫立死等，鱼游到足下，只吃一条就不再吃了——原来是怕暴露自己。在画水鸟的空白处我题了许多词，意思是应学习“老等”耐心不急躁的性格，捕食又不残忍，也是知足者。这种水鸟实在是一种善鸟啊！有一年我去万荣，在一条巷道里，见到一株大树枝压小树杈的情景，根据这情景画了一张画，还题了一首诗，大意是以大压小，小的一定要胜过老的。绘画中画花很难，不像不行，太像了也不行。平时画花，“模特儿”也大都是来自公园培养的牡丹，真可谓繁花多姿，只是觉得太媚了。由此忽然想起野生的牡丹，在垣曲历山脚下，我见过野生牡丹，还有野玫瑰。野牡丹在山石、茅草、晴空下显得非常美丽，且极具生命力，其花瓣的形状还便于用笔表现。如此，我便又走出画花卉

娇媚的藩篱，而用笔勾出自然之美，加之诗、书，更丰富了画面。

在书、画、印、砚创作的过程中，我还陆续付梓了一些作品。最早的是1957年为太原教育局写的仿影以及1981年的楷书百家姓。1991年，由山西省委书记李立功同志批准，出版了《徐文达书法篆刻集》；1996年，由山西三晋文化研究会推出了《徐氏澄泥砚》（山西省委宣传部出资）。估计今后要出的书还很多。其中有书法篆刻续集、石刻集、篆刻集、诗集、文集、《醉翁亭记》草书集、澄泥砚研制录、个人书法生涯、书法随想记、书法论文集等，当然要量力而行，这对我来说实可谓任重而道远。

大凡美术与书法的创作，都源于作者满怀兴趣的行为。我在山西省博物馆工作的时候，还做过几十件根雕。用丁香根做了四个笔筒，很是典雅；用荆子根做了孔雀、金雕、狐狸、长颈鹿、鹿以及笔架；用茄子根做了雄鸡；用狼尾巴花的根做了骆驼；还有用从敦煌带回来的树根做的跳舞的胡人；用枣树枝借虫蛀的图案做的拐杖；还有用独根小树做出的鸠杖。在去五台东冶时用六道棍的树根做了四支拐杖，拐杖的头部是根据木头的形质轻微雕琢而成。这些拐杖既实用，又可以赏玩；尤其是我的虫蛀拐杖，更是别开生面，颇有特点——一根细长却结实的枣木棍，虫子蛀出了一条弯弯曲曲的痕迹，自然而有趣，我十分喜爱，每每出户必拄杖而行。

墨牡丹

我从1974年开始搜集澄泥砚的资料，但当时资料极少，甚至

秋蟹图

可以说是无资料可借鉴，无方法可指导；去汾河泥滩查看过，也没有什么收获。一次，在南宫古玩市场碰到一块明代澄泥砚的残片，如获至宝，拿回去砸开进行化验、研究。1980年，正式开始研制。这个科研项目，既属边缘科学，也属综合艺术；对于我来说，既是脑力劳动，也是体力劳动。此项目还获得国家发明专利。制砚过程中的造型设计和雕刻设计，还有砚铭设计，都对书法有补益。雕刻的基础是美术和刀艺，砚铭既是文学也是刻字，它也与印章边款相关联。与石砚不同的是，澄泥砚还需进行色彩的研制。我制作的澄泥砚有五百多方，都是我自己创作的，我一般不临摹古人的。要说澄泥砚这个书外功也是我所独有的，清代高凤翰只是刻石砚，他没接触过澄泥砚。这也是我的一项独立的科研项目，属工艺美术的范畴，今后可以著书立说，使其成为书法的姊妹篇。

# 关于书法理论的研究

我大多是在无字处读书，自然看书不算很多，读也是因了问题的提出而读书——随着实践的推进也自然要上升到理论。特别是有针对性的研究很能提升水平，有对立面才能促进理论的提高。我是有观点才写文章，不是抄书抄报凑文章：

第一，我首先接触到的是魏碑热，一时间好像魏碑成了书法中的唯一可供崇拜对象。1956年，我读过一本书，是论魏碑的。书中对魏碑作了不少具体的分析，特别是指出了魏碑的缺点。康有为否定唐楷提倡魏碑是我所不赞成的。我认为魏碑与草书是背道而驰的，康有为提倡魏碑，却使草书断层，这是一大损失。我读过大量的墓志铭，我以为，魏碑是楷书的一个派生产物，并不是先进的，它是在民族与文化的限定中所形成的，它终不能成为主流。魏碑的特点是具刀法效果，方块严密，收缩不展，这正好补充了南帖钟王系统的圆媚和松散之不足。但魏碑形成的基础仍然是钟王（包括卫家书法），魏碑书法成熟的较少，大多数是在成熟与不成熟之间，有的因此形成某种天趣，但也是微不足道的。魏碑的最大缺点是约束性太大，一进去就很难出来。康有为说唐楷拘板，其实魏碑比唐楷更拘板，等于戴上了“金箍”，这对草书的发展而言是个极大的障碍。清代的大家赵之谦、邓石如，都写不好草书，连山西的赵铁山以及他的学生们也入了魏碑的藩篱，大都也写不了草书。据说康有为临死时才感觉到这个问题，沙孟海、林散之也都持这个看法。钟王系统是中国书法的主流，历代书法流派都旨在丰富传统，而不是代替传统；魏碑、南帖只能共用，不能偏废哪个，我的这些观点，贯穿在我所写的文章里。

第二，我主张书法要在传统的基础上提高。按说这本是不言自明的道理，但由于现代派的挑战，不得不加以注意并应战。现代派的要害是反传统，这个艺术观点来自西方，东借日本的“前卫”派。这种反传统的起源来自废弃汉字的主张，这是清朝末年的一个进士加入法国籍以后提出来的，他认为中国落后是由于汉字造成的——不好普及教育。接着就有人提出，中国要走符号文字的道路，学拉丁文。此学说的主要代表人物就是瞿秋白。他曾举办过学习“新文字”的活动，结果失败了。后继者换了策略，先简化汉字，也在简化中注入符号因素，以便将来取而代之。这些观点到了年幼无知的年轻人那里便被奉为“圣旨”，他们认为只有反传统才能发展书法，要发展就得取消汉字。多么吓人的主张！因为即便是简化汉字都有可能会造成五种文盲：完全不识字的，不识繁体字的，不识简体字的，不识汉语拼音的，不识注音字母的。

这样的结果不但没有消除文盲，反而增加了过去不是文盲的文盲数量，制造了新的阅读障碍；还形成了一个国家两种文字的状况。现在，香港、台湾以及海外华人都是用繁体字，大陆却用简化字。简化汉字没有错，历代都在减，当然也有增加的新字，只是简得太多了。简化的字以笔画少为妙，不顾其字义，也不顾其形式美地减，只能说明操作者对汉字抱着虚无主义的态度。岂不知中国的汉字是世界上最科学的文字，中国能保持几千年的大一统，首先是汉字的功劳。世界一些文明古国，使用的是拼音文字，由于民族语言的不统一，民族分裂，最终导致了国家的消亡。中华民族虽然各民族语言不同，但有统一的汉字，可以传达语意，因而保持了国家的统一，可见，汉字有极大的文化基础和凝聚力。汉字是东方文化的核心，简化汉字不能不考虑汉字的优势，汉文字的表达能力是任何拼音文字所不能比拟和取代的。从实行《汉语拼音方案》来看，仍然存在简化汉字将来走符号文字道路的迹象。这与当前现代派书法所提出的反传统恐怕是一脉相承的。鉴于此，我才特别强调书法要在传统的基础上提高发展。对于西方艺术，我们取其有益并适合我国国情的，而不是全盘西化。总的来说，是纵向继承，横向吸收。我们的民族文化是在不断前进、逐步发展中丰富起来的，而不是要靠反什么才能创新。老传统有的不适用，用新的代替是自然现象。宋词并没有反唐诗，元曲也没有反宋词。中国书法的发展演变是渐进的，有相对的稳定性。书法的改革创新也是渐变而不是突变，不会来个翻天覆地的“大革命”。在中国的历史上，还没有出现反掉哪种文化以后才立起另一种文化的情形。时至今日，甲骨文、金文、大篆、小篆、隶书，还依然存在于艺术之中，它只是不具实用性了，但它仍存在于艺术形式之中。现在有的人，对繁体字像担心狼那样担心，恨不得一下子把繁体字扫入垃圾堆，想在书法艺术的范围内剔除它。这真是不必要的，实际也做不到。中国的汉文化即便在少数民族当政时期，也没有被去掉，反而连他们自己的民族也融合其中，汉化了。如北魏时的鲜卑族、清朝的满族、元代的蒙古族，也都基本汉化了。虽然西方文化在挑战，久而久之，中国文化还会通化一部分西方文化，这其中就有汉字文化。有的学者提出，21世纪是汉字的世界普及时代。对于书法的研究，我的主要理论根据是《相似论》，现代派，既不似传统，也不像其他什么，一切都似是而非，所以它是不会成功的。至于外来文化，也只能丰富传统，而不能取代传统。现在有的人叫喊要世界一体化，经济和科学技术可以一体化，民族和民族文化是不能一体化的。一些无知的青年人，死持偏见，以为反传统是“真理”，就像无知的小孩子那样无理和倔强，好说歹说都不听，糖葫芦也哄不转，只有到了成年才觉悟过来，才能回想儿时的幼稚可笑。用政治观点分析，有些人是死也不会回头的。

第三，关于个性与共性的问题。书法界不知从什么时候提出了“独辟蹊径”或“独树一帜”的口号，闹得书法界里外发烧，竟然还变成了时髦，被奉为金科玉律。任何事物都在发展，绝不会停留在一种状态；但我们不能为“独树”而“独树”，为求新而求新，没有目的的出新和求异，必然要引起书法艺术的畸形发展，甚至会带上“殖民”色彩。离开社会需要的文化，无论是什么样的出奇出怪都是无的放矢。历代大书家从没有先提“独”“创”“新”而后学书法的思路，他们在传承的路上一直走着，在跟随时代的前进中无意间成就了大业。王羲之、张芝、张旭、怀素并没有先就想着将来成为什么大家，是后人立王羲之为书圣，立张芝为草圣。至今我们还没有见到王羲之关于创新的书法理论。

现代人提出艺术上要表现自我，这个提法源自18世纪西欧为了冲破神权、皇权统治而出现的“个性解放”思潮；而今书法界没有什么人来统治、来定标准，可以自由创作，并没有什么来禁锢书法的艺术个性，那么要求表现自我的目的是什么？要说传统的书法艺术是金科玉律，还不如说吃饭也是金科玉律，干脆不吃饭才算出新、才算“自我”——岂不是笑话？！怎么有人竟把谬论崇拜起来？求新求异求自我的结果是，只强调了个性而忘了共性。“共性寓于个性之中”，世上没有不带共性的个性，没有共性的个性是不可能存在的。近年来，一些书者往往只要个性不要共性，认为共性就是藩篱，只要是个性不同于传统，就叫创新。启功先生说：“你们在屋里住，我在屋子外面住，这不叫创新。”没有艺术质量的创新同样不是艺术。不要以为凡不合传统的、不计共性的界外形体就叫作创新。这样的创新只会影响书法的艺术质量。姜澄清先生说过：“十年的书法热降低了书法艺术。”这种无目的的强调个性，只会引起书法狂野、怪诞、懒散、吊儿郎当或玩世不恭的现象；这种所谓创新、“独树一帜”，也一定是与传统拉开了很远的距离。有些作品乍一看，很有个性，与众不同；再一看，空洞无物，是在装腔作势。而有的作品乍看平淡，细看则内涵丰富，耐人寻味。苏东坡说：“渐老渐熟，乃造平淡。”这个淡，是从以往张牙舞爪、狂热奔驰中浓缩、纯净而来的，不见其奇而奇才是书法艺术的最高境界。所以我认为，既有共性又有个性的作品才叫创新。

第四，现在的批评中常有自相矛盾之处。不知从何时起，人们异口同声地批评馆阁体，不仅指责它的千篇一律，连它的形体风格也基本否定了。岂不知唐代书法的兴起是得益于科举制度的，清代沿袭了科举制且有所发展，当然，馆阁体的媚弱与当政者的喜好不无关系——举子为求得功名而普遍采取这种书法形式；但这种字体自是有可取之处的，它要胜于后来的印刷体，所以全部否定馆阁体也是不公正的。今日写流行书法的人，也同样是为了追求个人名利。参展得奖，可以取得职称，提高待遇，于是众人纷纷追求起来，就出现了新的千篇一律的书法形式，这与馆阁体的境遇不是一样的吗？而且流行书体的法度远远不如馆阁体。贬馆阁体，挺流行书体，这岂不是自相矛盾吗？这种思潮同样是否定传统的。有的人一见馆阁体便举刀伐之，甚至批评启功的字也是馆阁体。启功先生自谦地说："我哪能与馆阁体相比！"这些人如此这般，以致馆阁体基本绝迹。想来这也不过是自作聪明的人以糊涂当聪明吧！

第五，关于急功近利。这种行为是受当前商品经济的影响产生的。它表现在经营上是短期行为，带某种投机性，当它形成一种社会风气和社会意识时，自然要反射到艺术领域。当国家经济建设处在一个转型期时，容易包容新的不成熟的社会意识。"急功"来自"近利"，"急功"是"近利"推动的，"近利"是个人主义驱动的。商业的指导思想是用最小的本钱赚最多的利润，要求善于寻找时机，也就是要"乘机"或是"投机"。书法中的急功近利思想能形成的原因之一就是基于人们对书法艺术鉴赏的生疏，缺少欣赏能力。更有一些书者，也像商人一样，趁人不识货，推销他的劣质商品以期获重利。这些人想在省事、不费力、不下功夫的前提下获得名利，因而竭力在理论上树起"异旗"以作舆论根据。这种短期行为，也可算作是一种投机，但那是不会长久的。没有难度的艺术虽然是容易制作，但却没有生命力。世界上最可贵的是高尚的精神活动与辛勤的劳动而得的结果。

第六，书法中的对立统一规律。这个规律存在于一切事物之中，在书法中更为明显——处处存在着相反相成的现象。除在前面所说的书法进程中的三阶段外，在笔画、间架、章法、意境方面都有正反两个方面的矛盾；不过对这些矛盾古人不讲斗争，只讲协调。也正是这种对立统一的思想构成了中国书法奥妙之所在，这是中华民族的伟大创举。中国书法中，只有雅和俗是相互排斥的，这里存在着阶级的对立。

对立统一的思想首先表现在文字的结字上。从甲骨文就有形体和实用的矛盾，到文字字体的高级阶段——楷书，尤其唐楷，这种矛盾仍然很明显。唐楷从形成到现在一千多年，基本没有改变，说明它已到尽处——也就是说，对立统一规律已经处理好。楷书的主要特征是，将一切不规则的笔画，组成一个规范的整体，而这个规范的整体本身又不是十分规矩的、机械的，或说是规矩中的不规矩，有一定的灵活性。其中既有形也有意，有物质也有精神，这是中华民族文化智慧的结晶，连西方国家也承认这一点。可贵的是，楷书的笔画形体还考虑到书写者生理上的方便，而这种方便又使自由性、不规范性有了存在的可能。楷书就是这样一种书法艺术，真是妙不可言！横笔不平直，左边低右边高，因为这适合人的手臂的操作；还有起笔、行笔、收笔形态不同，源于操作的不同手法。正因为如此，才产生了更多的不一致：口字上大下小，也不方整；撇笔澎头尖尾；竖笔悬针、垂露；捺笔一波三折，还有既不方也不圆；斜画的戈笔，不规则地兜起来，等等。总之，没有一个平直、方整、规矩的笔画，却硬是把它们组成一个字，而且这个字的结体也有一定的伸缩性和灵活性，有着很大的艺术表现的余地。以上种种，正是把中国汉字延续了三千年（从起源应推到六千年）的原因，小变中的不大变，实在太高明了。运用侵让、断连、交叉、并列、贯串、斜正、虚实、偏倾、繁简的处理，把若干不协调的笔画谐合起来，可以说，字体的组成体现出一种典型的对立统一思想。

楷书是书法的最后一个书体，它也是继承篆隶而来，篆隶是继承甲骨、金文而来，它们是一脉相承的。因此，楷书中就具有各种书体的因素，与楷书并行的草书成为我国书法的高级阶段，这就是学书法要从楷书学起的原因。

总之，对立统一表现在三个方面，从宏观上说起，就是刚与柔、神与形、雅与俗。在书法中，刚柔不相称、神形不全备、雅俗分离是普遍现象，而且要把它们互补起来是个高难度动作。有的书者始终媚弱，一直缺少刚劲，或者刚多柔少，无法解决；有的形体很好，就是没有神采，或者有神采而结体不好；有的书者的字属于平俗，甚至庸俗，不得高雅，或能孤雅却又脱离群众，为群众所不理解。要使它们和谐起来，除非有极深的功力、才华、学识以及勤奋，否则是难以达到这样一个高度的。

第七，草书用笔。结字，尤其是章法，微观的矛盾更多，有好多是针锋相对的。我曾将它们列成一系列的对立统一、相反相合的例子，表现在诸多方面，概括如下：虚与实、阴与阳、轻与重、疏与密、肥与瘦、浓与淡、欹与正、斜与端、疾与迟、滑与涩、丑与媚、拙与巧、刚与柔、侵与让、枯与润、主与次、沉与浮、动与静、起与伏、强与弱、曲与直、纵与横、断与连、散与聚、藏与露、平整与险绝、支离与轻滑、热燥与清凉、狂放与精微、端庄与流利、欢畅与阻塞、刚健与婀娜、严谨与开放、参差错落与算珠均衡、平铺整齐与异态突出。如果能把上述若干的对立面统一起来并处理好，他一定是位大书法家。处理好这些问题必须有一定的理论基础、书法艺术的修养和高深的造诣，还要有敏捷的思维能力，心快、眼快、手快。在写草书的时候得到妙处，常常是在一刹那，这需要有高度的技巧，有较多的表现手段，巧用笔墨，抒发神情，才能做到极致。

我根据以上的研究，也写过一些论文，以阐述自己的观点。这些文章计有：《正极则奇生》《书法艺术中对立统一规律初探》《学者、思想家、书法家兼谈傅山的狂草》《书法的异同与古今共识》《文化艺术与物质生产》《天趣存在于成熟与不成熟之间》《略谈风格》《略谈牌匾文化》《我对碑刻的理解》《书法中的拙丑观》《十年不见书自高——评袁旭临书法》《毛泽东的翰墨光辉》《书法的自主与顺应》《写字与书法》《旁论空城计》《我与刘子邻先生》《馆阁体探秘》《宋体字是如何出现的》《小议唐楷》《什么是现代派书法》《古不乖时，今不同弊》《如何欣赏书法？》《傅山行草四十韵剖析》《书法需要工具改革》《难防的“武器”——奉承》《试论刀与笔》。这是我的一些论文，大都是有针对性的，不是为理论而动笔，我是书法家不是书法理论家，其他一些小文也有几十篇，篇名不记得了。

# 创作的尝试与理解

现在按一般人的理解，离开字帖所书就叫创作，其实这仍然是练习。即便是集名家之长，探索阶段也还是练习，书家平常写的字亦是练习。凡是有主题的，通过文字的书写来发挥文辞的意义才叫创作，创作不是抄录。有人常说“纯艺术”，事实上，没有纯艺术，艺术本身是有阶级性的，有作者的立场和观点，艺术不可能没有阶级的烙印；如把技巧说成是“纯艺术”倒还可以。看待同样一个事物，持不同的立场、观点会得出不同的结论，技巧本身没有阶级性，看由谁来掌握。还有人提出文学创作远离政治，这也是不可能的，你不是这个政治就是那个政治，提出远离政治的人，他本身就有浓厚的政治观点和立场。有什么样的政治观点就有什么样的思想感情，就会体现到他的书法中。过去是把书法列为工具——抄写之用，文人也把它当作文字的载体，所以没把它列入艺术之范畴；现在虽然列入艺术范畴了，但还是附在美术之中。原因是书法没有立起用一定内容为政治经济文化所用的地位，所以明确书法为社会服务是有必要的。我从1994年即开始创作诸葛亮的《前出师表》，得到“不欲佳而佳”的作品；也有与此相反的经验，如《前赤壁赋》，我从1935年就开始写，写到现在已有六十多年的历史了，起步时的作品与后期的相差甚多，是步步提高的，这也应算作创作。书写毛主席《沁园春·雪》是从1946年开始的，到现在也有五十多年的历史了，我认为还不算成功，原因是没吃透毛主席

徐文达先生在运城地区书法家第二届代表大会笔会现场

这首词的意义。过去只以战斗的思想来写，实际这首词原是政治抒情诗，我未能体会到毛主席的胸襟，又怎能创作出彰显这首词感情的书法艺术形式！当然，这些作品虽然不成功但也应算创作。1998年，开始创作《黄河大合唱》，这些歌曲早已举世闻名，反映的是中国人民抗击侵略者的英雄事迹，是典型的爱国主义作品，我对它们有着深厚的感情。况且我也曾钻过青纱帐，经历过“扶老携幼”的苦难日子，目睹过日寇的烧杀抢掠；我还是参加过抗日战争的一个老兵，面对面地与敌人斗争过；以后又几次到黄河，包括壶口瀑布，感受它的飞瀑跌宕，也唱过《黄河大合唱》，还把《黄水谣》当作我的小提琴练习曲。我对抗日战争有直接的感受，应该用书法把它表现出来，把它变成特殊的视觉艺术，我认为，《黄河大合唱》的歌词最适合于用狂草来表现。

关于书法创作的提法也是近些年提出的，在古代，尚未有关于书法创作的论述。时至今日，书法已列入艺术行列，它已经成为一种艺术形式，有了一定的独立性，就更得注重创作了。现今所谈的书法创作，多是从形式上着眼，还没有关注到书法这一艺术形式的文化艺术表现功能。对于书法，只限于艺术欣赏是不够的，还应该在艺术欣赏的同时，使观者学到知识，受到教育，得到启发，以提高广大群众的文化素质。如果不能这样贡献于社会，书法便还会处于某种“余事”的地位，可有也可无，或者只在少数人中分享。如此便会逐渐缩小书法的社会功能，失去书法的生命力。

从这一点上说，我们今人就要补充历史及先人的不足。按目前的理解，创作首先是选择内容，内容决定形式，在形式当中有一个普通和高雅的区分。如此一来，好认、好读，群众喜闻乐见的是要多一些。此中行书、隶书、楷书要占一定的比重，要根据内容选取书体、风格，以求表达得好。内容的选择不一定都是古典诗词文章，还应有当代的诗文、名言名句。当代语言是以白话文为基础，因而可能会出现许多重字和文字不精练的现象，当然还有简体字造型的障碍，如“厂”字、“异”字、“叶”字、“义”字等，还有书法上不熟的“的”字、“你”字、“了”字、“呢”字、“吗”字、“忆”字、“毕”字、“凭”字等，特别是标点符号，如引号（“”）和书名号（《》）都不好处理，但用惯了就会在书法中出现好看的、俏皮的、乖巧的字形。比如“之”字、“也”字、“乎”字、“矣”字、“戈”字，很难写好，但大家不是也都写得很有形象美吗？古今一样，用多了就会创出美妙的字形，尤其是草书。书法作品在形式上也可以变化，横书也不一定难看，在条幅中写多段竖书也未尝不可，特别是新诗可以采用这种形式，也可以带标点符号。以上说的这些还是书法的形式方面的问题，都不难做到。另外，艺术技巧是不能忽视的，创作一件好作品也不是轻而易举的事。比如我在创作《沁园春·雪》《前赤壁赋》《黄河大合唱》时便遭遇“难产”，当然这属于个例，并不是一切创作都如此。书者根据书写的内容，对用什么感情、什么风格、什

20世纪90年代中期，徐文达先生在笔会现场

么神情，要动一番脑筋，甚至反复试笔。那些用一种笔式、一种风格，千篇一律地照文抄书，就不算创作。如果是书者自己创作诗文，自己书写，既创文章又创书法那就更好了。中国书法与文学、艺术向来是不可分离的，只有这样才能提高书者的思想文化及艺术水平，才能更好地服务于社会，相应的，也就能提高书法艺术的社会地位，使之为社会所理解。这是战略上的创新而不是形式上的创新，书法创新总离不开社会的需要，是社会推动的，而不是哪个人推动的。凡是社会需要的新创造，群众就拥护，去适应这种需要，书法就会发扬光大；什么时候艺术脱离了群众，它就快消亡了，这是我对书法创作的理解。

当前，硬笔书法应引起我们的注意。硬笔书法的出现是因为书写的工具改变了，这是一种外来的工具。从经济上说，生产力的发展有赖于工具的改革，从石、陶、铁到蒸汽、原子时代，生产逐步现代化。书法是不是也是如此呢？中国最初的书写是用硬工具，后来几千年没有改变一直用毫毛做的软工具。写字难以掌握多因为是软笔。目前学习硬笔书法的比较多，因为它没有轻重、肥瘦的区别，比较容易掌握。但硬笔写不了大字，只能在片纸中走笔，这局限性太大了，如果制作出能写大字的硬笔或者半硬笔，就能写大字了，而且能够出硬笔的新书法形式、新风格。这样一来，就更有利于书法的普及，而且这种工具的生产也能带来一笔经济收入，与经济建设方面也是相吻合的。我曾用蜡烛写黑白字，用

1997 年，徐文达先生参加临汾地区全国书法艺术研讨会

暖水瓶上的软木写条屏，也都是成功的。我在不断地宣传，可是人们的思想还是不开放。看起来，习惯势力是何等的顽强！不过我还是想再试一试，首先是举行一次大字硬笔书法展览，反正不用软笔，用什么硬笔，让书者自己去创造，要相信群众的创造力，一定会出现新的写大字的硬笔工具，发现苗头然后进行研究加工，是完全可以做到的。

我这篇书法生涯，不过是个书者的回忆，是记录平凡小草的一生。我没干过大事业，也没受过高等教育及训练，只能是在实践中摸索，在实践中提高。用时间和精力，用勤奋，进行自我磨炼，到晚年，七十岁以后，才有所提高，书法界广大群众给了我荣誉，也可算是“千虑一得”。我一生善心对事、善心对人，不会阿谀奉承，也不忌人害人；只知老老实实地工作学习，以自己的成绩奉献给社会，团结书法界人士，提高山西书法艺术水平。我所追求的是书法的事业和书法艺术而不是自己的名利；也自知其短，不得不虚心好学，多取他人之长，保持谦虚谨慎。我学傅山首先学其人，人品高才能书法善。我的一生是党培养的结果，在为党的工作中，我学到了知识，积累了工作经验，我的成绩也是由于领导的重视、广大群众的支持、同道们的帮助才取得的。除此我有什么呢？只不过是一个普通的农民！我深切地体会到“有志者事竟成”的道理。归根到底，平凡努力、老而有成，这就是我的一生。坚持不懈，有求有创，不达目的誓不罢休，也算是我的一种作为。我虽已七十八岁，仍想在有生之年有点进取，这就是我的希望。

# 书法的出路

几十年来，我都是把书法当作为人民服务的工作。1988年，我和王留鳌先生共同为山西福利基金会捐献书画作品，我出了一百件，留鳌先生出了六十件，其他零散的也不知有多少了。但是这样做并未引起人们的重视，大约是总觉得来得容易，不足为贵。可是真正需要、喜欢书法的人又得不到门径。由此我想起应适应市场经济，采取有偿服务的做法，满足不同群众的需要。

1998年，徐文达先生与王留鳌先生（右）等合影

我和王留鳌先生曾几次去太原市的五一广场，取低价当场为群众书写，很受欢迎，大家也逐步地改变了白拿白要的习惯。从此便开始了书法逐渐进入市场的活动，上市的书法已经成为一种商品了。

进入商品市场，无论对书者还是读者都是有促进的。但目前文化商品市场很乱，书界还是存在保守思想，有好多好的作品并没有面向社会，好作品没有发挥出应有的作用。以我来说，我的澄泥砚、澄泥印材、篆刻、绘画、石刻、不同风格的书法作品能否采取产业化经营方式，面向社会？正在考虑，当然这也是一种试验，或成或败总也算是一种作为。

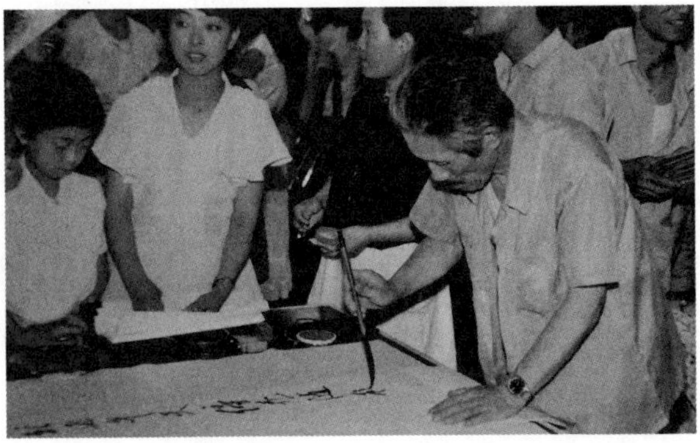

20世纪90年代中期，徐文达先生在太原市五一广场为民众书写作品

2000年2月21日于太原

# 书法文论

# 如何学习草书

## ——书法培训班讲义

此次办培训班的目的，仍然是为提高书法艺术水平。培训在业余时间进行，与以往学习班、培训班不同的是，这次是比较高一级的培训班，学员们的水平很整齐，这样容易同等提高，不至于因档次不同引起教学上的麻烦、学习上的苦恼。另一方面，这次办的不是综合性培训班，而是以行草为主，因为行草比较实用，而且草书在书法中是最高的艺术形式。中国历史上的两个书“圣”，即王羲之和张芝，都是行草书家。在《草诀百韵歌》中说：“龙蛇竞笔端，草书最为难。”集中学习行草书体，便于专一，同学之间也可以互相借鉴，因为我们山西书法的优势向以篆、隶见长，行草次之。现在这种形势虽有所改变，但像样的草书家毕竟不多，草书还是个缺环。上述的优势，是受赵铁山先生的影响，赵先生是受康有为的影响。但是，还有一个全国闻名的大家，山西的傅山先生，他却是以行草著名的。时至今日，人们才发现从傅山这里可以学到好处。在太原和运城就出现了一个若明若暗的学傅山流派，这个派的“派头”就是我。我是从20世纪50年代开始学傅山的，当时书界不理解，认为我思想保守，不怎么时髦；到现在，人们才发现我从傅山书法中受益不少。人们似乎发现，傅山先生与赵铁山先生是各有所长，当然，若论才学、书品，傅山先生是鹤立鸡群。因此，我们这次也得借助傅山先生，以他为镜，提高书法艺术。

在办班以前，曾有一个想法，在这个班中，或许有一些水平较好的、学习努力的、方法得当的学员，会有突出的成绩，其作品可以参加全国性书展；但这仅是一个想法，不一定能做到，唯望如此。但这就需要我们师生共同努力，我们应该有这种进取精神，尽可能地争取，不达目的不罢休！

这次收学员，有不合格而未被录取者，这不要紧，只要这个班办得好，下次继续办，或者另附加一个辅习班，使大家都有学习的机会。

徐文达先生在太原师范学院为书法专业学生讲课

这次学习所授书体单一，而且以面授手授为主，以理论为辅；理论可以在平时翻阅书刊时获得，面授手授只能在课堂进行。再一个不同的是，对个别好的学员，可以吃点偏饭，个别指导，重点提高；对水平差的也吃偏饭，个别指导，这叫抓两头带中间。此点请大家不要见怪，这也是一种教学方法。我与同学们素不相识，没有感情上的远近，只是为了艺术；也没有金钱的往来，不另收费。在书家看来，教人为钱降低了品格，书以人品为贵。

既是面授为主，在课堂则以习字为主，你们各带用具，边写边议——当然这是共性的教学，再加个别指导，就全面了。对个别指导的经验同样可以运用到共同教学中，取长补短；这样，每个学员学习到的蓝本、书体样式就不尽相同，或以流畅见长，或以迟重见长。既有统一的教学也有个别的教学，学员便可各自寻找到适合自身的风格形式并树立起自己的主攻点。但说到底，这次培训也仍然是个引子，因为时间太短，不可能立竿见影（个别的除外），可能只是解决了意识、道路、方法问题，成绩的取得还有赖于在以后的漫长岁月中的辛勤耕耘。功夫不负有心人。

## 一、关于书法

中国书法在世界上独一无二，这是由书写中国的文字——汉字形成的一种艺术。中国书法博大精深，时至今日，连中国自己也没有把书法艺术的属性弄清楚。中国书法与其他艺术的一个显著不同是它的“人格化”，“其书即其人”，书法艺术的高下与其作者的道德、品质有着密切联系，因而书者的精神和人格对书法艺术而言至为重要。练书法也就是在提升自己品格、道德、文化、学识的修养，因此书法位列高层次的文化艺术领域，而绝不是一种单纯的技艺。

书法艺术既有其依附性，又有其独立性。所谓依附性是指它依存于汉字，所谓独立性是指其是其他艺术所不能代替的。写字是表达的一种手段，这是书法的实用性；除去表达，还能给观者以美的享受，这是它的艺术性。但无论是什么样的艺术表现，仍然离不开以文字为内容；因此汉字和书法是始终不能分离的，在书法中，文字、学识、艺术是浑然为一体的。书法是典型的东方艺术，西方也把书法当作线条艺术予

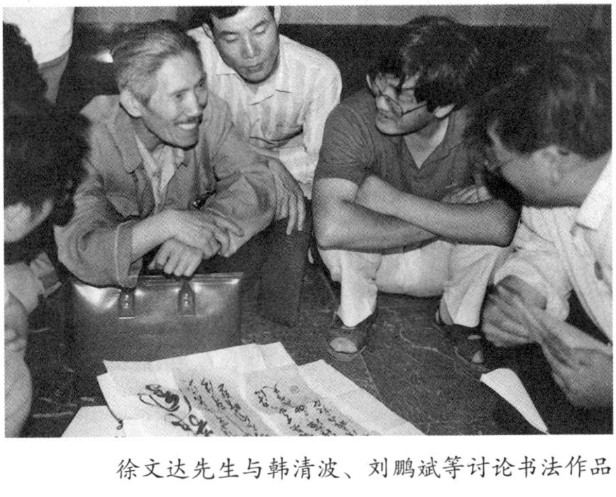

徐文达先生与韩清波、刘鹏斌等讨论书法作品

以借鉴。

书法既是通俗的艺术也是高深的艺术。说它通俗，识字的人都能欣赏；说它高深，是它包含的东西太多了。它不仅是一种综合艺术，而且它的艺术构成有着很多理性因素，它的形、神及内蕴奥妙无穷，它集儒、道、佛思想于一身——有的只能意会不能言传。

正因为如此，书法才具有中国文化的普遍性，成为人们文化与精神生活的内容；于是，就有人对书法产生了一种偏爱，用功于翰墨，也就产生了书法爱好者、书法家。有的人练书成癖，爱书如命，一生游弋于书山墨海之中。

作为一个书法家是受人尊重的，因为他代表了中华的文化与品格，学书法不仅是在用文化教育自己，用艺术熏陶自己，作用于别人，又是传播与发扬精神文明。

学书法是一种文化活动，它既是在劳动，又是在享受，是劳作也是休息——无时不在观摩、临习、研究，从中得到启示，获得某种创造的动力，并由此感到自得与快慰；因此可以说，书法是一种自我锻炼、自我享受的文化活动。古代人将书法作为孺子的必修课，有些人学它是不得已而为之；而在当今，这完全是自觉的、主动的，非为他人所驱使的。当然，书法更不该成为逐名求利，或为达到某种个人私利的“敲门砖”。凡自我吹嘘、说谎惑众、“凭附增价”者，都是书法界的低等人物，为人们所厌恶。此等人虽然会虚张一时，但终究会被淘汰出局。作为一个书法家，始终要诚实笃信、谦虚谨慎、身正心正，“书正人必正”，字如其人。傅山先生提出，“作字先作人”，所以学书法“做人”是前提。

书法的字体、书体具有稳定性，艺术风格具有多样性。书法流派在历代均有不同变化、发展，如晋重韵、唐重法、宋重意、明重帖、清重碑（或云重质），每个时代的政治、经济、文化及环境、机遇的不同必然催生不同的风格、流派。中国进行民主革命以后，受到西方文化的挑战，书法不被重视，又由于后来过分地强调了对传统文化的批判，使书法几乎跌入低谷，直到1969年陈毅副总理提出振兴书法，书法才重新焕发出生机。

在很长一段时间里，一些高级知识分子把中国落后归罪于汉字，曾梦想废弃汉字，或把中国汉字改成符号、拼音文字；汉字都要被抛弃了，当然书法也就更无足轻重了。但中国汉字有几千年的历史，根深蒂固，不是那么轻易就能扳倒，当前出现的书法热，就是对废弃汉字思潮的一个回敬。然而废弃汉字的想法并没有被丢进垃圾桶。这几年，在书法界又出现了一个自称的“现代书法”，其中的激进分子，人们呼之为“现代派”，这个派的中心思想仍然是废汉字：提出无汉字的书法，即非书非画，只是线条艺术；提出书法的反叛性、随意性、多维性、求异性等等，其中心是反传统，离传统越远越好。他们以为越不像中国字才越是“真正的”创新。一些新闻媒体也宣扬创新求异，并用各种大赛的形式，用实用主义的办法，以得奖、评职称、扬名、提干的“实效”来引诱青年人步入“现代化”的行列，从而催生出新的“馆阁体”，新的狂野、怪诞的千篇一律。他们企图用西方艺术改造中国书法，以没有汉字的“书法”来获取西方的青睐。当然，主张创新是对的，但若在创新中若明若暗地反传统，那创新就存在很大的盲目性。按照自然辩证法和历史唯物主义观点，任何一个新事物的出现都离不开继承，新是从旧中脱颖而出的。一个新事物首先要类似它的母体，然后又非似它的母体，即又像别的什么。事实上，绝不会出现像“现代派”的那种想法，既不像过去又不像别的什么（西方没书法，不能以形借鉴），那些无字的线条涂抹“艺术”，连他们自己都无法给这种形式一个确切的名字，这种“艺术”，不管怎样提倡，它是存在不住的。人是从猿进化而来的，人的出现已有数百万年的历史，至今人还是像猿，个别的仍然有返祖现象，人不是从天上掉下来的，不是什么创造出来的。

在书法界，大部分人还是主张在继承传统的基础上创新的。没有继承也就无所谓创新。实际上，处在新时代的我们也不可能完全像古人一样，我们必然的、不自觉的总会带上时代思想文化的烙印。发展了的、不同于古代的就是创新；不同于古代却水平低下的，不是创新，而是退步、落后。我们学习古人，不仅是要把古代精华继承下来，而且还要补充古代所没有的。改善了的才叫创新。我们不反对学习时风，但不能学时弊，要“古不乖时，今不同弊”。继承与创新，就是我们这个培训班的指导思想。

## 二、草书、行书的形成及学习时应注意的问题

草书的形成要早于楷书，最初是章草，而后才有今草。今草是在草藁和章草的基础上产生的字体，它在东汉时已基本完成，东晋时已形成完整的艺术书体。从地域上说，主要在南方的行书其形成晚于草书和楷书。

行书是楷书的变体、草书的规整，处于楷书和草书的中间状态，它本身既带有楷书的成分，接近楷书的叫行楷，接近草书的叫行草；但实际上，用行书创作的作品，常常是行楷、行草并用。所以我认为，行书不是一个独立的书体。学习楷书和草书的一个一般顺序是：先学楷书再学草书。学书的顺序与书体形成的顺序是相反的。但真正学成完整的行书还得要经过草书的练习，只有如此，作品才能称得上是楷草之间的书体样式。当然也有只写行楷而不写行草的，不学草书是不能写出行草的。行书是混合体，它没有很标准的体式，正因为如此，它才具有多变性、灵活性，尤其是行楷，更具有实用性，行草则具有艺术的观赏性。

行楷书的主要基调是心平气和，细琢漫抒，有书卷气，正如王羲之的“不激不厉”，如稍有兴奋便进入行草书了。草书最大的特征是富有激情，行笔作字都比较快速，因为草书书体开始就是从简约、快速中出现的。所以草书最富于感情，最富于变化，最能表现个性，它的“极”便是

狂草。草书也最能吸收各种书体的风格，它几乎把各种书体都包括进去了。不仅如此，作者的修养、情趣、阅历、品德、性格、功底、学识、艺术素质也都能明显地表现在草书之中，想不显现也是不可能的。故而我以为，草书家大体有五种类型：才学型、功夫型、偏奇型、狂怪型以及混合型，无论哪个型，都将品格放在第一位，这就是为什么有人把草书列为书法艺术最高境界的原因。

学草书，应该“先行后草”。行书是从楷书转变过来的，学过一定功夫的行书再进入草书，这是一般规律；也有特殊的程序，如胡公石，以草书闻名，却没有写过楷书——那除非是做到了“四净”，即净心、净目、净耳、净手。学行书大体要注意以下问题：

（1）行笔。行书关键是一个行字，从点画来说，画是主要的，要脱离楷书固定严实的行笔法度，进入行书宽舒速捷的法度。

（2）连贯。行书贵在每字自身的连贯再及每行、全篇的连贯，先从每字做起，由字成行，布满全篇。

（3）字活。首先要把每字的笔画写得通顺，起笔、收笔不像楷书那样严格，要把字写活，有楷书笔画而省略其形，笔画之间要互相联系呼应，有时笔连牵丝，字之间，除一个或几个重点笔画之外余者即轻笔带过，每一笔画并非同等分量。

（4）软处理。行书笔画中的硬折、收笔的顿驻、楞角宜少，以行带滞，即以轻捷手段进行软处理。有时一字有数笔硬折，其中只有一个至多两个有硬折痕，其他都软处理。诸如捺和挑钩，大都是软处理，以柔和灵利代之劲健，实求其轻便。行书有点像武器中的轻重机枪。

（5）锋法。要达到上述要求，在笔法上，凡撇多从偏锋或折锋起，中锋行笔；横重点笔用折锋，行笔仍是中锋，收笔圆润而不带顿意；竖笔凡主笔起笔用折锋，行笔中锋，收笔不顿而渐收，但不能鼠尾，有枯笔、飞白无妨；坐车先速后缓，尤其起笔处要速，收笔渐缓，稍顿，少带锋芒。

（6）迟速。行草有迟有速，速者居多，笔画造型灵俏、疾捷，点撇多用明锋，先行后顿而不驻。

（7）笔倾。笔杆稍向右或后仰一些，有时也要前倾，灵活而用。凡求筋骨者宜前倾，凡求俊逸者宜后仰。

（8）提按。行书不做大的提按。

（9）章法。整个笔意是舒展，婉转带规矩，即规矩的思维在内，变化在外，亦即不规矩的规矩。每字之间忌“算盘子”。行距清楚，字有大有小，有肥有瘦，字与字的组织应有疏有密，不讲行距、间隔的平均、对称，由迟到速，淹留而不滞，灵动而不轻飘。无论全篇、每行、每字、每画都有立意、造型，笔法、布白一丝不苟，不草率（与起草文章不同），要活而不乱、疏而不散、收而不凝，轻松、厚润、俊逸、舒畅而质实。

（10）选帖。学帖主要可选以下几种：《兰亭序》、《争座位帖》、《祭侄文稿》、《圣教序》、文徵明《滕王阁序》、杨凝式《韭花帖》、傅山《丹枫阁记》、段帖《报曹公》等，据每人具体情况，有选择地临写。

（11）用具。笔宜用兼毫、狼毫，如大白云、狼毫大楷；纸宜用生熟相兼的宣纸，旧报纸、麻纸亦可。唯练字时墨宜先淡后浓，临习宜先生后熟，使其便于进入草书。

（12）多用意，少用力。

## 三、草书的法度及学习时的一些基本问题

草书的特征在前面已经概要地谈过了，现在再谈如何由行书进入草书，或由楷书进入草书的问题。由行书进入草书比较容易衔接，由楷书进入草书，须用楷法写草书。学草书，应先学草法，基础字帖是智永《真草千字文》《草诀百韵歌》。由楷入草的先学王羲之的《十七帖》。所谓草法就是草书的基本结构和基本笔法，草书比较标准的蓝本是王羲之的草

书，当然也可兼学别的。但一个时期必须以一帖或一书家字帖为主，不能朝秦暮楚。草书的法度不同于其他书体，它并不甚严格，回旋余地很大；可是不能因此轻视草书的法度，因为初学者对它很生疏，它也不容易被掌握。历史上的书法大家对草书的结体和用笔都做出些变化和创新，这也说明草书的法度不像楷书的那样严格，不可逾越，像张芝、怀素、米芾、祝枝山、傅山、邓石如等都有不同程度的发挥，有自己的写法，特别是傅山，有的字写得笔画很多，类似图画，于右任则把笔画写得很少，近于符号，还搞了一个《标准草书》，想统一草法，以克服草法的混乱现象。这自然有一定的好处，可是草法太划一了，也就没有创造发挥的余地了。艺术形式很难都统一起来，何况草书已不完全是实用的了，它的价值更多地体现在欣赏艺术方面。不过由此也应引起我们的注意，不要没根据地无目的地“创新”出格的草体；当然，根据艺术的需要，可以在个别方面做些发挥，以起画龙点睛的作用，更好地表现自己的感情。至于每个字的形体倒可以肥瘦增减，连结构的位置也可以做些变动，但不要有意而为、为变而变，单纯追求形式，哗众取宠，会陷入矫揉造作的境地。

草书的字要比行书的字更加畅达，草笔基本没有什么停顿，字体活跃、灵通、意连、笔连、气贯，似有不见其形的连结体。草书又很注意气势、韵律、节奏，以使作品更有艺术感染力。在技法上，关键是笔画的圆劲、婉转、流利和好的布白，笔画的提按贯穿在行笔之中，渐起渐落，藏头护尾，笔画要有必要的夸张、必要的简约，又还要有多变的轻重缓急见诸风神文采之中。落实以上的要求，在锋法上则更为复杂，特别是笔锋的互变方面最为重要。笔锋在不断地转换，因此在运笔中会出现由聚到散，再由散到聚，由正到扭的情况，如何在运笔中随时扭转、纠正一些弊病，又如何败中取胜，化弊为利，那就需要不断地运用侧锋、逆锋、偏锋等手法，并适时将之转换为中锋。这些转换又常常是在点、画、转折、圈形回环中发生，所以要逐渐地掌握住可能出现的散锋、不定锋的规律，迅速处理各种弊端，这些都是在迅速行笔中进行的，不得片刻的思考，这就需要熟练。有造就的书家多善于处理这些变换，他们能顺利地解决偏、逆、散、转、润、肥、瘦、疏、密等的不协调，从而出现险绝、惊人之笔，使作品顿生勃然生机。

要用这些技法写好一幅作品，除了主观努力以外，还需要具备一些必要的条件（可参考《书谱》的五乘五合），它们是：

（1）应手的毛笔；

（2）如意的纸张；

（3）相宜的墨液；

（4）激发情绪的内容；

（5）良好的情绪；

（6）舒适的环境（如房间宽敞、洁净）；

（7）方便的几案；

（8）备好随用的工具：水池、水杓、镇纸、毡子、笔架、佳砚、吸墨纸、挂字的设备、割纸刀、印泥、印规等；

（9）与得力助手或友人的交流。

上述种种是最佳条件，一般不大可能同时具备，要按照每人的具体情况而定，不可强求，条件也不是绝对的，尤以精神条件为最重要，如有克服困难的精神，甚至可以在困难的条件下创造出绝佳的作品，所以我们不能搞条件论。

现在谈谈几个具体的技艺问题：

（1）姿势

草书写小字可伏案而书，写大些的字要立身而书，两腿叉开，两臂张开，左手扶纸或扶案，右手操笔，将笔处于胸前身体的中心部位，不要侧身而书。运笔的范围宜在胸前能够盘旋到的地方，使视线不致太侧，不可以勉强遣身向前探笔而书，这样不仅视线斜而且气力容易不足，所书之字不是变形就是全篇上下不一致，这会导致全幅作品神采不足。

（2）三关契合

一个草字的基本成分是笔画，各种笔画的完成依赖于手及臂的协调运用。三关指的是指、腕、肘，书写中手臂运用的核心法则叫作腕法，所以以往的书法家常在作品的上款题“某某仁兄大人正腕”。所谓腕法主要是指腕的运用。腕可以四面回旋、左右扭动、上下磕头（即提按）。指的运用与腕是有区别的。凡细微的笔画以及楞角的笔画，如写小字，写魏碑，草书中的带笔牵丝等多用指法。凡用指法写字指应“实”，即握笔握得紧，写大一些的草字在按笔时指要紧，提笔时指要松。指的松和紧还关系到腕。一般指实了会牵涉手掌用力，这样一来腕就不活了，腕一死则不易婉转，腕活特别适于回环、大回环，如果指实腕死，回环只好用肘，这样写出的笔画稳健，但不易灵利，影响神采，不太高明。与腕法有关的还有一个“内擫”和“外拓”，它们既是指法也是腕法。所谓“内擫”系指力稍紧而不死，大拇指指尖向里，拇指弯处向外。“内擫”写的字收敛、劲健，开拓稍差。所谓“外拓”系指手要放松一些，便于手腕回环磕头、扭动，大拇指指尖向外，拇指弯处向里，与内擫指形方向相反。“外拓”便于手腕的灵活旋转，无名指、小指在此也起辅助作用。关于用肘，多是写大字时用之，因为用肘必牵动臂力，臂力要用身躯来支持，写大字，特别是写榜书，确实要用全身之力。现在，一些时髦者多用肘少用腕，因腕法较难，练字时要受苦，所以就避难就易了，就像只想享受不想受苦一样。

如上所述，写草书必须是指腕肘相结合，同时运用，才能出草书的效果。当然，每件作品的指腕肘运用也当是各有侧重，不是平均运用。艺术本身就存在很多矛盾、差异和不平衡，要把这些差异统一起来，才称得上是艺术，这就得下功夫，从严从难，不费功夫的艺术可以兴盛一时，但它长久不了，因为它是没有生命力的。所以要做到书法中的随心所欲就得勤学苦练，然后才能做到驾轻就熟，由不自由到自由。

（3）呼吸

这里说的呼吸就是指用气，意即调整气息，而不是说去做气功。无论做什么事，只要精神集中了，呼吸的频率自然会有调整。写字当然要精神集中，不集中就要写错字，在用心之处有些书者会自然地停止几秒呼吸，大都是在写某一段、某一句或得意之字时如此。有的学生发现我每到膏笔时才呼吸，这个现象我都不知道，这也说明用气是自然而然的事情。也有特殊的出现呼吸不正常的情况，如有人写狂草时，大呼大叫、又蹦又跳，手舞足蹈，像个疯子，那呼吸就没准了。刘子磷先生有时在画虎之前，先趴下学老虎的姿态，瞪目吼叫，处于一种童心状态，他是怎样呼吸我无从知道，但想来他的精神是高度集中的。

（4）枯润

草书笔画是在不断地连续运动，动中多变，诸如有枯有润。枯润在草书中占有很重要的位置，它关系到用墨、运笔、迟速、顿挫等技法。枯笔常是在速笔情况下产生的，抑或是处在墨汁将尽的时候，按笔较重的情况下也会出现飞白。润笔是在起笔时笔中含墨较多、运笔轻灵的情况下出现的。另外，墨浓了行笔就要缓，字貌迟滞、厚重，也会出飞白。墨淡了，一般而言，用笔要速，字貌秀润，不易出飞白。但用淡墨写狂笔，皴擦出来的笔画也会出飞白。枯笔容易表现粗犷、激情，润笔容易表现平和姿貌，草书中的气势、神采常常是从枯润中表现出来的。

（5）多锋

各种锋法以草中用得最多，草书打破了中锋唯一论，它以中锋为主多锋并用。在草书中不可能笔笔中锋——那主要是用于篆书，如果是笔笔中锋就很难出神采了。草书一般是明锋（也叫露锋）、折锋较多，偶用逆锋。所谓多锋并用，特别是笔锋转换时，更需要锋法与技法，不用多锋则难以现草书艺术。

（6）方圆

草书圆笔较多，不如此就达不到断续团圈、潇洒飞动的效果。方笔便于表现静，圆笔便于表现动，“活”又体现为多变，所以草书不是单一的笔法，还必须在圆笔中适当加入方笔。方笔可以克服圆笔因灵活婉转过头而出现的轻浮。圆笔多表现在笔画的圆转之时，在众多圆圈的状况下，就需要从中插一杠子，即方笔中的直笔。方笔是善于表现直笔和折笔的，有横笔、方折就可以避免草书圆笔“专权”的现象，这个“专权”往往使草书活而致乱，变化面少力度。方笔有一定的力度和稳定感，这正是圆笔所缺少的。当然，方笔也不要到处硬插，喧宾夺主。

（7）顾盼

要做到草书的笔牵意连是离不开顾盼技法的，顾盼就是一种意连。当然，草书也不能笔笔字字都连，那样也就没有变化了。顾盼在草书中应用最多，差不多每笔之间、每字之间都有顾盼，如果没有顾盼，每字之间便没有任何内在联系，每个字就像拼凑起来的积木，没了章法。这样的松散就不会产生力量。顾盼主要表现在首尾相望、左右呼应，并借此而成为一个整体。在写一字时，笔画要全熟，于是写了这一笔立即就想到下一笔；在一幅作品中写了这字，立即就想到下一字，气贯到底，还要有超前意识，胸有全局。如果写完这个字再想那个字，就用不着顾盼，写了这一句忘了那一句，也不会有顾盼，但这样是出不了好作品的。有一些好作品有丢字现象，或是因为顾盼带来的微瑕。

（8）三法兼用

草书看起来是信手而为，但其实并不是潦草。草书是艺术，不是大字报，只要你知道了三法就可以解除对草书的误解。所谓三法就是章法（整体效果）、结构法（每字的造型全篇的造型）、笔法（笔画的秀润气韵，潇洒、飘逸、沈练、通灵、形体力度、质感）。魏隶篆主要是讲结构和笔法，章法变化不多，匀称就行。而草书的章法却是五花八门，名堂很多。草书章法的谋篇艺术有两个要点，什么样的章法要由什么样的字形来体现，什么样的字要由什么样的笔法来体现。章法、结构法、笔法三者紧密相关，缺一不可。一幅作品，章法、结构法、笔法三者都是认真的而不是苟且的，都是俱佳的而不是牵强的，才称得上是神品。按照这个要求，草书是潦草不得的。当然也很难达到上述要求，这就是孙过庭在《书谱》中提出“偏功易就，尽善难求”的道理。但是只有这样高要求，才会出现某一方面有建树之可能，才能出意想不到的妙笔和特殊效果，“无意成书自成书，好诗多是无题的”，也正像王僧虔说的“心忘于笔，手忘于书，心手达情，书不妄想”。在现代时髦的书法大潮中，也出现不用功夫而偶成的“好作品”，猛看不错，再一看差点，最后一看还是不行。这只能诈唬一知半解的喝彩者，令不懂者人云亦云：“人家还得了××奖！”其实这种便宜成果是经不住考验的，时间长了才知道，原来是纸老虎！

草书的章法大概有以下几种：

纵的章法——如悬山瀑布；

横的章法——如大河横流；

平实的章法——如大地烂漫；

起伏的章法——如峰谷海涛；

恬静的章法——如堤柳春芽；

偏衡的章法——如丛林片草；

错落的章法——如乱石铺路；

泊淡的章法——如初雨画盘；

凝重的章法——如山高石厚；

十全的章法——天衣无缝。

从以上所述草书章法来看，草书确实是一个非常丰富而又异常复杂的书体形式，绝不是一种易识易学的书体，以下所列为草书不同章法中的各种结构关系：

肥瘦增减迟速应篇；

轻重适度疏密相兼；

奇正合理文野拒联；

方圆兼济枯润勿偏；

断续有据虚实契合；

强弱呼应伏燥通辙；

极荡抒节贫超扶遏；

巧拙掩映沉浮抑扬；

聚散有致浓淡相长。

上列章法中若干关系的双方，都是在草书中存在的，同时它们又是对立的，互相矛盾，必须把各种矛盾处理好，使它们之间不要超度或不足，不致厚此薄彼、失利生弊。至于纵横左右也都可以加以协调，如瘦者可用密来丰富视觉，肥者可用疏来减少臃肿，燥可以用淡来淡化热气等，变化无穷。

（9）草书忌偏

一般在开始学时，草书的不成熟性和毛病要比学楷书时严重，原因是草书包含内容太多，面目多变，初学者一下子不容易找到门径和标准，也发现不了自己的缺点以便及时纠正，因此再列若干偏忌例子：

笔画方面：柴担、鹤膝、蜂腰、钩杓、秋蛇、帽辫、野角、垂刀、削竹、贼毫；

形体方面：半袋、浮肿、螳臂、空阁、排栅、短冠、缩项、须薯、柳肩、盘蚓、门树、嫁接、补疮、肉

蛭、折带；

章法方面：溢盘、星地、半门、换马、鹿尾、失魂、探冰、脱缰、捞月、拾金。

以上各种偏忌要随时注意改正，无论字形、章法、笔画只要没有毛病剩下的都是优点。一般的作品常常是优劣并存，偏忌相杂，所以要随时保持书品的纯洁，这是提高书艺应注意的问题。

## 四、力度与质感

力度与质感是书法中的一个带有根本性的问题，凡是力度、质感不好的作品，大都不是上乘的。无势则无气，无力则无神，力度至关重要。只要有了力度，质感也就好解决了。至于什么是力度，怎样才能达到力度，实在很难用文字说清，力度只能是一种感觉和意念，完全是一种无相的抽象，很难说它像什么。力度和质感常常在行草中被忽视，所以在开始学草书的时候，就要注意保持力度和质感，若待到以后再去发现、纠正，就很困难了。傅山先生在一生中也没有完全纠正了赵董媚丽之风。至于字体浮软无力的原因是什么，至今还是一个谜，大概与性格、意念、手法有关，与学帖也当是不无关系。至于如何防止绵软的问题，也有一些办法：

（1）初学时在工具上多用狼毫、兼毫等硬毫，以后再用羊毫，最好能软硬兼施。

（2）多欣赏力度强的书法作品。

（3）学书时一定要临帖，切勿无依据地随意而书，那是无本之木。

（4）要注意把草书艺术与写字分开，起草一篇文章这是属于写字，至今天更是如此，因为现在都是白话文，用字很多，抄书作文要求速度快，写字一快就容易乱，一乱就顾不得力度和质感了。古人写文章用字很少，而且边写边推敲字词，况且他们都有较好的书法基础，即便为了实用，也不致草率，其所书也是书法。晋朝陆机的《平复帖》就是一篇文章的草稿，却更是行书的代表作；颜真卿的《祭侄文稿》也是祭文的草稿，被当作天下第二大行书；王羲之给朋友书写的信札，作为书圣的遗墨被当作典范；毛主席和鲁迅的手稿也具很高的书法艺术价值。当代所出现的写字快而不好的现象，也是受外文的影响——写汉字也想象写英文那样流利快速，所以把汉字的竖排行改成横排行，把横书的自右而左改成自左而右，以为这就是“进步”，就是“改造落后”，从没有设想怎样把字写好，这是中国汉字书写水平降低了的原因之一。作为艺术，书法不是以实用为目的，而是以艺术欣赏为目的。艺术并不要求快，只要好，快慢都可以，所以注意不要把现代的潦草弊病带入艺术的创作中。当然又快又好也是当前的需要，不过快绝不是潦草，只有先好后快才是其法。

（5）用逆锋。逆锋多来自隶、篆。唐宋以后的钱南园、傅山、华世奎写楷书也用逆锋，因为毫锋一逆则成倒折而产生弹力，再加迟速提按的运用，便出现了力感。

（6）在圆笔中增加方笔。

（7）用浓墨，手指下握，也是防止轻滑的一种方法。高执笔、高悬笔则容易出现轻滑现象。

（8）练习刻印章，用冲刀刻白文。

（9）行笔似有物牵引而欲用力挣脱。沈尹默说：“最嫌烂熟能伤雅。”古人称的“枯树绕藤”，就表现了力感。

关于质感，一般是指书法的“实”而言，笔墨中应有一种实体而不是虚无、空洞。古人把质朴和妍媚作为对立面。孙过庭提出：“古质而今妍。”妍，是从王羲之这一代开始的，秦汉书法质朴者较多。当然妍媚多了，容易导致轻滑、漂浮，也就缺乏力度了。我们学书也应该先质后妍媚，要防止妍媚之虚，应要有质中之实。一旦出现媚俗、轻浮现像时，可学魏碑与隶书，以加入沉着、厚重因素，克服轻浮之弊。

## 五、如何临习

练行书、草书，应以草书为目的，行书是个过渡。但无论练行书、草书，必须先临习法帖，而且要选好适合自己的法帖，确定自己学习的蓝本。选帖首选自己爱好者，还得考虑要接近自己所学的楷书字体。学帖忌朝秦暮楚、见异思迁，那样只会失去中心，所学游走不定的这种人多为学无主见、人云亦云之人。当然，在长时间的临帖中，爱好也会变迁，出现先学而后厌的情况，另有所爱，重择新本，这种变化也是正常的。爱好也要一分为二地看，有时自己所爱的偏是自己之短，所不爱的，正是自己之长，正如小鸡喜欢游泳、鸭子喜欢上架一样不合“身份”。所以，在艺术的取舍上要有敏感性，也要有准确性，一成不变和盲目叩门都不是科学的态度。

（1）一经选定蓝本，就要认真临写，抓住不放，并且尽可能写得逼真，不要大概、差不多、似是而非，这是自我放松。为什么强调逼真呢？因为达到逼真，要靠本人的鉴赏能力和技法，不提高眼力和技术是不可能做到逼真的，这就涉及临摹能力的高下了。只要有较强的临摹能力，学各家就比较容易了，能摸到临池的基本规律。临摹看起来简单，无非是点画，其实它是粗者很粗，细者很细，有时差异虽微小却影响效果，使临摹失真。对于第一个蓝本要十分认真，待到再临摹其他字帖时，就不必如此了，而是取其长。当然这样做须在欣赏能力提高之后，否则所选其长并非其长，甚至是其短，就糟糕了。所以，临帖不能用走马观花的方法，那样只能学点皮毛，徒有其形并无其实。

（2）关于学习时间，宁可计划得长些，不要短了，拔苗助长是自己骗自己的做法。只有时间长了，才能对书法艺术理解得更深。即便一些大书法家也是经过多少年才领会了一些书法的精髓，而后才有收获。“悟性”虽有高下之分，但如果学书时间短，一晃而过，“悟性”就无从谈起了。

临摹也有方法，方法对头收效就快，不对头则往往事倍功半，收获甚微。现将其主要方法分述于下：

1.在临习以前，先要反复阅读字帖的内容，了解其形体要点，有了初步的印象以后再临习，不可仓促动墨。

2.每临一字必先熟悉其字，记清间架及其笔画再写，不要写一笔看一笔，写完了也就忘光了。要将从每字到全篇都记住，这是临摹的起码要求。

3.临习的方法有对临、钩填、背临。起初先对临，如感到结构掌握和用笔不准确，可用钩填。临一次等于读十次，钩一次等于临十次。当准确地背临若干次以后，就可以自由发挥了。

4.临习时，要注意偏旁部首的体式，并且把它记熟记死。这样就可以拼合帖外的字，不至于离开本帖就写不了别的字，如同没有葫芦画不成瓢一样。

5.临习先从间架着眼，间架是一个字的骨骼，然后才着眼笔法，有间架没笔法可以成字，有笔法没间架却不能成书。当然，笔法毕竟是基础，亦不可忽视。

6.对字和笔画贵在分析。对每个字先看清主笔，由主笔构成一个字的核心。

每个字都有它的特点，有简有繁，有偏有正，凡简者用笔必肥厚，凡繁者用笔必轻灵，繁者必多婉转，婉转的行笔也有轻有重、有迟有连，运笔的开合范围也不尽然，不是均等的。如“办”字头上三点（这段文字所举例子多就繁体字而言——编者注）都是重笔，几乎是平衡的，其下的笔画大都是婉转的，也几乎是平均旋动，这个字有重、有轻、有均；“出”字是以点带画，在群体中它不占重要位置，有时是一笔带过；“奸”字完全是大婉转，用笔力量轻重不太明显，整体感强；“下”字三个点是平均的；“何”字系两笔组成，右方的“可”字是主体；“更”字重点是“人”字的两大叉；“中”字的重点是主笔的竖笔；“无”字的主笔是一横，它把好多笔都贯连起来了；“国”字重点是方框的圆写，右边多半是圆的主笔；“门”字是一笔带勾；“十”字两笔都是重点，没有曲画；“乱”字楷书是一繁一简，草书则变成一体；“藁”字瘦长；“州”字扁横；“欲”字倾斜；“卿”字省简。总之，由于楷书字笔画的多少而产生草字的繁简，在繁简中又分出横、竖、方、斜、长、短等构成草书的不同体式，有的字可作大的发挥，如“灭”字、“国”字、“丽”字、“带”字，均可以作大的回环、放荡、夸张，而“以”字、“又”字、“三”字只可收缩，不可夸张。这一切都说明草书体势、用笔的多种变化，只有对各种字作出分析，才能掌握草书结体、笔画的基本规律。

7.每个字的笔画都会用到提、按、使、转的技法，每个字都有贯穿性的一画，连贯性的笔画都兼顾起、承、转、合。凡连贯性的笔画大都由重到轻一气贯之，如“韦”字。笔画有重、轻、圆、起、收、横直、竖直、左右大斜笔、点、撇等多种形态。

8.装饰会增加字的美感。一方面，由于用笔圆润、光洁而使字产生弹性美；另一方面，将每一笔画都处理得具造型美。如起笔的顿、藏、利、灵；婉转的圆扁、变形；收笔的舒、柔、挑；竖笔的垂直通快和直中有曲的舞姿动态；有的笔画枯中有润；笔画间肥瘦参差、仰俯配合、圆直穿插，这些笔画和间架安排都带有装饰意味。

（3）各种书外功的练习：作画，尤其是写意画，练习布局、造型和用笔；拉胡琴、弹琴弦、打鼓点等，可用以练腕活；用针灸用的长针刺透厚层纸，以锻炼长锋韧性中的穿刺力；打篮球，体会发球时的冲击和接球时的收缩与揽驻；钓鱼，练耐性，甩线投钩时亦有探身动作。钩住大鱼时，鱼线绷紧，不知鱼有多大，横竖不可挣脱，那种力感和情绪激越的一刹那，最为生动，比“摔马驹”的比喻更加贴切。

平时多练画直道和画圆圈，偏锋点点，中锋点点，并用淡墨浓墨、粗纸细纸，有速有迟地练习，有文静的，也有粗野的，甚至胡乱涂，抑或可以得到某种启示。

习草书可选用的主要字帖有：张芝《芝白帖》、智永《千字文》、王羲之《十七帖》、王旬《伯远帖》、王羲之《大观帖》、《淳化阁》、《三希堂》丛帖中王羲之草书各帖、王献之《鸭头丸帖》、《中秋帖》、《王氏门书翰》、张旭《古诗四帖》、怀素《千字文》、《自序帖》、东坡《醉翁亭记》、《寒食帖》、黄山谷《松风阁诗卷》、米芾《草书帖》、祝枝山《草书诗稿》和张瑞图、倪元路、傅山等的帖以及于右任《标准草书》、于右任选帖等。

## 六、创作和研究

在临习得比较熟练的时候（包括主帖和副帖），就可以创作了，创作本身也是一种练习。所谓创作，应该是所书作品既是临帖中的字式，也不都是，既兼收别人的又突出自己的特征，展现自己的新意。如果完全离不开字帖，算不上创作。既要保持所学的，又要出新，就得研究。首先要分析自己的优点是什么，还有什么缺点，产生它们的原因又是什么，又用什么发扬优点，用什么克服缺点，特别是克服缺点的具体做法是相当重要的。比如该临什么帖，改革什么笔法，如何权衡利弊，又如何防止顾此失彼，这些增补如何适度，是否准确等等，都需要细致的研究，切记不可“含冰不化”、自以为是，听不进去意见。有的书者就是抱着缺点不放，自己迷信自己，坚持自己的“拙见”。其实在临习字帖时就应该已经进入研究状态，凡注意研究者所临效果就好，反之就只能是画瓢不像瓢，葫芦不像葫芦。启功先生就主张临书要动脑，不下死功夫，用功的时间长不代表写字的水平高，只有既用功夫又动脑子才能“合璧”。

大凡书家，一生在书翰游弋中都要经过“三部曲”。由肯定到否定，再到否定之否定，也就是肯定。这个过程总呈螺旋式的上升状态，“三部曲”也都是在不断临摹、不断创作中发生的。其中的过程诸如临帖由非真到逼真再到非真，运笔由生到熟再到生，结体由简到繁再到简，由学谁不像谁到像谁再到不像谁，年龄由少到壮再到暮——即“人书俱老”——成熟。这些过程都是由渐变到突变，由量变到质变，最后达成飞跃的。按照这个规律，想一步登天是不可能的，那只能是想象。

还有一些书家属于“厚积薄发”型——即能繁不繁，能速不速，能狂不狂，能润不润，能肥不肥，能畅不畅，等等。这也可算是一种技法的两个方面，一反一正。所谓书法内涵丰富、耐人寻味、深沉厚博等等，多是表现在一种含而不发、引人深思的意境之中。这也说明表与里、神与形、放与收、张与弛、多与寡之间有着互相制约、互相矛盾又互相统一的规律。

技术与鉴赏能力是相随的，只有鉴赏水平高了，才能促进技术的提高。但它们两者有时会产生不同步现象，它们多是错落着前进。如有的人眼高手低，即鉴赏能力高，技术跟不上；有的人则是手高眼低，即手很灵巧，技法也熟练，鉴赏能力跟不上。前者表现为，作品立意较高，但在艺术表现上不完整；后者容易导致匠气有余而艺术不足，或者干脆成了字匠。提高鉴赏能力的办法是多学多看，必须练就锐利的眼光，有所发现，有所见识——也就是说，要“雁过找毛”，不放过任何机会。天才的发明家总是善于发现别人所不注意的东西。

学书的态度，定要谦虚谨慎、虚怀若谷，不能有任何的自满，自满源于无自知之明。在肯定自己优势的同时，要尽量寻找缺点和不足，没有缺点了，剩下的都是优点。应该欢迎别人品头论足，如果有人不客气地指出你的缺点，使你受到一定的刺激，那才是大喜事。赞扬是动力，批评也是动力，而且在特殊情况下批评的动力更大。千万不要只喜欢恭维，听不得反面意见，又虚荣又爱面子，那只会导致自我封闭。尤其不要妒贤嫉能，恨人长笑人短非君子所为。应该为别人取得的成功而高兴，如果人之所得对自己有某种启示，那么那“所得”实际也是共同的财富。要好为人徒，不耻下问，不要好为人师，把自己当作诸葛亮，把别人当阿斗。

## 七、案头琐项

1.创作作品时，首先要选好词，而且要背熟，爱其词必得佳书。在创作的顺序上，不要一哄而上，先创作好一件，取得经验再创作第二件，以此类推。每成功一件，也不知反复多少次，不可能“毕其功于一役”。创作是要付很大辛苦的，舍此无其他良方。

2.要专攻难写的字，扫清“拦路虎”。为此就要书写字数较多的文章，专找“拦路虎”，不要只写自己熟悉的几个字，“少字挂帅”，这也是自欺欺人，到头来山重水复疑无路，柳暗花明“无”一村。

3.在创作每幅作品时，先要定好格调，确定章法。在着墨以前先用小稿练习（按原大比例缩小），定出行数，考虑起落的合适部位，这样至少可以避免着墨时出现的余纸太多和纸不足书的现象。只有这些安排好了，没有什么顾虑了，才能“发书意”，在气势、神采等方面加以追求；假若相反，词不中意，又不很熟，不计章法，毫无准备，信手而来，一定不会成功。只有上述种种熟悉了，才会“胸无成竹”，出现无意而自成书的妙笔。

4.在使用工具方面，也不要只用一种，或盲目地见人学人，而要将硬笔、软毫、长锋、短锋都试一试。合适的纸、笔、墨对一件作品的成败起着一定的作用。可以用大笔写小字，也可以用小笔写大字，各有其法，写多了也会各有其得。用什么纸也要做适当的选择。草书宜用生熟兼具的宣纸，如用狼毫、硬毫，用墨可浓一些，如用软毫，墨可稍淡一些。欲书厚重者，宜用羊毫、浓墨；如书媚丽者，宜用兼毫、淡墨；欲书粗犷奔放者，宜用淡墨、速笔，或浓淡墨相间。所用的墨必须是新鲜墨汁（研墨更好），用后洗砚，保持砚台的清洁，以防积墨后产生“迟滞不灵”的现象。写好的字要悬之远观，观其势，审其神，查其误，以尽善为止。

5.要保存各时期的作品资料，以便前后对照看有无进取。如有条件，最好拍成照片，装贴成册，方便查阅。

6.交流自检。自己创作的作品要经常自我检查，并请道友前来“会诊”，说长道短，横挑鼻子竖挑眼，亦是趣事，只要不脸红，倒也生动活泼，“得”在其中，“乐”也在其中。

最后，还是要强调长期练字，功夫出真知，坚持不懈，优则喜，劣不羞，要泼辣、顽强、自信，从此而无往不胜。还要正确对待消极面，随着时间的推移，有时作字不进且退。其实这并非坏事，跌入低谷再翻起来，则必出高峰，大起大落才会有大作，一帆风顺反不会出现异彩。千万不要中途“卸鞍”，这将会一蹶不振，难以东山再起。有的书者一辈子也未曾写好字，还是信心十足，死而后已，这种精神实在可嘉。当然，这是个别现象，功夫总是淹没不了的，要“天行健，君子以自强不息”。

# 不知香自何处来

对于卫俊秀先生的书法，自从1980年初识以来，又拜观了他的个人展、书法展，印象甚深，未尝不日夜深思，探其奥秘。但总是“不能喻之于怀”，找不到关键所在，摸不到来龙去脉。以往也粗略地写过一些空泛的短文，都是些肤浅的认识，实是知其然而不知其所以然。如果按照时风，强拉硬拽地说他的书法来自何家何派，师承张三李四，也无不可，但没有什么深层意义。卫老曾说：“集各家之长就是创造。”这乍听起来似乎也是套话，老生常谈，不是什么关键所在，但其实做起来并非容易。言者不少，善者不多。集各家之长并非简单的大杂烩、“和子饭”，也不是不加分析、不加选择且不采取科学方法的胡堆乱砌。如此，并不能成为创造。在学习各家的时候，总会有一个盈虚消长、有补有弃、有否定有肯定的过程。卫老是不尚空谈的，他有深刻的体会，他的文章不像一些人用膨胀法把简单的问题写得复杂化，再搬动他人所言，再加个人妄测，凑成长篇大论，使读者摸不到头脑。孙过庭

徐文达先生与卫俊秀（左一）、姚奠中（右一）、王景芬（右二）合影

在《书谱》上有一段话说得很好，这些话只有像卫老这样的实践家，看它时才不会望文生义，只粗浅地去理解。这一段的前部分说："至如初学分布，但求平正；既知平正，务追险绝，既能险绝，复归平正。初谓未及，中则过之，后乃通会……"其中的由平正到险绝再到平正，是一个由浅入深、由外在到内涵、由粗略到精细的反复锤炼、螺旋上升、由渐变到突变的过程。这似乎是书法中的一个规律，这种例子还很多，比如由生到熟再到生。郑板桥说"画到生时是熟时"就是这个道理。再如由迟到速再到迟，由非似到相似再到非似，由否定到肯定再到否定，都出于这个规律，各向相反的方向转化。"初谓未及"到"中则过之"，是说在这个由低到高的"之"字过程中从适度到超度的现象。按一般事物发展的规律，矫枉总得过正，从"未及"到"过之"就是学哪一家哪一体，开始不够，后来就容易过头，还得要回原来的位置，使其适度。但这种回归并不是以原来的本质面貌，而是以更多面、更高、更完美的面貌回归。所谓超度，是指或过于强化原来的雄强方面，显得比原来更加过分、热燥、狂野，或者可能比原来更加流畅、飘逸，从而出现轻滑、繁乱等等。这就需要用别的书体、风格来抑制、补充、化解，使其适度。如热燥者、拘板者可用平和的行草书来化解，轻滑者可用北碑、篆隶补充其沉着、迟涩，这些补充、分解、抑制也是一种全方位的提高，以期达到"后乃通会"，然后才是孙过庭继续说的，"通会之际，人书俱老"。在这个通会以前的过程中，有的有明显的阶段性的大起大伏，有的是平稳的渐变，有的人上述两种情况都有。总之，这些抑制、补充、化解都是在矛盾运动中发生发展的。卫老师说的集各家之长，是经过这个过程的。这个过程，卫老既有渐变，也有大起大伏，两者兼而有之，虽然如此，没有一定的才华、志向、学识、艺术修养以及深攻，也是不易取得上述成果的。卫老"通会之际"的缠绵大草最为精妙，他的字究竟像谁，看不清楚，或者像谁又并不完全像谁，似是而非。这种集名家之长，不知香自何处来，既不完全像古人又不完全像今人而又不失古法的体貌，就是他自己的书体风格，这就是创造。

卫老还有一个本事，就是在书法中善于把两种截然不同的东西糅在一起，就像我们在工作中抓两头带中间一样，抓住两头，中间就有了。这是一种合力，只有如此才能达到艺术的最佳效果。纵观卫老的大草书，妙趣横生，既飘逸又沉着，既开张又收敛，欲狂而又抑，似瘦而肥，有连又有断，既圆又方。凭着手中锋毫在纸上畅游回环、提按使转，似有一种无形的力量在牵引；冲破无形的障碍，勃然而从容地信笔龙蛇，盘旋于面而又深耕于底，特别是他净化的线条，精醇挺健、连绵灵利。初观其形，气韵生动，线条险绝；细观其意则深妙莫测、引人入胜，余味无穷，这很好地诠释了对立统一的规律。世界上一切事物都存在矛盾，越是矛盾对立强烈，就越有生命力，书法也是如此。矛盾对立的双方互相排斥，又互相联结，如刚排斥柔，柔也排斥刚，刚柔相济就是把刚和柔都处理在书法艺术之中，以此产生笔调的劲健。有时双方是在不断地又吞又让，互相撞击又互相协调。飘柔与沉着、张与弛、虚与实、肥与瘦、力与媚、雅与俗、神与形都可在对立中谋求统一。书法是学识、修养、思维与技巧的结合体，卫老的思辨、谋略与技艺上的契合是成功的一个很重要的方面。

卫老还有一个“拢天地与形内”的本事，他常把所见到的自然界的物象形体、景物风貌及对人、对事、对文的态度，通过思维，统统纳入书法之中。故在作字时，用意驾驭用技，内蕴丰满，把欲想庞大的东西缩小在拳拳一字之内，神势十分，作字八分，只有如此才能耐人寻味。他在运作时，也是笔短意长，伸腕用肘，肩腰相佐，像推磨云手一样，集全身气力贯注于笔端，纸上飞龙走马，乍迟乍速，乍轻乍重，奏出节奏、韵律，极尽手笔之灵。得意之余，一幅通灵、老练、正拙、包拢团圞的作品跃然纸上，特别是偶然之作，堪称绝唱。

“有志者事竟成”，这是一句老话，对此我们应从细、深方面来理解，它是对人生处事的总结。在危难中，更能显示艺术家的才华、志向、成就——在危难中情感才更充实，作品才更有艺术的魅力。历史上，司马迁、李白、杜甫、苏东坡、王羲之都有这种经历，他们也取得了巨大的成就。迎着危难而上，关键靠的是志，如遇难而退，那就什么也没有了。危难也可以造就人格。罗歌说：“才能在孤独中形成，人格在人世间大浪涛中形成。”卫老也是这样一种人物，他因为对文学的研究，带来二十多年劳动改造的厄运，但卫老没有倒下，仍然坚持翰墨不息，至少是心怀热忱、念念不忘。在那种境遇中，当然没有条件练字，有时就是用树枝在地上画一画，抑或仰观宇宙之大，极视听而自慰，或思驾墨海之舟，心猿意马，驰骋于想象的墨林琼厦，虽不能动手，亦能驱心于纸墨之梦。无帖可临，无碑可读，星夜之时，悟于陋室之内，据以往之所积，专心致一，不为其他所扰，阵阵幽情，惨淡经营，日积月累，渐渐地充实着自己的书艺。“雕眄盼青云睡眼开”，当其得知有望平反、“解放”之际，受新时期的鼓舞，重登书坛，笔墨的激情如启开久封的瀑布，倾泻而出。虽已手指颤抖也在所不顾，而这种肢体的不利，对于有着深功的老手，不仅没有损伤书艺，反而形成张而有弛、熟而有生、飘而有沉的异常现象，使书法随着年龄日趋成熟、老练、深邃，外朴而内华，外拙而内巧，外廖而内丰，进入“末年乃妙”的境界，这就是不同的书法家在不同的时势中被造就成为了不同的英雄，生活的大波澜造就了卫老这样的书坛巨擘。无情的逆风，造就了有情的孺子，这就是卫老具体的“有志者事竟成”。

卫老业精于勤，又得益于两个结合。其一是取帖与碑的结合，取帖之飘逸缠绵、流畅圆润，取碑之质朴沉着、迟涩方正。大草多从帖又巧用碑，汇其意而不取其形。他的榜书、楹联多取于北碑及隶意，颇为大气，庄重雅健。如《神游古国》[1]榜书及《金石不随波》楹联是为代表。他的第二个结合是学古又学今。学傅山是他的基础之一，傅山是古也是今。早些

1 《神游古国》：此为1980年，卫俊秀为美国自然历史博物馆亚洲民族馆所写榜书。

年还能见到傅山的长幅真迹，这与帖大有不同，帖上的大部分是小字，难窥其笔墨精微。另外他也受益于于右任笔画的简略遒劲。这些借鉴，直接而真切，选择接近自己又不同于自己的古今名家，凭的是书家的鉴赏能力与辨别能力，卫老确有其能，才得其妙。

卫老的书法是个系统工程，又走了一条坎坷的路，风霜雨露，耕耘一生，踏出了一条书法蹊径，独辟于当世，是为可贺；其带拙大草是优中之优，旁人难以企及。

我与卫老是老朋友，尽可说三道四，逊陈拙见，当是两无猜疑，故而作此妄言，尚请诸位道友校正。愿卫老年高手畅，老树春深，秋花更比春花好。

1997年4月于太原

# 附：

卫老书法系对物象形意的高度概括与浓缩，品味之余，悟其笔意，寻踪追迹遂成此歌：

长虹彩道，流星射空。
铁藤缚兽，仙带飞鸿。
伸折藏卧，疏密分挣。
周旋劲捷，老道从容。
婉转盘丛，气贯通灵。
独簇分茂，正体葱茏。

虚实变应，沉浮幻呈。
弄巧成拙，闹熟反生。
苍容童面，旦霞夕红。
老而弥壮，春花正浓。

楷书　自作七言诗

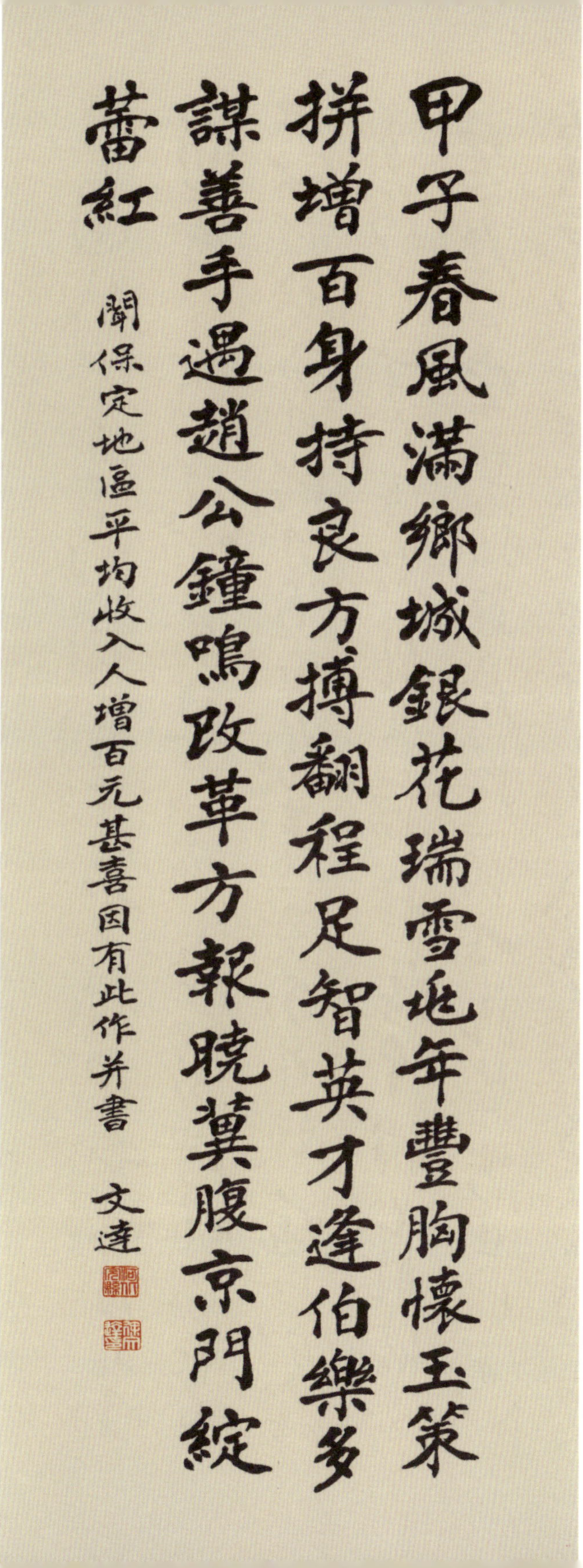
甲子春風滿鄉城銀花瑞雪兆年豐胸懷玉策
拼增百身持良方搏翻程足智英才逢伯樂多
謀善手遇趙公鐘鳴改革方報曉冀腹京門綻
蕾紅
聞保定地區平均收入人增百元甚喜因有此作并書
文達

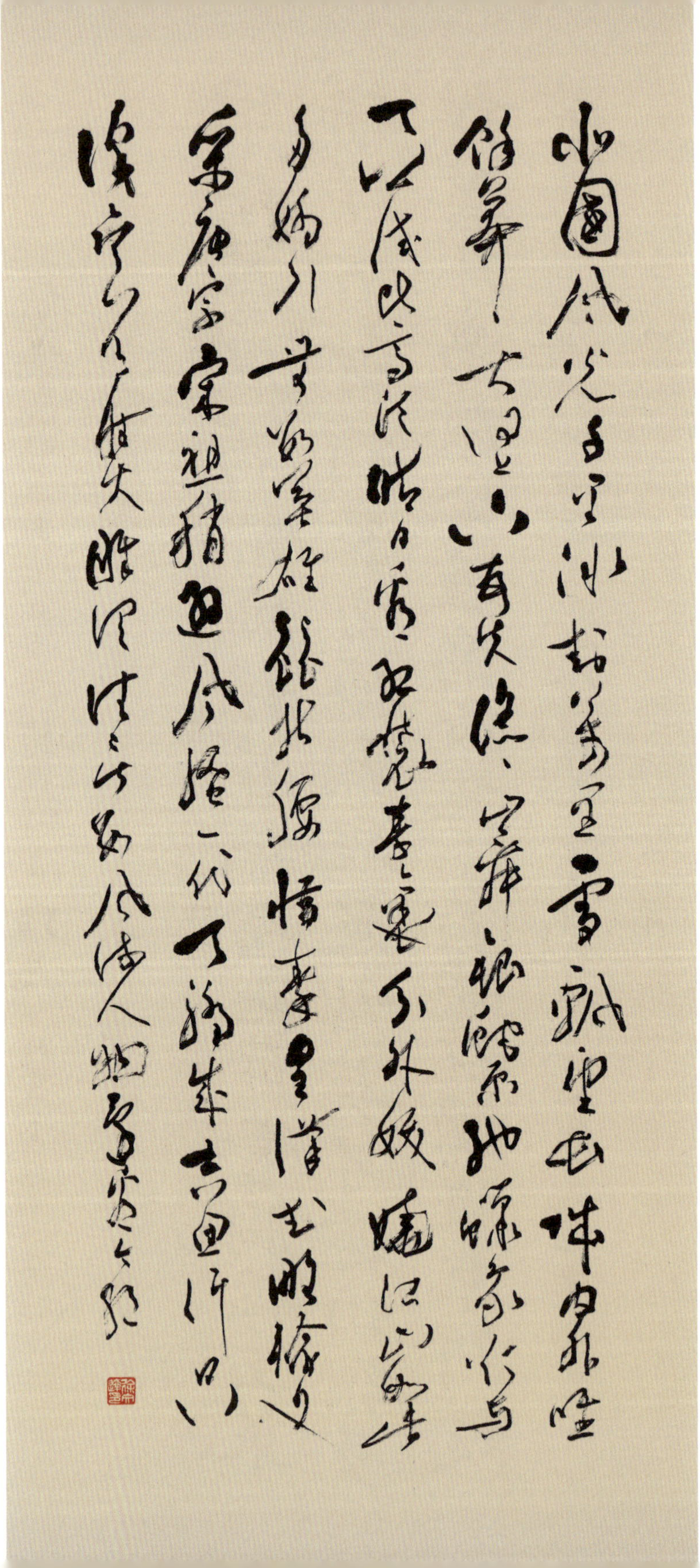

草书　毛泽东《沁园春·雪》

行书 随感一则

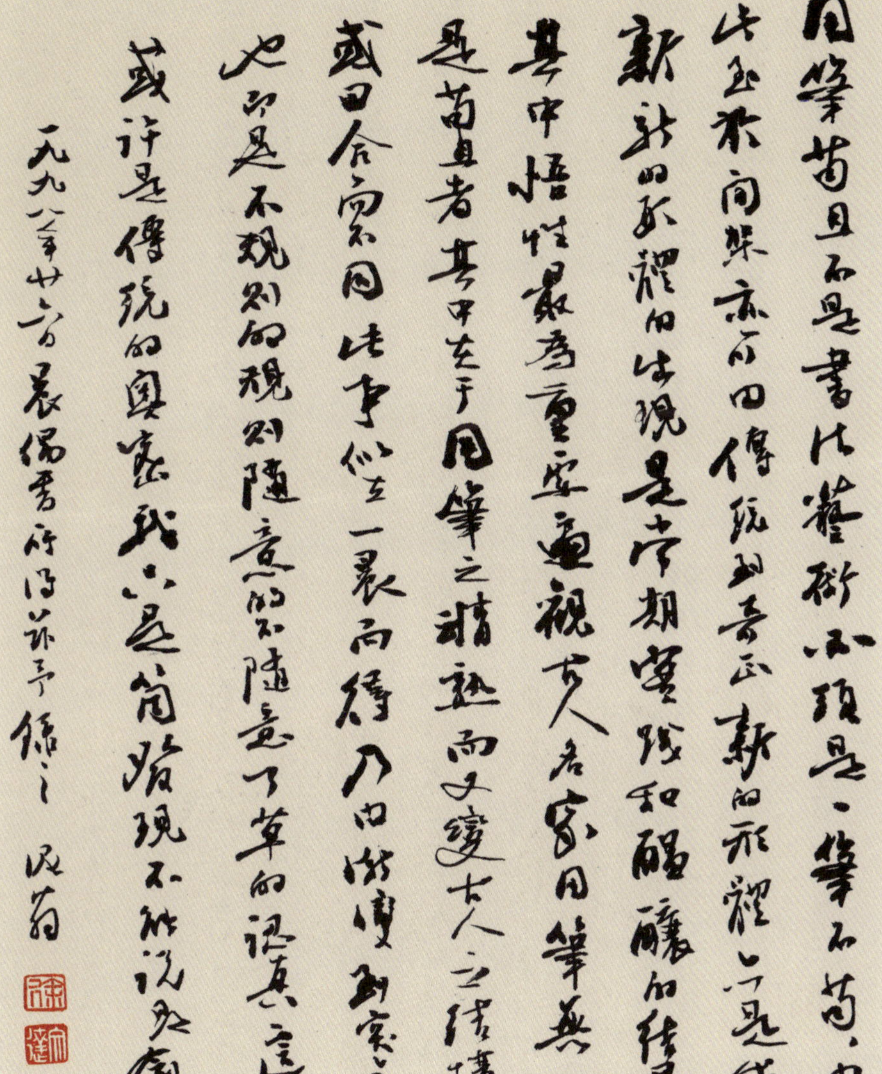

草书　随感一则《论书法传承与创新》

王羲之父子書法甚精為後人所不及有說難道後人永不及前人乎凡事雖不盡然如此有者後人皆無當時之主客觀條件因之不可能出現前人之高峰如唐詩殷代青銅器即是如此王羲之亦然再如宋詞若干名家亦如此近如毛澤東同志之才學勝時亦不可使人再出現及至五十年代畫的傅抱石亦不可再復出現但凡新的時代都會出現前所未有的新高峰這是事物的規律故繼承前人總有不及者亦總有前人所無者大凡繼承必然創新則不應稱之為繼承實乃照搬或曰模仿然創新總有繼承性拋開傳統孤立之創新成功之率少得微薄或為一時之寵時過而自消矣另大凡科學與藝術離開社會需要便不會有何價值有人則以為藝術乃為自我表現為我所用何談為人民此則純為自欺更則欺人生搬西方一些非科學性的藝術視然且自以為得意除了盲目崇洋以外便是無知豈有他哉

乙巳仲冬十一月某日夜偶書以誌

宏道

榜书　艺魂

榜书　难得糊涂

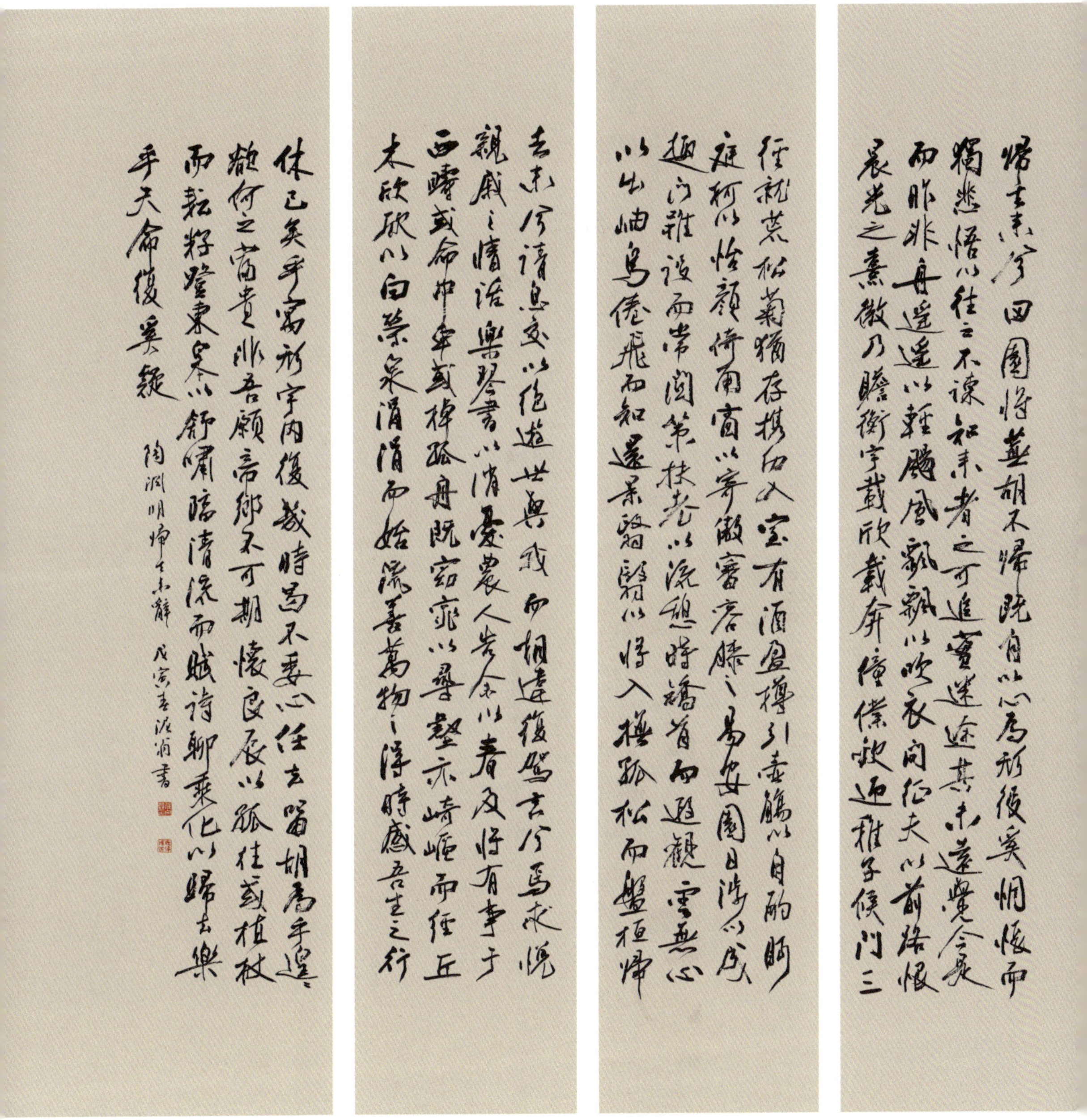

行书　陶渊明《归去来兮辞》

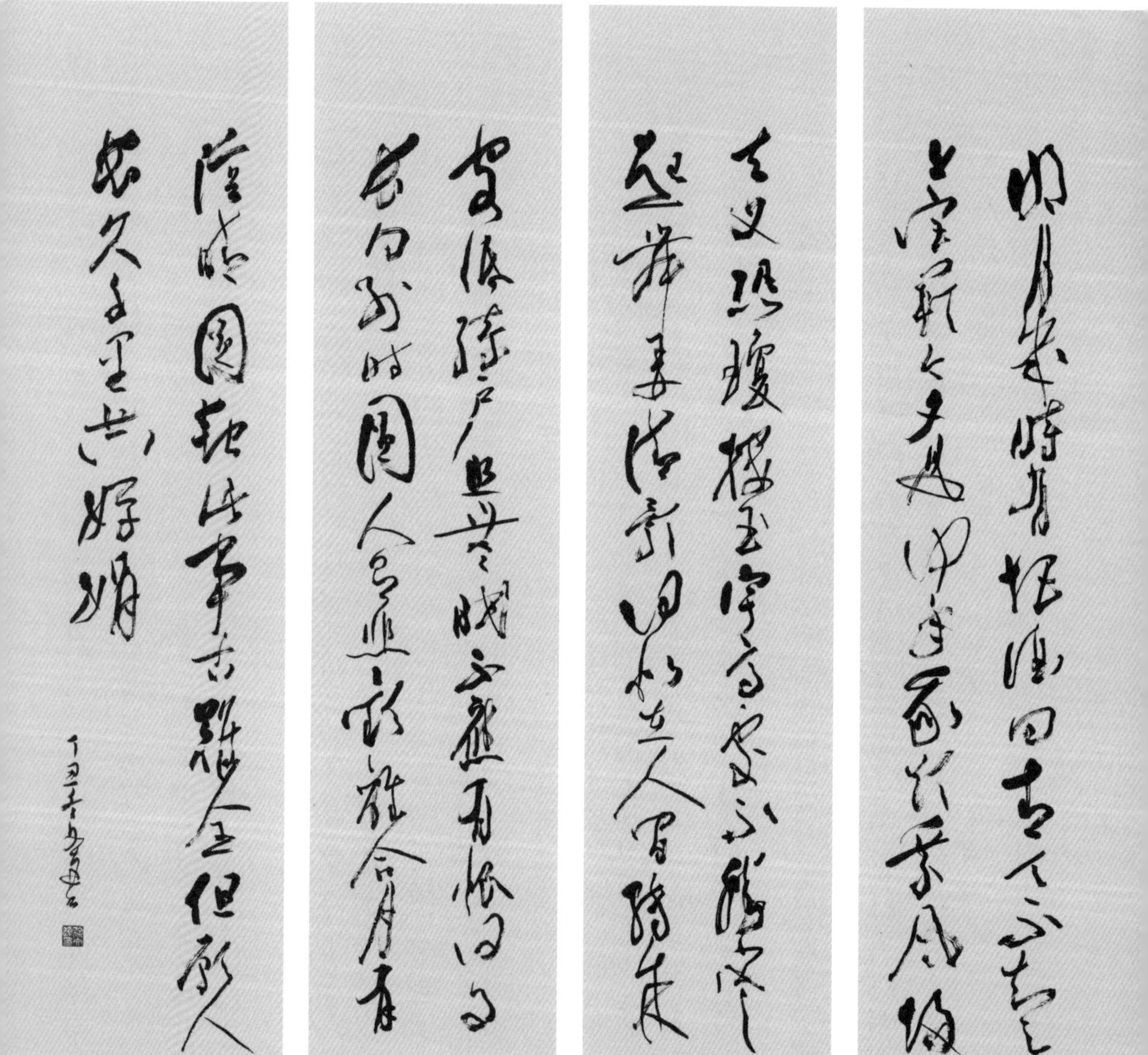

草书　苏轼《水调歌头》

# 论楷书

楷书是中国书法最后形成的一个书体，楷书也是最典范的一个书体，起源于汉末。楷书是从隶书中演变出来的，所以古人习惯地把楷书也称作隶书或真书。以后为什么又称作楷书呢？顾名思义，楷书有规则的意思，唐代大书法理论家孙过庭把书法的法度叫作“楷则”，就是写字的标准。当代的于右任不是也创造出一个“标准草书”吗？楷书是在什么情况下才出现的呢？写字自由一点不更好吗？原来世界上一切事物的自由与规范是同时存在的，两者之间都有一个自然的规定性，不符合发展规律的事物就会消亡。太阳、地球、月亮应该是最自由的了，但它们都有一个运行轨道，这就是规范，否则它们就可能相撞。看来星球也不是完全自由的。书法的法度，即楷则，是不能没有的。在春秋战国期间，中国的汉字与书法是比较散漫的，不统一，战国时有六国文字，各干各的，书法与字体没有什么约束。到了秦朝便统一文字，把小篆作为法定文字，因为那种散漫的文字妨碍国家的一统。当时在法定文字以外，还有其他文字存在，秦有八体之分，说明当时文字统一也不是绝对的；同时，法定的文字也存在一些不合时宜的问题。所以到汉代隶书的发展达到顶峰，因为小篆烦琐，使用起来不方便。到东汉末年至曹魏时期，便由隶书转化成非隶非楷的真书，也叫隶书，也就是说，在钟繇确立楷书之前，隶书也被称为真书。当时这种真书是新书体，人们还对它不熟悉，因而又出现了在书写上的疏漏；因为真书较之隶书更为简便，没有严格的规范性，但是书写的技巧却高了，难度大了，不容易掌握，所以书写中普遍存在着幼稚、浅陋、随意、散乱现象，尤其是民间书写更不规范。目前我们所见到出土的秦简、汉简，表面看来整体尚规范，每个字就不一定了，尤其是其中的一些纪年、记事、账单等书写得都很潦草，不工整。在敦煌存有大量的写经墨迹，其中也有这种不规范、不统一的现象。除唐代写经较规则以外，前朝的写经就比较乱，大都存在用笔不熟、拙陋、粗糙、笔画多端的现象，有的用笔奇轻奇重，有的呆板划一，相互间的差异也比较多。在古代，书籍尚不能印刷，要靠手抄。敦煌是抄经的大宝库，唯有这里才能见到难得的北魏时期的墨迹，像写经这样严肃的书写尚且如此杂乱，民间俗体如何就可想而知了。从出土的大量北魏文迹中也可以看到上述不规整现象，其中虽不乏善者，但很多也是不成熟的，甚至有靠工匠雕饰而提升观赏性的，那已经称不上是什么书法了，总的呈现是一个成熟与不成熟、质朴与造作、天趣与蠢笨的混杂。上述所说的不过是古代书法作品中的“一角”，但也可推测出当时社会用字的散乱状况。现在一些年轻学书者，把上述这种幼稚、丑陋、随意等的不成熟形体当作学习榜样并谓之出新，实在是个误区。

盛唐是我国封建社会的鼎盛时期，无论经济文化，都是顶峰。在文学方面，由汉赋、骈文到唐代的律诗；在音乐上，吸收外来营养构成系统的乐曲与歌舞；在雕塑方面，也是前无古人后无来者；在书法上，强调了法度，出现了唐代楷书，而且涌现出像欧、褚、虞、薛、颜、柳等楷书大家，以后学书者总以欧、颜、柳的书法作为学习的榜样。唐楷是在魏晋时期的真书的基础上克服了散乱、不统一、不成熟，进入统一、成熟、规范的书体。唐楷在间架上奇巧多变，笔画简约、精练而不雷同，尤其是加强了笔画的圆劲、刚健、厚重，内涵丰富、意境高远、雅韵清整，使楷书达到了一个完美的境界。楷书规矩整齐，可谓字体中的楷模，楷书的名称也可能就来源于此。

清代康有为贬低唐楷虽很偏激，但始终未否定唐楷。楷书不仅没有被否定，还出现了新的楷书，就是印刷体的楷字。这种楷字就是唐楷的继承与发挥。在康氏影响下，目前也有些书者主张放弃唐楷，这不是没有原因的：第一是唐楷太规范，有的笔墨又太工细；第二是学习难度大，费时间；第三是这种规范、法度又成新的定式、新的框框，按此书写，书者容易写得呆板拘谨，不易发挥与创新（其实读书也是如此）。以上这些问题说明学楷书难度大，但正由于难度大才有更高的科学、艺术价值。

现在我们对楷书作个简略的分析：

（一）楷书不像篆、隶那样的单纯。如篆书的笔法是肥瘦统一，没有轻重之分，横竖都是正笔；在间架上要求均衡、对称，体形修长。隶书的笔法是横平竖直、蚕头燕尾，燕不双飞，蚕不并卧，字体扁方。只要掌握了这些要点，学起来较之楷书要容易。而楷书的间架与用笔几乎与篆隶相反，它既不是横平竖直，也不是左右对称，而是把很多不规则的笔画安排在一起，把不规则的规范起来，即在不规则中求规则。

篆隶基本上是静态艺术，草书是动态艺术，而楷书中既有静态艺术也有动态艺术，把动和静、规则与反常，归在一起就是件很不容易的事。楷书是继承隶书、魏碑的，隶、魏又继承大篆、钟鼎，上下一脉相承。所以楷书的书体内仍保留远祖遗传，它本身就具有各种书体的因素（包括草书）。它是经典的在继承中发展起来的形体，又是截然不同于古体的书体，而且到现在一千多年了都没有改变。

（二）汉字的每种书体都是在实用中出现的，楷书出现也是如此，不是脱离实际个人凭心血来潮创造出来的。楷书最显著的特征是，不为传统的笔画定式所左右，它根据人的两臂、手指的生理特征及其左右、上下、倾斜等活动规律来处理笔画。人的活动总是用右手多且灵便；动作时上则吃力下则顺便；画斜道容易，画正平垂直难；画轻重容易，画匀称难；画圆尖容易，画方楞难；画参差、错落容易，画方整难；画长短不等容易，画律齐难。聪明的古人在若干岁月的实践中，勇敢地打破了真书横平、对称、均衡的框框，于是出现了楷书的奇异现象：横笔左低右高；竖笔上肥下瘦；撇子头重尾轻；长捺则头轻腰重尾轻，称之为“一波三折”；坐车曲里拐弯，肥瘦不均，不平不直，转折处还要顿驻，如鸟兽之膝盖，行而停，停而行，还出了一个硬挑的尖钩；方口型上大下小，左轻右重，点点笔锋还要斡旋。总之，没有一笔是规则的，也就是俗话说的：“三八的骨子——拐棒子”。楷书在间架上也不像篆、隶那样规则、圆满。楷书字的结体大都是叉七叉八，笔画伸缩不齐，左右不平衡，如此等等，是个难以管理的“散兵游勇”。纵然如此，终于把它规范成一个既有形体美，又笔画奇巧、骨肉丰满，具有韵味的书体，真是一个大创造、大飞跃。想来，只有具有中国文化的民族才能有这种作为。正因为楷书是这种“不规范而规范”的书体，所以写字时看来容易，做起来常常是意不到、手不及，笔画不是不到位便是不正位，随便的多，规范的少，无标无样，写成啥算啥。唐代是重法的，自然要求把这种不标准的书体规范起来，以欧阳询、柳公权书法的间架、用笔为准则，其他几大家也都在这方面作出了重大贡献。

（三）由于楷书由不规范到规范，自然就出现了一个如何对待法度的问题。概而言之是，无法则乱，法多了则板。必须是从无法到入法，再到出法，由有法再无法，再到无法之法。非法与合法之间总是有一种相互依托又相互排斥、相互制约的微妙的关系。这也正如书法艺术离不开对汉字的依附性一样，艺术本来是自由的，但又要受到汉字的约束，这种依附又增加了书法艺术的思想性、文学性、哲理性，并借用汉字高度概括、抽象的手段，使书法艺术内涵更加丰厚、深沉，所以美学家李泽厚认为，书法是东方艺术的灵魂。

按照以上的分析，我们可以把楷书列为真书的最高阶段，它也是书法艺术的基础。草书有更多自由发挥的可能，是作者表达与体现个人情感、思想意识、身心修养与艺术表现力的最适宜形式，但它也有自身的规律与法则。草书与楷书是并行产生的，没有先后从属的关系。但在实践中，只有楷书和草书的暗合才能使作品产生最佳效果。因此学书法不能按照书体形成先后来学，倒是需要反过来，先从后形成的形体——楷书学起，这是一个耐人寻味的现象。当然，从提高书法艺术整体素质来说，虽然要从最后书体学起，但在这个基础上还是要追汉魏两晋书法。少年初学书法先从唐楷起，这是普遍的顺序，启蒙阶段尤其应该如此，不要怕写成书奴，书奴比不会写还是好的，况且写成书奴者毕竟是少数。学楷书将来比较容易进入行草书，又可以进入篆、隶、北碑；如果反过来先学篆、隶、北碑，则不容易进入行草，这是从若干书家的艺术实践中所证明了的。也有能够冲出北碑围墙的，但也总是少数，因为篆、隶、北碑都属于静态艺术，太注重字形的方整与严谨，均能静而不能动，很难连贯与飞动起来，字与字之间有道无形的沟壑，每个字有一个无形的栏杆，学习者会受到较大的束缚。专工篆、隶比较容易见效，只是广博性受到限制，就不容易在博中得到专，只有那种博中专才能更多地发挥书法的艺术效能。孙过庭把那种专工叫作“偏工”，并说：“偏工易就，尽善难求。”而尽善就要有磨炼深功、迎难而上的毅力，有较大的难度，但没有难度的书法是禁不住推敲的。社会上有些是未曾学过楷书也能把草书写得很好的人，但这只是少见的现象，不可能作为普遍学习的典范。有些书家由于个人才华与师承、机遇等不同条件而能专工见长，但这对于普遍学书者而言是不宜效仿的。人在少年时代所得总是烙印较深，立足正确一生得力，一有偏废毕生难改，这一点应值得注意的。

近年，全国大兴书画拍卖，一些购者通过这些活动，提高了对书画的鉴赏能力，他们对书画艺术水平的共同认识有三条：第一是艺术水平要高并且有自己的面貌；第二是难度要大；第三是人品要好。这种观点基本是正确的，也是符合实际的。写楷书难度大，故而是可贵的，不可忽视的。

至于如何学习楷书的方法，也正在记录整理中，以期突破以往的学习方法，这里因篇幅所限不再赘述。

# 中国书法的源流

中国书法的产生是由中国文字所决定的，因为历史上中国没有拼音文字，每个字是一个单位，一个文字一个造型，表现文字的形体就是书法的内容，故而文字是书法的主体。但具体说来，书法与写字是有区别的，写字主要是为了实用，而书法则是有着具体的艺术要求，也就是说，按照美的法则写字才叫书法。

书法是中国特有的传统艺术，它具备各种艺术的因素，按美学来分析，它既是形象艺术，也是抽象艺术，即它有表象的一面，也有表意的一面。中国书法的引人入胜之处就在于它处在形象、抽象之间，形意俱重，因而能成为一种通过艺术手段表达思想感情的形式。书法的艺术形象似见似不见，若隐若现，粗观似形，细观是意、形、情、意、相，或曰浅而易见，或曰深而莫测。因而它是一种高尚的艺术形式。中国对书法的要求，不仅是对书法艺术本身而言，还要求作者具备高尚的品质。对于书法艺术的品评，向来是把人品放在第一位，人品是评书的第一个砝码。

郭沫若认为，西安半坡遗址中出土的新石器时代彩陶上的一些“刻画”，无疑是具有文字性质的符号，这样看来，我国的文字确实是源远流长。所以，学习书法，必须了解中国书法的源流，它是经过了各个历史时期发展变化而形成的艺术。就书法来说，文字字体的变化是源，各种书体及其风格的变化是流，“追流溯源”才能弄清书法艺术的来龙去脉，才能继承和发扬创造。

## 一、书法的源流

中国书法艺术是随着文字字体的发展而发展的，文字字体又是在不断地使用中发展的。到唐代，文字字体基本定型，此后就主要是书法艺术形式（即书体）的演变了。中国文字的字体主要有甲骨文、篆书、隶书、楷书（包括魏碑）、草书。文字变化的总的规律是由繁到简，由书写时的烦琐到方便，由书写时的迟滞到快速，由书写时的自然状态到进行艺术上的美化。在文字字体的改进、创造上，主要是从从事文字抄写的直接劳动者开始的，而对它的逐步完整、提高，则是文人的功劳。“劳动创造世界”，在书法方面也不例外。

**陶文**　中国最早的文字是陶文，大体在仰韶文化时期就有了陶文，距今已六千年之久。陶文是画在陶器上用以记事的符号，似字非字，故以陶文命名。

**甲骨文**　从发掘的文物证明，中国开始使用的成熟文字是甲骨文，始于殷商时代，距今有三千多年的历史。甲骨文为象形文字，但它的构成规则其实不单有象形，还有指事、会意、形声、转注、假借，总称“六书”。那时古人为了存文记事，就把文字刻在兽骨或龟板上，故而叫作甲骨文。甲骨文在当时虽然主要起实用作用，但已具备了某种书法的艺术性，具备了造型美。由于在龟甲兽骨上刻划文字并不容易，故而笔画比较简练，显得古拙、自然，骨力很强。甲骨文开辟了刀刻艺术的先导。

**篆书**　到西周时期，文字的使用更为广泛，甲骨文已经不能适应这种形势，于是出现了大篆，包括籀文、钟鼎文。到战国时期，各国也都有自己的文字，称作“六国文字”。手写体最可靠的实物是“侯马盟书”，其章法组织，已经比较讲究，特别是纵横、行间距离已经很清楚，更能窥见笔法的轻重、迟速、顿挫以及起笔、收笔等的态势，其字在结体上比较灵活，行笔敏捷，所以它的艺术性比之甲骨文有了较大的提高。钟鼎文也叫金文，是铸在铜器上的文字。铸上去的文字，不仅记载了一定的内容，造型也十分讲究，这些文字方整圆润、敦厚丰满、均匀平直，没有手写的古籀文那种用笔有轻有重、笔画不平衡的现象，所以钟鼎文至今仍有很大的艺术吸引力，为书法家、篆刻家所尊崇。这种字运用了笔法、刀法、模铸等技术，最有名的是散氏盘、毛公鼎、大盂鼎、墙盘等。散氏盘铭文将近四百字，是目前青铜器中字最多的一件。殷周时人们已经自觉地把文字当作艺术。古籀文字把甲骨文的直线结构发展为曲线结构，是一个很大的进步。

**秦篆**　秦篆也叫小篆。秦始皇统一中国以后，就命丞相李斯统一文字。李斯将秦以前的文字加以整理，使其规范化，就是秦篆。其实，在李斯以前，早已有小篆的雏形，石鼓文就属于这类文字，为前秦所作，小篆沿袭石鼓文就是很自然的事了。小篆是秦朝通用的文字，比大篆更讲究结体，一变殷周时代文字的迟重收敛、粗细不匀的现象，发展为流畅飞动、粗细均匀，已无转折生硬之感。结体讲究对称、平直，具有图形意味。由于象形文字在表达事物上有很大的局限性，小篆省略了一些象形的追求，并且注意了文字的造型美。秦始皇为了给自己歌功颂德，在名山立石，使书法的应用进一步拓展，书法更加艺术化了。所以秦篆的碑版始终是学习篆书的范本。现存的秦篆碑版有山东《琅琊刻石》，传为李斯所书，还有《峄山碑》《秦泰山刻石》。从秦代起，文字和书法艺术发生了个划时代的大转折。秦代书法艺术的代表人物是李斯，后人评价李斯的书法："画如铁石，字若飞动""骨气丰匀""矩度不苟"等等。李斯的书法又为隶楷之祖，他是书法成为独立艺术的奠基人。

**隶书**　隶书开始于汉代，也结束于汉代，两汉时期是中国文字字体及各种书法艺术发展的关键时期。秦朝统一以后，小篆使用的时间并不长。汉代无论从军事、政治、经济、文化而言，都是封建社会的大发展时期，书写文字的需要大大超过秦代，同时汉代已经有了纸张、绢帛，这也是促进书法发展的一个物质条件。为什么叫隶书？传说是因为写这种字的是奴隶。史书记载，隶书为程邈所创，其实并不完全是程邈的功劳，程邈曾坐过十年冤狱，他发现奴隶们抄的简册很简明，但较粗糙，便将其中的横竖笔加以规范化，使形体得宜，字与字之间排列有序，即把原始的隶书提高到一定的艺术境界，以后又经过多人的加工，便成了汉代通用的隶书。隶书的结体基本上还是沿袭小篆的，横平竖直，但是长短不整齐划一了，用笔出现了蚕头燕尾。由于汉代注重碑版，给我们留下了大量的碑刻汉隶，成为后人学隶的宗法。著名的有《礼器碑》《史晨碑》《张迁碑》《华山庙碑》《赵宽碑》《曹全碑》等。汉时除主要有隶书外，尚有大篆和小篆，同时还出现了一种汉篆，也叫金刻文，这种字以结体紧密，用笔厚重、方折为特征，一般在庄重场合和金器上使用，故称金刻文。

**草书**　草书又是在文字应用方面的一个重要的发展，草书是在书写方便、快速的要求下出现的。草书的出现是书写和书法的一大解放，它不仅加速了文字抄写的速度，而且把书法艺术又提到一个高度，《草诀百韵歌》中说：“草圣最为难，龙蛇竞笔端。”东晋的王羲之把草书发展到最高峰，世称王羲之为书圣。此外，在晋朝还有很多有名的草书家，如卫恒、卫夫人、索靖。由于受到草书灵活、方便的启发，汉末，人们便把草和隶综合起来，创出了楷书。

**楷书**　楷书又名真书、正书。楷书起于东汉末年，成于三国。楷书的形成，一是来自隶书，一是来自草书，所以三国时期的楷书也仍带隶味。楷书的出现代表中国文字字体发展到高级阶段，自唐至今一千多年，楷书保持了长期的稳定性。楷书的字体与书体有着一定的辩证关系，字形较隶书作了简化。结构、用笔大不同于篆书，笔画横不平、竖不直，该方的不方，该圆的不圆，每一笔粗细、肥瘦不一，一画忽长忽短，字的结构忽疏忽密。形成这种形体的原因，主要是它顺应了人体的指腕、手臂的生理状态，如画斜者易，画平者难；画不规者易，画方整者难。以上现象反映了书写要自由但又要有约束，要散乱又要有规矩的矛盾，其中充满着活与板、散和整、放与收等的相互制约，存在着既矛盾又统一的规律，这也是楷书有着较长生命力的内在原因。

楷书盛行于两晋南北朝时期，这也是楷书大提高的时期，代表人物是王羲之。有人评论王羲之是一个叛离汉魏书风的人，此说是有见地的。王羲之的书法确实改变了汉魏以来的波挑用笔，独创了圆转流利之风，使书法在艺术上趋于成熟。唐代书法理论家孙过庭在他的著作《书谱》中，对王羲之作了恰当的评价，他说："元常（即钟繇）专工于隶书，伯英（张芝）尤精于草体，彼之二美，而逸少（王羲之）兼之。拟草则馀真，比真则长草……"王羲之是在广泛地继承传统中而创新的，青出于蓝而胜于蓝，成为史上圣手。

两晋南北朝是书法艺术空前繁荣的时期。汉代著名的书法家有几十人，到晋代就增加到了百人之多，书法已经成为上层分子文化生活中的重要组成部分。晋代书风有别于汉魏，晋朝是限制刻碑的，因而帖的形式便发展起来了，再加抄书、写经越来越多，笔墨的使用更加讲求，给书法艺术增加了墨色的因素，出现了讲究和平、雅静、内敛的书风，并且将书法和文学作了很好的结合。

南北朝时期的楷书，南北有所不同。南朝文化比较发达，楷书以南朝为主流，在北朝则出现了魏碑。因为这种字体大都见于碑版，所以叫魏碑。魏碑多用方笔，追求刀法效果，结构严谨，沉着稳重，静穆，犹如军之列阵，或若城郭殿堂坐落井然。概括地说，草书是一种动的艺术，魏碑（包括隶书）是一种静的艺术，但草书动中有静，魏碑静中有动，各有主次，动静亦不是绝对的。楷书的形成，是从篆书、隶书因袭而来，因此它包括所有书法中的各种因素。为什么学书法先从楷书入手就是这个道理，楷书既定，旁通各体均可。如果先从篆、隶、魏碑入手，则不易精通行草。

## 二、唐宋以来的书法

唐代是中国封建社会的全盛时期。盛唐时期统治阶级励精图治的精神面貌也表现到书法上。唐代的书法基本上是继承汉魏，尤其是两晋，又出现了一个新的繁荣时期。碑刻曾经在两晋消沉了一个时期，到唐代又得到复兴，树碑的范围包括宫殿、庙堂、楼阁、陵墓、名山，当时注重碑刻的程度，大大超过了汉代，甚至到了“不以柳公权写碑为不孝”的火热程度。东晋的帖风虽然对书法艺术是个推动，但它限制了书法的群众性。唐代的书法活动要比魏晋更加开放，帝王的提倡比汉魏更热。李世民不仅推崇王羲之的书法，而且他自己也是个大书法家，他首创用行书写碑文（《晋祠铭》）。他非常崇拜王羲之的书法，传说他派人用欺骗的手段得到《兰亭序》以后，晚上还抱着它睡觉，并且命各大书法家临摹，待死的时候，把《兰亭序》也殉葬了。上有所好，下必甚焉。好多书法家都学王羲之，但因时代、气质等的不同，有些在书风上却走到他的反面，变王羲之和平、含蓄、柔媚之气为雄强、宏大之风，重视气质和骨力。唐代张怀瓘就批评王羲之的字“无丈夫气，有女郎才”。唐代几位著名的大书法家，如欧阳询、虞世南、褚遂良、薛稷、颜真卿、柳公权、怀素，都具雄健、博大、苍劲、挺拔、浑厚之风。颜真卿是个很有创造性的书法家，他的字不多见魏碑的方笔而多用圆笔，并且吸收民间朴实自然的风格，从而创造出以神情胜形体的艺术特点。唐代使楷书更加完整、规范，但在重法的同时也出现了不敢逾越雷池的现象，康有为批评唐楷的理由之一就是拘板。不过唐代书法家也不都是拘板的，除颜真卿以外，还有李北海，他的字就写得比较自由，楷中带行。还有张旭，是写狂草的，他使草书更加放荡，富于神采。怀素的《自叙帖》也属于狂草。

宋代的书法是宗晋唐的，但又不同于晋唐。宋代的几个大名家，如苏东坡、米芾、黄庭坚等，写字不拘于法，也不拘于形，重在表达个人的感情。苏东坡说，“我书意造本无法”。黄庭坚的字的结体和用笔随心所欲，他的草书号称“枯枝挂蛇”。有人对几个朝代的书法作了一个概括，即“晋书重韵，唐书重法，宋书重意，明书重帖”。从五代起，开始刻帖，北宋淳化年刻出了十卷丛帖《淳化阁帖》，收了不少历代名家的书法，以后逐步形成了一种帖学，并且一直延续到清代。书帖对于书法艺术的普及和提高起了很重要的作用。

元代有个大书法家赵孟頫，他又重追求王羲之，很有成就，他的字秀润、柔媚而精熟、灵通，各体皆精，又善绘画，他的书法对元、明、清影响很大，受到几代帝王的尊崇。明代形成的“台阁体”和清代的“馆阁体”，都是沿袭赵孟頫和董其昌的。值得一提的是，赵孟頫的楷书写得比较洒脱，没有拘谨之感，凡学赵的楷书者，很容易进入行草，此点与唐楷大有不同。自唐以后，有好多理论家论述“有法、无法”“出法、入法”“法内、法外”等等，这都是在研究法度与自由之间的变化关系。赵孟頫是比较好地解决了这个问题。但有人对赵孟頫书法的评价是“少骨”，因此拒而不学，其实这是不对的。

明代的书法由于法帖流行甚广，学帖之风大盛，所以基本上还是继承唐宋的。明代有名的书法家有董其昌、文徵明、祝允明等，到明代晚期出现了写气势磅礴连绵大草的书法家。被宋元遗忘了的张旭、怀素的狂草又重新显现出来——这可能是明人抒发个人情感的另一种形式。明末的倪元璐、黄道周以及明末清初的王铎、傅山，在日本还有很大的影响，他们的书法克服了宋代书家重意不重形的偏向，他们既重形又重意，其作气韵生动，一气呵成。傅山的学问博大精深，他的字苍劲中有秀润，潇洒中有沉着，巧中见拙，拙中见巧，飘逸飞动，呈现生机勃勃的景象。

到清代，书法没有显著的发展。因为清代的整个文化是复古的，在国策上又是闭关自守的，没有唐室那样的气魄，在书法上与过去不同的是，复古了篆书。自邓石如、康有为提倡魏碑以来，篆隶、魏碑又有所发展，上层分子均以古朴为上。清代写篆书的代表人物是邓石如，他创造性地运用羊毫写篆书，使篆书圆润丰满，别具韵味。邓石如也长于隶书。在楷书、行书方面别开生面的是何绍基，他主要对颜真卿的书法有所探讨和创造，并将隶书揉入楷、行，使颜书增加了骨力，瘦劲而内敛。人们评价他的字是“铁臂银钩”。何绍基的字在晚清有较大影响。赵之谦是写魏碑，使魏碑健美而流利，外有皮肉，内有筋骨。他的绘画、篆刻也很有造诣。刘墉创了肥笔行草字，厚拙柔韧，别具一格。在书法方面，奇而不怪、个性突出、不拘一格的要算郑板桥了，还有金农，他们都是在野的文人。这些人对当时的社会黑暗都持反抗姿态，有正义感，不流于宦俗，人们喜其书画，更喜其为人。在北方还有一位不自扬其名的书法家赵铁山，他长于篆隶、魏碑，功力很深，朴实无华，对山西以至北方文化很有影响。

民国时期仍沿清代书风，由于社会动荡，书法没有得到很好的发展。于右任算是一个有成就的书法家，他着重实践和研究了草书，使草书更加简化，讲究用笔，他提倡草书标准化，曾编出了《标准草书》。他的学生胡公石（在宁夏工作）仍继续研究，并成立了标准草书社，出版有《标准草书千字文》。

从历史上看，每个时代都有不同的书风出现，这是不以人的意志为转移的，社会主义时代也将有社会主义的书风。党的十一届三中全会以来，书法艺术已经活跃起来，出现了“百花齐放”“百家争鸣”的局面。但是由于多年受“左”的影响，不重视书法，又由于简化汉字，提倡拉丁文，使很多人误认为书法没用了。我们认为，传统艺术都有人民性，不会自然地被淘汰，如武术、射箭仍存在于军事已现代化的今日一样，书法的艺术生命也将是永存的。还有人以为，外国人尚未承认我国书法为一种艺术形式，于是就自己否定自己，成为可怜的虚无主义者。当然，书法也一无例外地应该吸收外国艺术养分。这几年，党和政府提倡书法，陈云同志提出要加强学生的书法教育，这是非常正确的。书法是一种知识，也是美育教育中不可或缺的一环，如能使学生在少年时代练出书法的基本功，那么我国书法传统艺术发扬光大便指日可待了。

# 何必多贬赵孟頫

赵孟頫，字子昂，号松雪，是元代的一位大书法家。他博学多才，尤善书画，是我国书法史上举足轻重的人物。自清末以来，有一种贬赵孟頫之风，到近代，更从政治上、书法艺术上将他步步降格，于是社会上人云亦云，纷言其“弊”，视其为禁区，大有谈虎色变之势。如此等等，实在不必。认为赵孟頫书法不善者的理由不外乎“字尤妍媚而少骨”。由此进而联系到赵孟頫由宗室后裔变为元朝降臣，又用“字如其人”的逻辑作为赵字无骨的解释。这种推理看似有理，实则牵强。所谓“字如其人”，通常是与作者的艺术情趣或个人风格有关，绝非是评价艺术的标准，即便遵依“字如其人”之说，可惜，并不是所有书者均能在艺术上表里一致，人品与书品一致。至于政治上如何，并非可以完全在书法上体现出来（以人定字者例外），况且赵孟頫并不是投降。元代是我国蒙古族建立的王朝，我国是一个多民族大家庭，哪个民族都有资格掌握国家政权。由于我国历史上长期存在大汉族主义，所以有人就认为赵孟頫做元朝的官就是投降。这是不公平的。而且赵孟頫并不是自动求官的，是忽必烈发视了他这个人才，把他请出来参与国事的。因此，冠以投降、软骨实为过分。更为主要的是，无论如何贬低赵孟頫，他的书法却是整整影响了元、明、清三个朝代，这个历史事实是不容否认的。当然，这不无原因，自宋朝以来，书法重意，守得自由，却逐渐失去了晋唐书风，尤其是“晋重韵”的风格，到赵孟頫才又把二王（羲之、献之）的书风继承下来。至此又关系到对王羲之书法的评价问题。唐宋均有人批评王羲之书法“无丈夫气，有女郎才”，这个批评也有片面性。到唐代，王羲之的真迹已经很少，到宋代真迹全无，即便是仿品，也都是王羲之的来往书札，没有大字。小字和大字是有很大区别的，小字一般都是飘逸秀润，大字自然要粗犷、遒劲得多。南朝梁武帝曾评价王羲之的字是“龙跃天门，虎卧凤阙”。这个评价是有根据的，因为那时梁武帝收藏了大量的王羲之的书法，其中当然有大字，所谓“龙腾虎跃”一词也是从王羲之的大字来评价的。可惜梁武帝所存的这些字遭大火焚烧，大部被毁，故此所留存下来的都是小字，又由于南朝不准刻碑，所以连王羲之所书的碑版也没有。若单从王羲之的小字入眼，所给予的评价当然是片面的，不足以概括他书法的特点。有人把赵字少骨归咎于学王羲之之故，这种认识也具有片面性。应该强调的是，作为书法艺术，有的骨胜，有的妍胜，各有所长，应该让各种风格流派在艺术上自由发展，这才是百花齐放，不能机械地“以骨定律”。况且从书法艺术的规律而言，骨力和妍美很不容易统一起来，常常是骨多者缺少圆润、流畅与妍美，反之则刚多柔少、绵而无力，真正达到既骨力雄强又婀娜多姿的实在不多。然而赵孟頫的字确是秀美柔润、潇洒流畅，为广大群众所喜欢，这也是赵孟頫的书法能够长时间影响中国书坛的原因之一。

值得注意的是，有一个问题常常被忽略，即赵孟頫的楷书是值得研究的，学他的楷书，可直接步入行书、草书；而学唐楷，特别是柳公权，或者欧阳询、颜真卿的楷书，再向行、草过渡，却很不容易把字学活。唐代的字重法，这是唐楷的特点，也是唐代对书法的重大贡献；但是另一方面，重法了也容易产生死板的弊病，从唐楷再返到行、草的话，会很不容易。正因为如此，使学书者大伤脑筋，甚至对唐楷望而生畏。而先学赵孟頫的楷书，再学他的行、草，丝毫不觉违逆，得来十分顺手，因此赵的楷书是值得学习的。当然也要学唐楷，以增强骨力，这样才能取各家之长，少走弯路。傅山先生先学的赵孟頫，并且学得很像，后来又极力贬低赵孟頫，他曾说这就好比学好人难，学坏人容易；但后来他也承认赵孟頫的书法在艺术上是有成就的。

研究赵孟頫，不单是一个评价古人的问题，也是一个学习书法的现实问题，要“古为今用”。故而对古人及其成果，第一要尊重历史，第二要具体分析，特别要与当时的实际相结合，对于他们的成就和不足，必须实事求是，否则既偏离历史事实，又有误今人。

# 书法的自主与顺应

中国的书法艺术，从甲骨文到现在一直保持着它的体系和传统。作为一种文字及其书写艺术，它在世界上是独一无二的，它是中华民族的伟大创造。对此，连外国人也是赞叹不已。到魏晋时期，中国书法艺术开始进入成熟时期，至唐宋达到高峰，无论字形或书体均已完备。一千多年来，书体的风格样式、表现方法虽然有演变，但基本上还是延续着钟（繇）、王（羲之）体系。北碑虽然异军突起，书源也是来自南朝的钟、卫（卫觊、卫瓘父子，今山西夏县人）。书法艺术的起伏变迁，都是渐进的，有着长期的连续性和稳定性，没有突发性、革命性的大变革，这似乎也是中国书法的特征。它之所以如此，自然与中国长期的封建制度有关，一方面，它的高度成熟，使后人难以作出重大的破立从而超越前贤；另一方面，中国书法自立于世界，无能与之匹敌者，没有竞争对手，也是原因之一。

中国书法在自己的土地上蕴育发展，也遇到过曲折、阻力和挑战；几番风雨过后，更显出它的成熟、科学、优越，它表现出强劲的生命力，无力可摧，无可取代。早在秦代，秦始皇统一文字是进步的，但选择小篆为法定文字，我以为是不当的。小篆笔画太繁，不实用，远不如古籀、钟鼎文字简约，因此到了汉代便以隶书为主体文字了。南北朝时期，政权分立，南朝限制立碑，影响了楷书的发展，北朝盛碑，影响了行草书的发展；但南帖北碑都各有其长，如果天下归于一统，书法则更要繁荣了。

书卷的印刷是对书法的一种冲击。刻版印刷始于唐代，盛于宋。书卷的印刷减少了书卷的抄写，客观上影响了书法的发展，但同时又由于元代用手写字刻板印刷，反起到了普及、提高小楷书艺的作用。明代的台阁体、清代的馆阁体皆来源于此。对书法最大的冲击是西方文化的传入。印刷术的现代化，使学人读书不必抄写；加之白话文出现，文人著述时字数增多，手书水平下降，书法开始滑坡。自清末以来，屡有学者提出废弃汉字的主张，认为中国文化落后，使用汉字是原因之一——颇有一些人赞同；以后又有人提出走符号化的道路，瞿秋白就推行过“新文字运动”（即拉丁化），但没有成功。“废弃汉字”首先是在上层知识分子中兴起的一股思潮，他们认为这是一种进步，是一场革命。经过渲染，使不少人对汉字的存在持悲观、怀疑态度。既然汉字将废，书法何以存焉？当时又普遍使用硬笔，一个时期书法和毛笔备受冷落，用毛笔写字会被一些人视为保守。然而，到底汉字是否是造成中国经济落后的原因呢？答案不言自明。不仅如此，目前国际上又兴起一股中文热，外国人办学校学习汉文汉字，他们并不怕学习汉文汉字导致落后！

改革开放以来，在我国迅速兴起了一股书法热，甚至波及友邻，中国汉字、中国书法傲然屹立，由此可见中国汉字及其书法的生命力之盛。

其实，我们不用为书法担忧，中国有十多亿人口，即便到了世界大同，国际统一文字、统一语言的时候，中国书法作为古典艺术，同样会独具异彩的！

自从出现书法热以来，我国书法蓬勃发展、生机盎然，书法组织林立，迅速涌现了一批队伍，出现了一批既有传统功力，又有创新的书法家，使书法显示出时代的特征。书法理论研究也很活跃。书法在国际范围内初步开始联系、交流。国际上的书法爱好者不仅有华人华裔，也有外国人。但就在这个书法大潮中，汉字无用论者也来了。前几年，有些初入书门的“先行者”提出不要汉字的书法，并搞了展览，但得不到人们的认可，不久便偃旗息鼓了。后来，他们又打着“改革创新”的名义，企图用西方文艺改造中国书法，或自名“现代派”，或自名“前卫派”，等等。有人还提出书法上的“反叛性”（反传统）、“随意性”（不受书法度的限制，要自由“发挥”）等等；又出现似书似画、非书非画的“作品”，狂怪、朦胧，不知为何物，却冠以“创新”“超脱”等高帽。一些人强调出新、强调个性，笼统地提出“时代精神”，引起了创新的盲目性——没有明确的目的与方向，效法经济建设中的“快节奏”“超前性”，以致出现急于求成、赶“时髦”等现象。各种大赛中，抄袭较严重，形成新的千篇一律，有些作品六神无主，既无功力又无艺术，低俗、浅陋、不恭等等弊端显露出来。书者若失去高尚情操和优良道德风尚，其作品便失去了艺术的严肃性。究其主要原因，是忽视了对书法传统的继承，书法要在继承中创新。现时情况是，由于若干年书法处于萧条中，传统已趋疏薄。书法是前人对物质、物像、思维等的高度概括和抽象，它的形、意、法初学者不可能一下子掌握，要学习只有走临摹的道路，没有别的办法。中国历史上还没有一个书法家是不经过继承传统而成为赫赫天下大家的，他们一定是在继承传统的基础上丰富传统的。初学者只有通过临摹与实践，才能逐步地领悟其中的奥秘与真谛。书法传统的法度、规则，并不是死硬教条，不是程式化的，它既有原则，也有供学习者发挥的余地。承袭于前人又不同于前人，这才是创新；况且书者想不打上时代的烙印也是不大可能的。

总之，凡对中国汉字与书法抱贬黜观念或轻视态度的，都是在文化意识方面存在缺陷或者偏见的。我们学习外国的科学技术和先进文化——只有如此才能使中国更加富强；但是，历史上学西方、学外国，不联系中国实际而遭到失败的教训也是有的，书法、汉字也应引以为戒。尤其西方没有书法，对此我们只能间接地借鉴，以为我所用。不仅如此，相反的，我们还要把中国书法推向世界，让世界各国学习我们。我们应当有这个自信。

# 书法艺术对立统一规律初探

现在书法界正在着手研究书法的一些基本理论问题，都在探讨书法的性质是形象性艺术，还是抽象性艺术。研究书法艺术理论，旨在认识和掌握书法艺术的规律，把书法实践提至理论上来，再去指导实践，这无疑是非常必要的，也是书法界在当前的条件下，需要认真对待并及时解决的问题。对书法的基本规律，我没有研究，但是希望得到这方面的知识。多年来，个人总是试想在书法艺术方面能够认识一些共同性的问题、规律性的问题，用以指导实践。在古人的书法论中有不少谈到书法方面的辩证观点，但是甫一出现，就又转到别的题目上了，没有把它系统起来。各个历史阶段都有它的局限性，因此，我们不能责怪古人，而应在学习书法传统艺术和理论中，加深理解，并以辩证唯物主义、历史唯物主义观点，对其进行整理、丰富，以便找出一个头绪来。抓住书法艺术某些方面的脉络，对于提高书法艺术是很有作用的。在我多年的笔墨生活中，总觉得在书法艺术技巧中，有些问题不容易统一起来，因此，从哲学的观点想到对立统一、相反相成、相辅相成的道理。世界上一切事物都是如此，况且书法艺术多是将各种不同物象的生动形象融进书法笔墨中来的，所以，这也为我反映出对立统一的规律，“多种书体的结构、形态，都具有疏密、虚实、收展、欹正等对立统一的关系，造成了整篇结体互相依存、彼此呼应、相辅相成的局势，构成了章法与布局的美，给人以强烈的艺术感受”。关于对立，也不是指两种事物绝对的相反，而是说它们之间的差异、不同以及不一致性都可以看作是对立，这正如事物的矛盾一样，有对抗性矛盾，也有非对抗性矛盾。在书法艺术中，我以为基本上有三个问题是属于对立的统一：一个是形与神；一个是骨力与妍润，或谓之力与美；一个是雅与俗。此即我们常说的“神形俱备”“刚柔相济”“雅俗共赏”。书法艺术要想达到上述要求确实不容易。何以难哉？因为它们有不统一、不一致，甚至相悖的一面。这三者，又以形与神的统一最为重要，因为表里一致、内涵与外在一致、精神与实质一致于书法而言至为关键。在实践中，它们确乎不太容易一致。我们常见到一些书法作品形体、造型很好，但缺乏神韵；有的作品风神很好，但形体往往欠佳，较难“双璧”。神韵是对书法的第一个要求，谢赫在他的“六法”中把“气韵生动”放到第一位。即便临摹，也有“摹者得其形，临者得其神”的分别。可见，书者在掌握形与神方面步伐并不是完全一致的。古人评价书法，把神放到第一位，但神不通过形，就很难传达出来，形是基础，神是更为精深的要求，这正如孙过庭在《书谱》中所说的“草乖使转，不能成字；真亏点画，犹可记文”一样。神不好可以成字，形不好了难以通神。一件书法作品，若能做到“形神兼备”，可算得一件好作品了。

骨与肉、力与美、刚与柔，也皆存在差异。一般来说，骨力较强者，往往少肉，温柔妍润者往往缺骨。对于骨力，古人一再强调，谢赫“六法”把“骨法用笔”也列为一法。“书法以骨干为先，故险劲当为第一层功夫；有骨力而后有气”（见《汉溪书法通解》）。好的书法应该是内有筋骨，外有皮肉，所谓“璧美何妨椭”“刚健含婀娜”（苏东坡论书诗句）就是这个道理。骨，顾名思义，代表实质性的问题。赵孟頫、董其昌的书法对明、清有很大的影响，但终被后人看出，赵、董的字温柔、秀润有余而骨力不足。在后来的书法实践中，人们总结出，先学董、赵者，势难树骨。当然，从另一方面而言，骨力较强者，也很不容易写出婀娜、秀润的字来，所以必须“温之以妍润，鼓之以枯劲，和之以闲雅”（见《书谱》）。

雅与俗，也是我们经常遇到的问题，所谓“雅”是比较精深的东西，所谓“俗”是比较浅显平易的东西。我们常说的“脱俗”，就是要摆脱平易、浅显的水平，进入一个超脱一般水平的阶段。对“雅”“俗”这个问题，我们应该有恰当的理解。在封建社会，把“雅”当作高阶层的东西，把“俗”当成低阶层的东西，它们有着明显的阶级烙印。在社会主义社会，文学艺术都是为人民服务的，艺术不能脱离群众；而从唯物历史观来讲，文学艺术本身就是劳动人民创造的，任何轻视劳动人民的观点都是错误的。另外，所谓“雅”与“俗”的界定也是在不断变化的，群众的艺术观点、艺术要求也不是停留在一个水平上的。所以，我们现在要求的“雅”至少应是被群众所接受的，而不是那种自以为“奇”而脱离群众的“阳春白雪”。应该是首先为群众所承认、所欢迎，也为专家所承认和赞赏，再在为人民服务的基础上求高深，也就是说，这还是一个“在普及的基础上提高，在提高的指导下普及”的问题。所以我们至少要有两种本事：既能搞通俗易懂的，也能搞精深的。不然只是一味求“雅”，就变成无本之木了。问题是，从“俗”到“雅”不是一件容易的事，既“雅”又“俗”又不容易做到，所以“雅俗共赏”是一个高标准要求。其中有艺术技巧问题，但更重要的是艺术观的问题。目前有些从事书法的同志，特别是些青年同志，存在急于求成的情绪，练书法的目的不纯，只想早一天成为“大家”，却不大愿意学习传统，临摹字帖，而更愿意单纯地去追求某种风格与形式，这样做既达不到“雅”，也做不好“俗”。更重要的是，我们所谓“雅俗共赏”，并不是两套，而是“雅”“俗”熔为一炉，这虽然是一件难事，但它毕竟是我们的目标。

上述对立统一的三个问题，涉及书法艺术的各个方面。孙过庭在《书谱》中叙述道：“质直者则径侹不遒，刚佷者又倔强无润；矜敛者弊于拘束，脱易者失于规矩；温柔者伤于软缓，躁勇者过于剽迫；狐疑者溺于滞涩，迟重者终于蹇钝；轻琐者淬于俗吏……”这些偏狭的弊病是难免的，所以他又提出：“乍刚柔以合体，忽劳逸而分驱。或恬憺雍容，内涵筋骨；或折挫槎枿，外曜锋芒。”他强调“偏工易就，尽善难求”，而“尽善者”，当然是在各方面做到统一和一致，克服了得失的差距而互相映衬、互相协调、互相补充，从而达到“尽善”。在其他论述中也有谈到向背、肥瘦、劲媚、端欹等相对立的现象的，如傅山先生有名的书法理论“宁拙毋巧，宁丑毋媚，宁支离毋轻滑，宁真率毋安排”。由不一致到一致，再做到“枝条顺气，转相比附”（见索靖《草书状》）。现在我们不妨将常见的对立统一的现象加以梳理以使问题更为清楚：疏与密、迟与速、正与欹、轻与重、浓与淡、向与背、虚与实、起与伏、纵与横、侵与让、浮与沉、散与聚、自然与造作、粗犷与纤细、拘谨与散落、飞动与板滞、方与圆、圆劲与挫芒、平直与错落、均衡与参差等等，不胜枚举。这些现象出现时往往令书者顾此失彼，相反不能相成，如果能把它们之间的矛盾妥善解决，就能得到对立的统一，就一定会达到一个“尽善”的境界。

上述各组矛盾是互相依赖、相辅相成的。但是它们在量上又不是平均分配的，在互相联系、互相制约之中，方能显示出一种独立的风格，而不是千篇一律，这也就是个性与共性的关系。好的书法，既有共性，又有个性，并且能在掌握共同的规律下创出新意。至于一个历史阶段的书风，不是由几个具代表性的书家就能决定了的，而是由当时的若干主客观条件共同促成的。书法也遵循对立统一的规律，但是怎样才能使矛盾“统一”呢？首先必须认识对立统一这个规律，然后分析自己的书法存在什么问题，再采取相应的手段，扬其所长，避其所短，控制其过，补其不足，只有经过这样有目的的、长期的练习，才能达到较高的水平。这个必须在长期笔墨实践中，花相当工夫才能做到。如此又联系到书法艺术发展的三个阶段，这三个阶段从形式上看都是相反的，实际上是量变到质变、渐变到突变的过程，即三个阶段各向其相反的方向发展。比如：由不熟到熟再到不熟，由不入法到入法到出法，临帖由不像谁到像谁再到不像谁。它们的发展变化过程，实际上是个不断升华的过程。在这个过程中必须克服前述种种不一致、差异、对立，到达统一，因此确实是漫长的。这就是："至如初学分布，但求平正；既知平正，务追险绝；既能险绝，复归平正。初谓未及，中则过之，后乃通会；通会之际，人书俱老。"沈尹默先生用诗的语言曾提到"最嫌烂熟能伤雅"。我们平常说熟能生巧，只熟不巧便成烂熟，虽熟却不再向前发展就不高明了，就会"伤雅"。傅山先生提出的"四宁四毋"也可理解为书者发展的一个过程。他在解释这个"四宁四毋"时说："写字无奇巧，只有正拙，正极生奇，归于大巧。"（见《霜红龛集》）因此所谓"宁拙毋巧"，拙不是目的，而是手段，只要"正极"（练到功夫最深处），便出奇了。奇，新也，已经不是拙的阶段了，而是升华到一个更高的境界。上面所说的仍然是一个相反相成的规律。只要掌握了对立统一规律，有一些问题就容易认识了，比如关于艺术的偏见问题。作为评论家，不能有艺术的偏见；作为一个实践家，不免总是有偏见的，没有偏见、偏爱，就没有自己的独特风格。然而这个偏见也是处于变化中的，如有的开始偏爱一体，偏忌一体，但在长期实践中，常会把它们的位置颠倒过来，即偏忌的变成偏爱的，偏爱的变成偏忌的。或再有更多的反复认识，这样反复得多了，有若干"偏见"，就接近全面观点了。傅山先生初学董、赵，后来发现董、赵的字软弱，又改学颜；但在他的著作中，又反映出他对赵孟頫除人格外，在艺术上还是肯定的。所以他的书法，在婉转苍劲中仍有妍润畅达的风格。

由于个人学识甚浅，以上所述不过是一孔之见，难免有不当或错误，不过是作为探讨书法艺术规律的小小尝试，作为引玉之砖；唯愿书法界各位名家指教，并希望大家在书法理论上、书法艺术规律的探索上作出新的贡献。

1982年2月于太原

# 宋字的由来

据说，宋朝某个皇帝崇尚佛道，有一天夜里做梦，梦见了天书，书中所书似符似字，潦潦草草也看不很清，早晨起来已经回忆不起什么来了，他心想，如果真有这部天书该多好。有一天，他又谈起这个梦，众臣子说：“一定是仙道点化来了。”其中一个大臣说：“臣家中似乎有这样一本书，是手抄本！”皇帝大喜，说：“是手抄本，是手抄本！你赶快把它呈上来。”大臣说：“遵命。”过了几天，那位大臣到底奉上一本书来，说来也奇，皇帝一看便拍手道：“是这一本！与梦中见到的差不多。”原来这是道教的一本法书，字迹草草，让人看不懂。皇帝命令大臣说：“赶快请人释注，三天给我印出来！”大臣心想这下可找下麻烦了，无奈只好躬身领旨。大臣奉圣谕到国子监传旨，要三天刻印出来。国子监的主事一看这书就慌了，回禀大臣说：“大人，莫说三天，十天也刻印不出。光是缮写也得三天，别说刻了。况且皇上御览，就得精刻精印，马虎不得。”大臣一听也明白确实有困难，就去回禀皇上请求延期。谁知皇帝求读心切，只给了五天的期限。大臣回来再传圣谕，主事的不敢再说什么了，圣命难违。就此国子监便乱成一团，都说：“就是打死，五天也印不出来。”主事的一筹莫展，不知如何是好。这时有人说：“反正不能让尿憋死，总得先从快刻上想办法。”有的反对说：“这又不是裁纸，刀子可以快，也可以慢。刻字是刀尖转，就没法快。”他这一说，刻工却从中得到了启示："对了！用直刀子刻直线，不拐弯就快了。"一语点醒梦中人，大家七嘴八舌，你提一点，他提一点，主意越来越多，最后形成了一致的意见：用直刀刻直线，不转弯或少转弯；先在木板上打上界格，每个字都预留个方形空间，再从其上刻字，字要写得横平竖直，便于顺木板的纹路下刀，这样可以少刻些，字就刻得快了。经过试验，果然快了许多。终于，书在五天以内刻印出来了。印出来的书迹整整齐齐、密密麻麻，笔画肥瘦均匀、刀锋凌利。于是马上请大臣前来过目。大臣一看傻眼了："怎么字体变样了？"主事说："不这样五天哪能印出来？"大臣说："皇上怪罪下来怎么办？"刻工说："皇上要怪罪的话，由我承担，与大家无关。"主事说："你就说这个好，整整齐齐，字大、清楚。因为是天书，刻时出现了神工鬼斧。"大臣说："也只能如此了。"大臣走了以后，匠人们心里却敲起了鼓，怕交不了圣命，但有什么办法呢？听天由命吧！那位大臣心里也在嘀咕，怕皇上怪罪。等到将书献上龙案，皇上反复观赏，全神贯注，大臣忐忑不安，忽然皇帝一拍龙案，把大臣吓了一跳，却只见皇帝龙心大悦："好！刻得好，写得也好。这是谁写的？"大臣根本不知道是谁写的，但他想：只要皇上说好，咱们就好。于是他回说："是微臣拙笔。"皇上说："妙笔！为何以前未见？"大臣说："本是野笔，不敢面圣。"皇帝说："可见大家哪有不谦虚的。以后你就这样写，这样印，这是我们大宋朝创的！"从此以后，这种字体就叫宋字了。

以上这个故事本是个传说，不一定可信，史书上也没有这个记载，但宋字确实是真的，不是虚构的。宋字是皇帝逼出来的，似乎也合乎道理。历史上皇帝逼出来的事很多，修长城、开运河、凿云冈石窟，都是皇帝逼出来的，但同时，这些杰作也显示出了中华民族的聪明才智。宋字也是一种创造，突破了以往印书时字的刻法，创出了新的字形，或许真是由于皇帝的逼迫，才痛感印刷速度的缓慢，才在快的要求下，创出宋字字形。皇帝逼，是好事也是坏事：坏事——劳民伤财，好事——功垂千古，满足社会的需要。由此也可看出，创造都是从实际需求出发的，没有无缘无故的创造。有一些自命不凡的文人、士大夫，从个人需求出发搞什么创造，脱离社会的实际需要，这是不会成功的；即使成功了，也没有什么价值——虽然能够显赫一时，终究会被淘汰。宋字有很强的生命力，它基本上奠定了印刷字的形体并一直沿用至今。但其实，宋字实为明人所创，我们感谢明代刻字的那些工人，他们为印刷业的发展作出了重大贡献。

# 天趣存在于成熟与不成熟之间

近年来，在书画上追求天趣者日多，他们迷信稚拙，向往散漫与荒诞，并以为这是一种现代意识。他们将不规则者、不入法者、反常态者、信手涂鸦者皆列为质朴、有情趣、天真之列，并冠之以创新或具时代气息之名，以致竟有人奉此为定律，欲超越传统，与世界接轨。煞是有雄心也！但让我们来思考一下：天趣是怎样产生的？

一般说，天趣常常与不成熟联系在一起。因为不成熟，在自然界和人类社会，一些事物在特定时间与特殊条件下，会出现各种有趣现象，如幼儿在学步时跌了一个屁股蹲儿，或学语时说了不近情理的话，或用小巴掌打了爷爷的脸。人们并不以之为丑恶，反觉得天真、可爱，这是因不成熟而形成的天趣。再如老人学孩子气，与少儿交朋友，与他们嬉笑打闹，这种白发童心也不惹人讨厌，这是一种成熟的天趣。假若是成年人去学老人，学儿童，就会觉得他是虚伪，是故作姿态，而不是天趣。另有一种情况，当某人在某项技艺方面已有一定成就时，由于偶然失误而走了样，如唱戏唱错了词，或由于思想过于集中，挑着筐子去打水等等，人们捧腹大笑以后，并不怪出了洋相的人，因为这并非是出于本意，非本人有意所为。这就是在成熟与不成熟之间出现的天趣。这种天趣带有不同程度的偶然性，在时间上具有阶段性，它不是有意追求的，也不是一成不变的，而是于成熟中偶然显现的，如此，往往更显得奇妙。汉代霍去病的墓前有好多石雕，有的是在不规则的石头上刻的牛和虎，形象很生动，艺术很高超，但多呈朴拙之状，这便是成熟中的天趣。特别是那件《马踏匈奴》最为精彩，它的主题构思非常奇巧，系一匹战马的脚下踏着一个匈奴人，这更能引起人们抗击匈奴的思想共鸣。这件石雕的刻工并不高明，观赏时，人们受主题的激励，根本不会去责怪刻工的粗糙。这件石雕从主题上说是成熟的，但从刻工上说是粗糙的，正是这种成熟中的率意，构成了天趣。

徐文达参加书法艺术交流活动

有一些成熟的老书画家，偶然的失手，反造成了无意而生的情趣，使作品达到了妙境，这是成熟中偶有的不成熟导致出现的天趣。在传统艺术的转型时期更易出现这种介于成熟与不成熟之间的天趣。以汉简为例，西汉时期竹简书的书写时段，正处于汉字字体从古隶逐渐演变至草书的时段，东汉中后期的正处于隶书开始向楷书演变的时段，抄简者的手是很熟的，但写的字艺术上不成熟，似篆非篆，似隶非隶，于是汉简中就有了天趣，并成为一种新事物。这种现象在北碑中最多，北碑出现时正是隶书到楷书的转型期。北朝由隶转向楷——不同于南朝钟、王的楷书，是另一种隶不隶、楷不楷的字体，在笔画上加入了刀法，把圆笔变成了方笔，又由于书者、刻者庞杂，其字有雅有俗、有高有低，字体的风格也呈现出多样性，因此碑刻中成熟与不成熟的现象就比较多。典型的是赫赫有名的《爨宝子》（此碑为南朝石刻，在艺术风格上被划入北碑范畴），这通碑的字写得并不怎么高明，但是刻工的手艺很高，把上石的字中不合体者、简陋者加以修饰，有的是把横笔拉得很长，而且把起笔、收笔刻为方头，还让笔画翘起来，使它有飞动之感，并把字刻成刀切似的带棱角的方块，显得很有情趣，其实刻者并不一定精于书法，或只是于无意中出现了不同于他碑的天趣。后世康有为把它捧上了天，认为是北碑的灵魂、盖世的绝品，其实也许不过是个偶尔之作，得益于成熟与不成熟的结合。再如《石门铭》《瘗鹤铭》都是摩崖石刻，书者是高明的，刻工却不中意，这不是说刻者手艺不高，而是因为摩崖的石头不平。石门是东汉时修栈道凿开的一个隧道，洞壁无法磨平，斑斑点点，书者也有意把字写得开张一些，刻者也只能粗犷，无法精细。开张与粗犷结合，形成了此刻石的特殊趣味。这是书者成熟、刻石操作不便而形成的天趣，后来人觉得新鲜——与常见的合乎法度的碑刻比较就觉得它与众不同，正如把肉吃腻了想喝杂粮稀粥一样。假若这种带有不成熟因素的天趣多了，其数量甚至大大超过正常作品，那人们就会觉得不成体统了。这也正像住在城市建筑群中的时间长了，一到大草原，就觉得天地开阔，既平又远，“天苍苍，野茫茫，风吹草低见牛羊”。如果都是大草原就又觉得太平淡了，还是要有城市。事物的差异，总是靠比较而显现的。

如果不认真思考，对天趣就容易产生错觉和误解；尤其是在书法界，有些人以为不经意、不求法度、随意而为便会出现天趣。岂不知天趣不是制造出来的，是自然天成，天趣并不是“低标准，瓜菜代”。只有在高度成熟中出现的天趣方为可贵。在书法方面，郑道昭、黄山谷、郑板桥；在绘画方面，八大山人、石涛、齐白石等都是成熟又有天趣的大家。人谓黄山谷的字是“枯树挂蛇”，郑板桥自谓其字是“六分半”书，齐白石画两只小鸡争吃虫子、蝌蚪与荷花的倒影，这都具天趣；这些不是阶段性的产物，也不是出于偶然性，而是作者经过长久艺术实践，达到高度成熟后的天机泄露。问题是，成熟的天趣、不成熟的天趣，或成熟与不成熟之间的天趣，一时让人难以分辨，特别是那种不成熟的“天趣”更能唬住人。

这就给“锐意出新”的人、急于求成的人一种“向往”，给那些投机取巧者找到了可钻的空子，更诱使一些人企图不经过努力便取得天趣，并冠之以“出新”“与众不同”“个人面貌”，或曰“超越时代”。以致一些不识者，人云亦云，甚或拍手称奇；虽然他们看不懂写的是什么、画的是什么。于是有人解释：妙就妙在看不懂，耐人深思，你可以随意去猜想，你认为是什么就是什么，更能提高你的思维能力。这有什么天趣！呜呼！世界上哪有不费力就能取得艺术成果的？没有艺术经验、修养与才华哪会得来天趣？当然，也有另外一种现象，往往有大功夫的书画家反不容易出现天趣，这会使人感到深功没有用。石壶论画时说：“功力深一分，天趣就少一分。”这只是说到了一面，功夫深、没才华就不容易出天趣；那么功减一分，能否天趣增一分呢？也不是这样理解的。这还是一个入法和出法的问题。法多了容易囿于藩篱，冲出藩篱便是自由的天地，然而没有深功，凭个人聪明，胡碰乱撞，也许偶然有忘我的佳作，但长久下去，就必然会因追求天趣而蹈入矫揉造作，到头来只得以假天趣来代替真天趣，以有意来代替自然。傅山说“宁真率毋安排”，这里是“宁安排”“毋真率”，安能得其自然哉！只能制造假天趣用以自我陶醉而已，因为真正的天趣不是信手拈来的。既有深功又有天趣是能够做到的，这种大家不是没有，只是不多，没有高度的才华、博大的胸怀、深厚的学识、浪漫的情趣，天趣是不容易取得的。《三国演义》的作者绝不是一个小市民、小农经济者能所胜任的——没有治国之才难以成卷。可是没有天趣的优秀书法又并不逊色，天趣也并不是普遍存在于书画作品中，《爨宝子》也不是最优秀的碑版，因而故意追求天趣是不必要的，还是让它自然出现的为好，总是有人能为之便有人不能为之。既能水到渠成，何必拔苗助长呢？

（原载于《书法》2000年第2期，转载于《书法教育报》第130期）

# 艺术生命的延续

近年来，收藏之风骤起。随着物质生活的改善，人们对精神生活的渴求更强烈了，新兴的文化思潮也在涌动。收藏行列名目繁多，目前以收藏书画、艺术品、文物为最多。收藏的目的也各有不同，有的是因为它有经济价值，收藏可以保值；有的是爱其艺术，偏于欣赏；有的是将之作为学习的楷模；有的是猎奇，等等。其中有的重数量，多中取精；有的是择其贵而收藏。本人缘识不广，又无钱财，故收藏甚微，但收藏的几件书画却不可低估。祖上家传有苏东坡的行书《后赤壁赋》四屏拓片，我于1976年将之装裱悬壁，每日观之，由是对苏轼的书法大有领会。若干年前，有友人说："十日观之得其形，百日观之得其意，千日观之得其法。"当时我不以为然。此苏轼书作过目已不知多少次，不知不觉中苏之笔法、形意渐渐潜入脑海，可谓"不谋而得"。直到后来有人评我的字有苏意，我才恍然大悟，朋友"久观久得"之言不无道理，这是一种自然的艺术积淀和艺术渗透，所谓熏陶者是也！由此可以看出，艺术的生命力以及它的再生价值，想来收藏之趣、之幸、之得也在这里。

1956年，郭沫若先生来到太原，住晋祠宾馆，我前往拜访，欲求其字。当时接待他的郑林副省长说，他今天游天龙山刚回来，太累了，最好今天不要打扰，并说："明天我替你求字吧！"后来我得知郭老欣然命笔，为我书了一幅小中堂，毛主席的《十六字令》第三首："山，刺破青天锷未残，天欲堕，赖以拄其间。”其字无论形、体、神韵，饶有风采，刚柔并济，用笔灵活而沉着、奔放又包藏，转折之处遒韧而富有弹性。此件亦如苏字一样，悬之于壁，心领神会，细审郭老用笔的妙处约有年余，受益甚深。

1970年，到垣曲县插队落户，亦将此件带至山村，悬于土壁，陋室骤然生辉，同时也让山乡群众领略了郭老的翰墨风采。在农村由于烟熏尘染，画面已很陈旧，遂于1985年在山西省博物馆重新揭裱。由于当时装裱组管理不善，事后竟然找不到重新装裱的作品，查无下落。事隔一年才在装裱组的柜子里找出来。幸哉！郭老离开我们已二十多年了，他的形象、他的书法艺术依然藏在我的心中。正如唐代孙过庭所说的“籍甚不渝，人亡业显”。1963年，我特为郭老的夫人于立群同志刻了两方印章以作郭老赐书的回报吧！

（原载于1996年7月31日《太原日报》）

# 异同交流与古今共识

汉朝是我国字体和书体大发展而至完备的一个朝代，秦篆、隶书、草书、楷书，都是在两汉时期演变而成的。有了汉朝这个书法的基础，才出现了魏晋书法艺术空前繁荣的时代，出现了书圣（王羲之）、草圣（张芝）。从汉末到魏晋，名家辈出，世代相传，各有突破，各有造就，他们对我国书法艺术起到了奠基的作用，作出了重大贡献。其中山西安邑（今山西夏县）的卫家书派可谓影响深远。魏晋时期，以卫觊、卫瓘、卫恒、卫夫人为主的四代相传的书法世家出了十数位书法家，其中入史立名的就有七八位。遗憾的是，他们的作品传世甚少，史书和专论叙述得也不很多，连卫恒在他的《四体书势》中，谈及四体书家的师承关系时，也忽略了卫家，这可能是出于文字的就简之故。王僧虔说：张芝、索靖、韦诞、钟繇和卫瓘、卫恒的字，实在分不出好坏来，张怀瓘等硬要排列高低，是不必和不公允的。直到清代，康有为才对卫家书派予以了充分的肯定，进行了有见地的分析，作出了相当高的评价。在他的《广艺舟双楫》中，专门立了一个题目叫《传卫第八》，其中说："卫氏之法，几如黄帝子孙，散布海宇于万千年矣。"这种评价虽然有些过誉，却足以说明卫家书法在当时和后世所起的作用。他认为北派魏碑的形成源于南派，主要是卫、钟两家，不过"钟派盛于南"而"卫派盛于北"。他具体地谈到，北派承受南派书法是由卢（偃）、崔（悦）两家承袭卫、钟而北渡的，尤其崔家的崔悦、崔潜、崔宏、崔浩四代都是传卫觊、卫瓘南派的笔法。康氏举出《杨大眼》《郑长猷》《张猛龙》《张黑女》等十几种魏碑“皆其法裔”。卢偃是传钟繇笔法的，可惜后世不振，传延不广。卫恒的《四体书势》，“把书势作为创作的一个很高的要求凸现出来”。卫恒提倡“静中寓动”和“动中辅静”，“可以说这种书势理论对北朝书法创作是有很大影响的”[1]。从大同北魏司马金龙墓出土的漆画中的文字、敦煌保存的写经墨迹来看，明显的是南朝的笔法，与魏碑碑刻字迹有所不同。北派碑刻书法是个很大的流派，其实际上是南北书派的会合，因而才使北碑别开生面。至于唐楷，也是承袭了北碑的，颜真卿书法的蓝本是魏齐之间的穆子容，欧阳询师北齐的刘珉（彭城人）。虞世南、褚遂良、薛稷统一齐风，柳公权、沈传等又继承和发展之。从卫家书法北迁，辅成北碑的成就来看，卫家书法确实是作出了重大贡献。

康有为提倡“尊碑”是可以的，颇有见地；又提出“卑唐”，就有些偏激了。唐楷也是受北碑的影响，仍然是承袭关系，不过是程度不同而已。唐太宗尊崇王羲之，偏于南派，存在忽视北碑的问题；这与北碑不见墨迹——从碑上很难推测得出墨迹是什么样子也有关系。何况魏碑也不是什么都好，有些碑版从文字到书法到镌刻都很粗劣。北碑与以前的碑刻有所不同，以前基本上是刀从于笔——刀法尽可能地表现笔法；而北碑的刀法与笔法不完全一致，有以刀修饰，或以刀改变笔法的，这也使唐室不易接受它。但毕竟魏碑杰出的实在不少，有些认真的碑版，书法与刻工均很精妙，既有南派的雅丽，又有北派的凌峻，各展其佳。特别是墓志，善者甚多，这是一笔丰硕的书法艺术财宝。对此，唐代没系统地继承，失多于得；当然，墓志在当时出土很少，也是原因之一。总之，唐楷是“宗南收北”而成，恐怕这也是书法发展的必然规律，谁也否定不了。康氏说，唐

1 胡传海：《中国古代书法理论的大民族特征》，《书法研究》，1991年第2期。

楷“专讲结构”“几如算子”“整齐过甚”“呆板”，等等，有些过贬。上述现象与唐代开始施行科举有关，“上有好者，下必甚焉”，帝王爱书，士人也投皇家所好，又可获功名，因之蔚然成风，这也和明代盛行“台阁体”以及清代盛行“馆阁体”的情形一样，大家都在追求一种模式。在唐以前的汉魏两晋则不存在这个问题，故书法样式多变，墨林逐艺。但是唐楷的确也发展了楷书，在形体、结构、用笔上有了较大的改动，所以唐楷至今一千多年再没有大的变化。唐楷是最后一个书体，形体虽很不同于古体，但其内核包含了篆、隶、草各体的因素。唐楷的结构和笔画适应了人体，特别是手臂的生理功能，更便于操作，它的笔画不太规则，已打破了篆、隶、魏的横平竖直、用笔均匀和带有某种装饰和图案意味的法则，而出现了横不平——左低右高，竖不直——有向有背，轻重有别——撇、竖起笔重收笔轻，而捺则起笔轻收笔重，提按顿驻也加强了，方口上大下小，显示出笔画的开放和自由。面对这种不太规则的笔画怎么办呢？于是就强调了结构、笔法的规范，讲求法度，颜柳的挑钩已成定型化。这就是要在不规范中求规范，以逐步形成规整的模式，使本来可以自由、灵活的书体变得又拘板了。所以康氏的批评也是有一定道理的。实际上，唐楷已成定局，其规范已经成为人们的共识，变革也不太容易，康氏提倡“尊魏”“卑唐”是带政治色彩的，他政治上主张变法，对书法也要施行改革，变其法。政治和艺术并不见得是一回事，它们往往不是同步的。康氏在他的《广艺舟双楫》中数次提到“新党”“旧党”，抑或是把唐楷当成“旧党”了，其实提倡“尊魏”也不算什么“新党”，想用魏碑来代替唐楷，以旧代新，也不是什么创新，其结果也并没有把书法，尤其是楷书创出什么新字来。楷书（以及其他书体）的变革、创新，单靠主观想象不行，一要有社会的需求，二要有条件。北碑的书法之所以不同于南朝，有自己的面貌，是有社会原因和客观条件的，至少有以下几种：

（一）从北魏开始，统治者崇尚佛教，大兴凿石造像、立碑记事之风，雕刻大为发展，书法刻石也相应而起，像北齐的泰山经石峪规模之大可算超绝了。它依山作碑，以佛经为内容，以大为雄，每个字约五十厘米见方，现存一千余字，可称天下第一大碑。北碑为书法开了新路。

（二）北魏的统治者是少数民族，他们的文化要求、艺术爱好和审美意识与南朝不同，他们在书法上不大喜欢淡泊、平和的格调，而喜欢庄整、宏大、稳重、雄健的风格。

（三）魏碑的显著特点是刀刻效果，尤其是初起的和边远地区的碑刻，刀痕都很重。可能当时当地书者并不多，且又正值书体由隶变楷这个阶段，无论书者、刻者对新体均不太熟悉，于是雕工便发挥刀刻的作用，对碑文或予装饰，或予改动，作形体上的调整，直线多于曲线，这样就出现了明显的方笔（汉碑也有方笔，很少），因为刀刻方容易，刻圆则难。由此，不仅在笔画上出现了方笔，在结构和章法上也出现了方块的意识（此点与不整齐、粗糙是两回事）。字体紧凑、收敛，这是总的趋势。也有的碑刻不是方笔而是圆笔，刻得也工，如《瘞鹤铭》《张黑女》《郑文公碑》《元鉴墓志》等就是如此。像《爨宝子》《龙门二十品》是典型的方笔。这种以刀法辅助笔法的技艺绝非一般人可掌握，这些雕刻工匠有着很高的造型能力、很高的雕饰水平，他们造像、凿佛窟，都是依山而做、就形施艺，不用绘图，全凭腹稿，边构思边雕凿，所雕不仅宏大深邃，而且多出奇巧。经这种工匠镌刻、润色、装点过的字就有了相当的艺术造诣，连书法家也望尘莫及。他们能把写得不太好的字刻成有生气、别开生面，又有情趣的碑刻书法作品，从而形成另一种美。这些雕工的作品不拘法度，没有定式，生熟相间，巧拙并出，有抑有扬，质朴自然。于是书法家又去追求刀法效果，刀笔互相借鉴。

（四）康氏说，卫家，尤其卫觊的字比较瘦硬。其实，卫瓘、卫恒之字亦颇具骨力，传至北方，正与刀刻所持理念相一致——出手凌厉，峻拔刚劲。这就在一定程度上改变了南派书风，形成了自己的面貌。

从历史上看，书法中刀和笔总是互相伴随，刀学笔，笔又学刀，几多反复。如甲骨是刀学笔的，大篆、古文又学甲骨，钟鼎铸造字又学笔，篆刻本是刀工，也要学笔。清代赵之谦在论及篆刻时指摘时弊："古人有刀又有笔，今人只剩刀和刀。"刀法辅助笔法是魏碑书法的一种表现手段，这也正是它的特点，魏碑就是在这种社会文风和主观、客观条件下形成的，而不是什么人事先构想出来的。

说唐楷"整齐过甚""呆板""如算子"，魏碑也同样存在这些问题，既然是在碑上作书作字难免规整，不像南朝书札和帖那样随便。今人学魏碑的，也容易把字写成刻版式的，方笔方框，甚至有的不敢将笔画拉长一点，深恐出了界限，收敛有余而伸展不足。学唐楷板，学魏碑也板，学魏碑，能方不能圆，能沉不能飘，能断不能连，更少变化，似乎有一种无形的绳索牵着。这种现象屡见不鲜，当然，少数有才华者也能从魏碑中跳出来而独树旗帜，只可惜太少了。学唐楷不容易进入行草，学魏碑则更难入草，尤其以魏碑作基础的，几乎不能进入草书，这也是一种普遍的现象。清代赵之谦是一位工魏碑而有创造的书法大家，他克服了魏碑的板，但这是由于他在魏碑中揉入了唐楷，才使他所写的魏碑比较灵活，并且把魏碑从平面感带入了立体感，丰富了魏碑，这又是一种前后交流。所以对古今书法，不能凭一时的好恶来作简单评价，也不能拿这种风格同另一种风格比高低。常常是大凡有突出成绩，在一方面具有独特风格的作品，在另一方面也同时存在不足，甚至是毛病，而不是一切都好，或一切都坏。只要是长胜于短，那就是成功的。孙过庭就提出了"尽善难求"，这是合乎实际的。"尽善"是可以争取的，但只能是"尽可能"，什么都好的，实在难以实现，在追求"尽善"的时候能够把一两项专长突出来便是好的，而且这种专长又绝不是"偏功"。孙过庭在《书谱》中列举了许多书法中的毛病并将之归罪于"偏玩所乖"，这说明专是博中来的，只博不专难以取长，虽专不博易入死巷，这似乎也是一种规律。

南北书派的交流、会合出现了魏碑，说明书法的出新需要交流，只有更加广泛地交流、吸收，才能使楷书迈出新步，克服拘板、单调的问题。自宋、明以来，由于印刷术的出现，楷书逐渐地与印刷字体脱节，书法的变化落后于印刷技术的发展了。楷书既规整又多变，而印刷字体则需要规范化一，甚至于刻板，楷书需要在一定程度改变其刻板、太规律的毛病，但它的形体也不可能作出太大的改动，若改动到失去了规范，它也就不叫楷书了。书法这种艺术形式，法则与灵活，向来存在矛盾，法宽了就乱，法严了就板，目前还没有好的办法来处理这个问题，于是人们就提出许多说法，如“法内法外”“有法无法”“从无法到有法”“从有法到无法”“有法的无法”，这更使人难以捉摸，总拿不出一个科学的衡量标准，要说书法的奥妙、难掌握之处，就在这里。

我们对古今书法，要作具体的分析，探讨它们的规律。汉魏六期的书法自然好，后世多不及之，但后世有的东西它也未必就有。如隶书中就不可能收入楷书元素，因为那时还没有楷书——这就如同甲骨时代不可能收入篆隶一样。中国这个从古到今的书法大海洋，自身就具备了可变性、交流性。综合性又是中国艺术的特点，所以楷书（及其他各体）可以从古到今地交流，甚至借鉴国外的艺术，“纵向继承和横向吸收”，以期走出呆板的峡谷。对传统也要批判地继承，也不是凡古皆好，当代书法也有时弊，虚无主义和抱残守缺思想都是书法改进的障碍。更为重要的是，书法的改观、创新总是离不开社会实践，虽然书法的艺术性与实用性并不是一回事，但其实用性仍然是其主要的功能。那种脱离实际、脱离群众、淡化社会需要的“自我表现”是出于主观想象，其结果只能是故步自封。还有一些盲目的“创新”，甚至有的侈谈什么“反叛性”“求异性”“多派性”等，这无非是一种幼稚的思绪，妄想与政治同步，这是不可取的。应该知古知今，温故而知新，“应变”“适变”。

时至今日，已经没有科举制了，书法艺术也没人定框框，那么是不是可以让楷书再伸展一些，再灵便一些，让它既有法度又有自由，尽可能地吸收多体、多种不同风格，以在新的历史条件下，创出新的面貌，树立新的法度。可以向相反的方向靠拢，吸收、融合、探求，取各派之长。要善于发掘、善于发现，古的和今的除了享名久远的以外，恐怕还有一些没被发现的好的东西。在民国时期盛行过石印，有些石印的字很好，有书卷式的美，而且不板（因求速度快不可能太工细）。可惜书论家不曾提到它们，或许说它们俗吧，匠气吧。匠气中也有匠心，有书写的新条件时必然会激发出创新，它们是在社会需要的情况下出现的。古代那些刻板，大都是好字，一些写佛经的字也好，这些大都不拘板。在当代还有一些刻蜡版，其字誊写后有新面貌，出手很巧。看来往往被人忽视的地方倒有可取之处。凡古的今的、冷的热的，方方面面，都可以让人从中得到启发，以便为楷书输入新的血液。值得注意的是，要防止没有科举制度的"科举"，当今书法热，大搞各种比赛，一种新风格出现以后竞相效仿，又形成了一种流行模式，出现了新的千篇一律，因为如此可以得奖，可以评职称，可以提工资，可以提高社会名望，等等，这不同样也类似"馆阁体"吗?

西晋的卫瓘创造了一种藁书，也叫草藁，是把行书结合起来用。明代赵宧光就把颜真卿的《争座位帖》和《祭侄文稿》定成藁书。姚察把藁书说成"草书之祖"。这种藁书在当时可能是书家实用最多的。后来由于行书、草书已成大主体，就多年不再提藁书了。到清末、民国年间，藁书又有了新的发展。西方文明传入中国，文言文改成了白话文，写文章字多了，而且起草时的文字要比正文多得多，稿也就"草"了，后来又多用硬笔写稿，现代稿书渐成一种普遍书体。

毛主席和鲁迅是用毛笔起草的大家，他们的手稿具有很高的艺术价值。所以当前对这种普遍应用的现代稿书的研究、改进和提高是一个很重要的课题，稿书社会应用广泛，工具改为硬笔，有众多的使用者，包括众多的书法家；有了这些条件，稿书的改进有了很大的可能性。目前，硬笔书法还只限于向传统毛笔书法学习，还没有放开眼界。硬笔书法在稿书上下功夫，是需要的，也是有前途的，它既是“古为今用”，又是“洋为中用”。目前，社会上有好多把手稿或誊写的文稿写得很好的人，他们并没有系统地学过传统书法，而是间接地、零碎地吸收传统书法，把它化在书稿里了；他们也没有进过“手稿学校”，完全是在工作实践中磨出来的，他们写的字是快中求好。他们写字简明、流利，字好看、好认，通俗、大众化，这叫不叫“创新”、算不算时代精神？答案当然是肯定的。所以书法界应该深入下去，调查研究，发现人才，抓住典型，总结、提高他们的经验，再发扬光大。

上述观点，并不是一种想当然，是有历史根据的，从中国的书法历史来看，各种字体与书体都首先在从事书写的劳动者中出现，甲骨文的笔画、体势是刻甲骨的人创造的；隶书的雏形是写简的奴隶们创造的；藁书是写简时抄稿人创造的；魏碑的方笔风格是雕刻工匠创造的，等等，这足以说明“劳动者创世界”，是时势造英雄，而不是英雄造时势。研究楷书也好，现代稿书也好，都是很有意义的工作，是一项书法艺术事业，它要比盲目地空喊“创新”要实际得多，所以也就更有价值。

（原载于《卫门书派研究文集》）

# 用砚与用墨

以前写书、画画都要研墨。时至今日，认真的书画家作字作画还是研墨。因为研的墨灵利应手、墨色润泽，有透明感，被称作“活墨”。墨液储存时间太久，色焦而枯涸的墨叫“死墨”。墨色不一定是越黑越好，古人把不分浓淡、饱用墨液的书法贬作“墨猪”。书法注意用墨，讲究“墨法”，把墨法叫“血脉”或者“血法”。《翰林要诀·血法》中说：“字生于墨，墨生于水，水者字之血也。”字的骨肉、精气、神采都离不开墨，“濡染有其法”。善用墨者“浓欲其活，淡欲其华”，不善用墨者“浓则欲枯，淡则近薄”。用墨的浓淡与行笔的迟速，在作字的技法中颇为重要。清代包世臣说，“字法，本于笔，成于墨”。所以用墨在书画中绝不是无足轻重的事。

近年来，书画多用书画墨汁，解除了研墨之苦，既省事又节时，但随之而来的是，用墨意识淡薄了，更不讲什么“墨法”，这与墨液不是自己研磨的，缺少体会有关。所以说缺乏用墨知识的书者也不是少数。有不少初学者，不分辨墨汁的优劣，有的普通墨汁，不仅浓度不够，还不利于装裱。有的人将墨汁倒出来就用，不知还要用水调剂浓淡，也很少考虑到纸张吸水率的高低，此等所写的字大都枯燥、笔滞；也有的掺水太多，墨色淡薄。按传统，用墨是“墨不隔宿”，研的墨液停存时间不能太长，时间长了水分就要挥发，发生干涸，墨液变浓便行笔不利。而墨汁的储存时间是相当长的，其中虽然加进了防腐、抑浓的材料，毕竟难以克服时久胶质腐败引起的质变，从而形成粥状泥钝的劣墨，发臭，色淡，不能使用。故此，墨汁有其长也有其短，研墨有其短也有其长。有修养的书画家并不都是以研墨为苦，研墨还能为酝酿书画意念提供时间。王羲之曾说：“夫欲书者，先干研墨，凝神静思，预想字形大小，偃仰、平直、振动，令筋脉相连，意在笔先，然后作字。”研墨久之，还会养成静心养神、涵养性情的习惯。如果有一方佳砚、一锭精墨，伸腕而研之，一阵墨香引起一腔笔兴，然后扬帆艺海，那真是一种享受，是别人所不能得也。尤其是离退休老人，不愁时间之短，更求有事所为——爱习翰墨者何乐而不为之！至于砚台的品位，就更可见一番文房情趣了。有的砚以质量为贵，有的以有异色为贵，有的以雕工见长。如果是名人遗物，或有高人题跋，那就无可论价了。至于真伪优劣的鉴别，诸家相合或持纷争，则更是品评辩议余音缭绕的话题了。

若论“发墨不损毫”，那要算澄泥砚了，古来均把陶砚、澄泥砚放在首位，到清代仍然如此，石渠、铜雀、澄泥仍居上席。乾隆就是一个酷爱澄泥砚的皇帝，他曾在用过的一方旧澄泥砚上题写“汾水之泥，墨池之制。色古质润，体轻理致。比玉受墨，较石宜笔”。又在他命人仿制的澄泥砚上题道：“炎刘瓦砚称石渠，汾沙抟埴其式俱，以昔视今旧新殊，由今视昔讵异乎？”意思是说，我现在制作的澄泥砚比起汉代的瓦当，虽然新旧不同，但今的和过去的质量有什么区别呢?

在藏砚用砚方面，还有些讲究。砚类的品种很多，主要分两大类，一是石质砚，一是澄泥砚。在若干砚种中也有三种不同的标准：一种是实用价值高的，砚的质量很好，不重装点美化，甚至保持石的原状，只开砚堂用以研墨；一种是砚的形色都很美，雕工精细，可作欣赏品，砚堂很小又很浅，使用不便，只有收藏价值；第三种是既有欣赏价值，也有使用价值，二者兼善。第一种比较皮实，摔摔打打都不怕；第二种要收藏好，仅供玩赏；第三种保管要慎重，千万不能碰伤，并且还要注意保持清洁，这种砚台能助兴于书者。

用砚也要有正确的方法。其中主要的，也是容易忽视的，就是要经常洗砚，使砚中不要留有积墨。一则因积墨铺于砚堂，再研时，墨锭接触不到砚身；二则因积墨不易溶解，导致用墨时浓淡不匀。在《钦定四库全书·砚谱》中说："凡砚须旦涤之，纵未能，亦须日易其水……若久用，石色为墨渍污，即以麸炭磨洗，复如新矣。"看来古代就有护砚、洗砚的习惯。有一首联句云："染墨只为晨涤砚，弯腰只为晚浇花。"此与上述之"须旦涤之"是一致的。绍兴有王羲之洗砚池遗址，也说明王羲之是坚持洗砚的。在孙过庭《书谱》中说："然张精熟，池水尽墨。"凡有木盒精装的砚，用后必洗，擦净再覆盒盖，如砚中有墨液或水，盒盖容易崩裂，这些也常为人所疏忽。

研墨也要有方法。先少放水（即"干研墨"），已浓时再酌量添水，渐次递增——切不可先放厚水泡墨于砚堂，手执之墨锭一定要保持直立，不要坡斜，而且要常转动墨锭，以防墨头磨偏。在研磨中途如停顿，一定要将墨锭取出，否则墨将粘于砚堂，搬取时可能会将砚堂剥出疤痕。研墨的方法是："重按轻推，远行近折""宜缓不宜急"，谨记"墨凉则生光，墨热则生沫"。研墨不宜在酷寒之时与曝阳之下，砚台不能用火烤，烧则伤其温润，易产生燥涩。

总之，墨与砚既是实用品，又是艺术品。研墨作书，既是劳动，也是享受；既产生物质财富，也产生精神财富。难怪世人以研墨、赏砚为乐事了。

附录一

# 答用砚三题

在谈论砚具中，有人提出：古砚为什么没盖？为什么长方形砚多，正方、圆形砚少？砚台为何要洗？

对于上述三个问题，笔者做过一些研究，虽是些皮毛小事，其中也有一定的科学道理，讲明白这些道理，对古砚的探讨及如何“古为今用”不无裨益，还可以避免我们对古砚认识上的片面性或盲目性。兹分别述之如下：

（一）古砚不用盖问题。目前我们见到的古砚，大型的较少，多是案头用具，供缮写、抄录，或作书画用，因为所写的字也大都是小字，至多是大楷、中楷及其行书体，所以不需大型砚。至于擘窠大字，古人如何成墨尚不清楚。有人说是“将墨破碎，以砂锅煮之，得盛墨以应巨毫”。此不知出自何处，亦未见其他文字记载，又无实物可考，故不足信，唯见过印纸牌作坊有此做法，或可用以书榜书。据传黄山谷的巨砚直径四米，想来那是“以物做景”，并非真正用以研墨。也有专门展现雕工的巨砚，主要是观赏用的，那是明清以来的事。现在我们所看到的古砚凡盈尺或超尺的，就算大的了，一般的都在尺内。古人用砚是经常洗的。既洗砚，砚堂当然就没有积墨，砚是干净的，再用盖反倒多此一举。正如饭碗一样，碗要经常洗，且不存放东西也就没有带盖的饭碗了。

（二）古砚为什么长方形的多，而正方、圆的少？我们所见到的唐宋砚长方形的多，连砚堂也是长方形的。大概古人研墨的方法有两种：一种是用墨在砚堂中部前后推拉。如此，当然长方形最适宜。还有的砚堂一头深，一头浅，这也是为推磨时得势。现在，日本人还延用这种砚堂的制法。再一种就是旋转研磨，沿用到今。长方形砚多还有另一个原因，砚身长而狭是容易用手把住的，如果尺度超过手限，手就把不住了，还得用双手去捧。唐代作字是席地而坐，有的砚很厚，移动起来多有不便，所以便又做出抄手砚。现在有些砚就没有注意到这一点，不仅正方、圆的多，尺码也很大，且并无抄手之处，以致移动砚台还得用双方动作。如果是正在书写，一手执笔，再想动一动砚台，单手则不能为。这是因为制砚者，并不作书，不知书家之苦。

（三）关于洗砚的问题，概源于陶砚和澄泥砚，这两种砚都渗水。澄泥砚处理渗水问题是个难点，古人如何处理尚未得知。据个人体会，大体有三种方法。第一是制作和烧造成功，扣之金声，坚实细腻，投之不碎，亦不渗水，此为上乘，但不利于发墨。第二，质量与第一种相同，火候稍低一些，有微量渗水，发墨效果好。在使用前，投入水中，令其吸足水分，再用以研墨，还能保持湿润，用后仍需洗砚。久之，则不再渗水。第三，施加油脂，用以拒水。洗砚的另一个原因是，凡发墨适宜者，硬度均稍差，研墨后若不洗砚，积墨干燥后，墨胶会剥起斑疱，故用后必洗之。以后这种习惯便延到石质砚上。无论什么砚，用后洗之总是好的。

附录二

# 制砚漫叙

我是一个书法家，自然就与砚台有着密切的关系。青少年时代，对砚台的了解甚少，不懂得砚台的质量对书法有什么影响。成年以后，才对砚台有所体悟，端、歙之名，鸡血之贵，亦所向往。20世纪50年代，也曾买过一些名砚，无奈爱之有心，手中钱短，所以目的并不是收藏，而是实用。初起，满以为有几方端砚就很可贵了，寄予很大的希望——有了好砚，当然就有助于书法啰！然而事实却相反，这些所谓的端砚，虽然样式、雕工很好，使用起来却没一个是发墨的，还不如那些不知名的普通砚。自此方知，得一方名高而研磨效果好的研具，是何等的不易！那时候用的墨汁还不是书画专用品，总不如研的墨好，尤其写大字，耗墨甚多，研磨更苦，便梦想得一方研磨率高而像样的砚台。买当然买不起，能否自己制作呢？既可以己用，也可以为人。这是我制砚的动机。由此，到底是走上了制砚的生涯。

## 一、为什么想起研制澄泥砚呢？

20世纪70年代，我在运城地区文化局工作。在此以前，就知道新绛县（古绛州）会制澄泥砚，这个县又在运城管辖之内，我想，或可兴起这个文化产业。1973年，我专门到新绛县想去访问一下制澄泥砚的老工人，可

徐文达正在雕刻澄泥砚

是问谁都不知道谁是制澄泥砚的老工人，连县政府也觉得莫名其妙。于是约同宣办的魏建中先生到文化宫查阅了《新绛县志》，其中云：绛州出澄泥砚。《山西通志》及《绛州旧志》均载及，可知澄泥砚确为绛州所出。只可惜时至今日，无制之者，盖其法早已失传矣！

1975年，我从运城地区调回太原，分配到文物工作委员会工作，分管博物。澄泥砚既是兴在山西，我们就应该让它在山西扎根。从此，我便本着这个出发点，开始了阅读资料，进行实物观察、收集以及访问等工作。庆幸适逢天时地利。山西省文化厅安排我兼任省文物商店经理，商店陆续收购到大批砚台，其中有不少是澄泥砚，且在数量、品种、质地方面都令人欣喜。店里还配备有几个修砚的工人，通过和他们一起鉴定、观察、动手修整砚台，令我大开眼界、大受启发。在此期间，经过试验发现，澄泥砚一般都发墨，好的澄泥砚又极细腻润泽。当然粗略者也很多。其实，石质砚也是如此。于是下决心研制澄泥砚。当时所看到的有关澄泥砚的技术资料只在《文房四谱》和一些杂卷上有所记述。清邓之诚《古董琐记》谈了取泥法："缝绢囊汾水中，足俞年而后取出，泥沙之细者，已实囊矣，陶为砚，水不涸焉。"经过推敲，认为此法并不可取。至于制法，文中说得也很笼统，没质量、数量要求，更无比例、工序等等，也无法知道其所需原料的原由。反复琢磨，仍似入云雾。要研制须从头开始。但费这个劲值得吗？对此，我没有含糊。几年来的文物工作，使我懂得了中国文化的深奥，中国不是什么都落后，即便在古代，科学技术方面也是了不起的，否则英国学者李约瑟不会毕生研究中国古代科学技术，还写出大量著作。他曾作结论：现在西方的科学技术，有一半来自中国。事实上，我国有些古代科技为今人所不及，也为西方所不及，在科技方面并不是中国无光西方亮。在时起时落的“民族虚无主义”的思潮中，我偏要探索一下古代科技，并且把它“古为今用”；尤其是在我们文物考古方面，应该知道其然其所以然。作为博物馆来说，发扬文物的作用，就应该进行研究工作，掌握文物复制上的科学技术，这叫作“第二次发掘”。只有这样，才能做到具体的“古为今用”，而不是单喊口号。当时在博物馆，除同道者之外，并不是都赞成我搞澄泥砚研制的，甚至有的人认为是“不务正业”——何必做那些不一定能做到的区区小事呢？我的想法还没有被人所理解。这也是难免的，因为成功与否，谁也不敢打保票。那时山西省政府和省文物局的一些领导还是支持的，曾给予具体的帮助。1973年到1993年，二十年，时间证明了我的想法没有落空，我不仅研究出一套新的制作方法，还创造了新型制，做出了上千方澄泥砚，并且在澄泥制品的广泛运用上，又做了新的探索。

## 二、既继承传统又走自己的路

### 1.溯源

要研制澄泥砚，首先要弄清什么是澄泥砚以及它的来历。澄泥砚实际上就是一种陶砚，只是它比陶更为精细，然而它毕竟不是一般的陶，有其自身的特点。

澄泥砚的地位，它与其他名贵石砚平起平坐，不要以为澄泥砚不过是瓦片子，比不上石头结实，这是受限于对陶的一般认识，陶运用于砚台上，就具有了它的特殊性。凡符合制砚要求的，不管它是什么属性的物质，都是适用的；反之，再好的物质也没用。正如黄金贵重不能做飞机，玉石坚硬不能磨刀一样。当然，不管是陶砚还是石砚，终究是各有所长、各有所短，若论它们质量的高低，都是既有高精的，也有粗劣的，精品总是少数，而且难得，故而称精品作“宝”。一般的砚也称作“宝”，但那只是一种泛称。

澄泥砚的前身是陶砚，到唐代才开始创制澄泥砚。但用澄泥做陶件，从秦代就开始了，不过澄滤得较粗。秦砖就是用澄泥做的，只使用于宫廷建筑，汉代开始用澄泥制瓦，汉未央宫和曹魏铜雀台用的就是这种瓦。所谓“秦砖汉瓦”就是指的这些，而不是指所有的砖和瓦，更不指民用的。唐宋以来，有人将未央宫的瓦当、铜雀台的板瓦做砚台，其效果大胜于一般的陶砚。这就是“砚瓦”名称的来历。但即便是上述的瓦，也不是每一片都能做砚，有的瓦粗糙、有空洞，或渗水，或有裂纹，或有残缺，都不适合做砚；所以能称得上是上品的，也是少数，故而可贵。到后来凡是汉瓦也都当作“宝”了。汉瓦的数量越来越少，成了凤毛麟角，偶得一片，也属可贵，至少是有历史价值。

在唐代，绛州是个水旱码头，那时从今冀、鲁、晋到长安的官员和客商，都要在绛州落脚，绛州是必经之路，他们也把秦砖、汉瓦之类的古董见闻带到绛州。此地工商业本来就很发达，手工业也很繁荣，聪明的绛州人利用汾河下游沉积河泥很厚的自然条件，开始创制澄泥砚。澄泥砚的质量要高于汉瓦。在米芾所著《砚史》以及若干类似的著述中，均把澄泥砚列到重要的地位。《四唐全书·砚笺》中云：绛州澄泥砚……唐人以为第一。这种估价是指在唐代这个历史阶段。在唐代，人民还发现端石、歙石可以做砚，性能甚佳，后来又出现了甘肃的洮砚。至此端、歙、澄泥、洮“四大名砚”都登上了历史舞台。再后来，端、歙声名日隆，澄泥砚制作逐渐衰落，技术也佚失。魏美月先生有一篇《澄泥砚》，其中说：“澄泥砚另有制法，其地道的制法因系密法，到宋代唐法已失传大半。”又说：“以后制法大都类似陶制品烧造法。”据魏氏考证，清朝乾隆皇帝，自乾隆四十一年至五十年（1776—1785），曾用绛州取泥法，在绛州取泥若干，又命人在苏州制作；但据所见到的实物和资料来看，此次实验在取料和烧制方面似乎都存在问题。

制作澄泥砚与石砚，在目前有个相反的情况，即石质名砚产地的石材在逐渐减少，尤其是佳材很难取得；而澄泥砚的原料不仅没有减少反倒增加了。

2.看似平常，取优不易

1979年，由山西省博物馆文物修复组组成一个“兼做”班子，由我挂帅，敲起锣鼓，搭台“唱戏”制作澄泥砚了。起初，只知道取料、成形、雕刻、入窑这四个环节，年初便以简单的设备制成几个，不禁有些高兴——原来干这个并不难，后来仔细一观察发现不行。除刻工过关以外，其他多项均有问题：质地松软，硬度、密度、吸水率均达不到要求。究其原因，主要是泥材不好。这次取材，是在太原的汾河随便选取了一些泥，根本不是做砚的材料。之后，组长万新民从外地采了一些泥，经试验，很好，烧制了一些很理想的澄泥砚。当向书画大师董寿平先生汇报时，他异常高兴，并建议把这块泥土保护起来。当时我却不以为然，心想，山西是黄土高原，又处于汾河流域，何愁取泥采土呢！事实是他的话后来被证明是对的。当这些泥料用完后就“断炊”了——找

徐文达先生（左一）为研制澄泥砚亲赴平陆黄河岸边考察澄泥密度及特性，贾起家先生（右一）陪同考察

五蝠砚

不到好料了。为此又费了五六年时间，才找到比较适宜的原料，其来源主要是江河湖泊的沉积层。近从本省，远自冀、鲁、豫、陇、滇，采了四十多种泥样，大有调剂、合成的余地，尽可取其长，补其短。但即便是一个基地的泥土，其成分也不尽相同，所以对泥土的选择分析、化验是一件复杂而细致又费工费时的工作。

在制坯过程中，首先遇到的问题是如何排除气孔。我不主张用模具压实的方法，因为这样做，会导致成砚硬滑而不发墨。经过多次试验，才找到一种科学而又方便的方法。

在所有的技术中，最给人捉迷藏之感的是色彩烧制的问题。几乎每次烧制都有“未知数”，除了能保持一定的质量外，常会出现一些意外的优质品，也会出现一些意外的崩坏。特别是一些精尖的制品不能再得，令人徒唤奈何。比如那方《举杯邀明月》，只此一方，不可能再有了。此砚微妙之处，连科学的化验似乎也无能为力。我以为像这样的砚方可称为“宝”，恐怕古人之砚也是如此。总之，制澄泥砚虽然大体能保持一定的质量，但上下滑动总是常有，不可能完全做到统一规格的“标准化”，唯望出现些意外精彩之作。制者的苦与乐也就在这些得失之中。以上情况，就使得鉴定家、收藏家、欣赏家、书画家不得不考证、分析、辨别、比较、选择，大费脑筋。从事者的得失、忧喜以及乐趣也尽在其中了。

关于色彩，是澄泥砚的一大特点。它不像石质砚的色彩是自然天成的，澄泥砚是人工制造出来的，这就有了优劣高下之分。对于色彩问题，因一些误传，长期以来使不少人陷入误区。诸如一谈澄泥砚便有人提到“鳝鱼黄”“朱砂红”“绿头砂”之类的色彩，其实这些色彩名大都来自“类澄泥砚”（石质），人工所造澄泥砚的色彩不一定是如此的。此点在《文房四谱》中已有说明：宋以后，开采天然石琢砚，类澄泥砚，亦说名“澄泥砚”。其品类有“鳝鱼黄”“蟹壳青”“绿头砂”“玫瑰紫”“豆瓣砂”等。魏美月先生认为：人工烧制的也会出类似的颜色。我觉得古人不一定会专攻色彩，而是出什么算什么，因为它很不容易捉摸。在我的实验过程中就遇到了这样的问题。由于泥土中化合物含量的不同、制作方法的不同、辅助材料的不同、烧制火候及放置窑位的不同，制成品色彩均不相同，连阴晴风雨，都会带来微妙的影响。由此可见，人工制作的泥砚色彩，要比“类澄泥砚”还要丰富，不仅色彩多样，而且有浓有淡，有单色有复色，也有各色相兼渐隐渐显者，互相协调而纷呈互映者，变化很多。不同于古人的是，我们追溯色彩出现的原因，并有意识地让它出现我们所要求的色彩，使之更具装饰性，更多变，但还保留自然天成的效果，以使之充满诗情画意。总之，做澄泥砚，一般品相的并非难事，高雅者却不易得，制作它决不可以套用“一块泥+成形+烧制=澄泥砚”这个公式。如果是这样，谁也可以做澄泥砚了。

3.澄泥砚质量上的相反相成

澄泥砚在品质上的层次，基本有两种：一种是普通的，实用性强；一种是高雅的，欣赏性强。前者制造比较简单，大都采取工业手段，批量生产，价钱也便宜；后者制作比较复杂，质量要求高，制作精细，都是手工操作，不能搞批量生产，没有标准

蟾蜍砚

鳝鱼砚

的量化指标。特别是那种艺术性、文学性强的，形色别致，特征明显，独具诗情画意，更有哲理性的创作最为难得。这类制品基本上是艺术品，有商品属性，还不完全是商品，它的价值远远高于一般的澄泥砚。但是高雅的作品，一旦用于工业化生产，它就会成了完全的商品而进入商品市场了。

关于澄泥砚的质量问题。澄泥砚也和石砚一样，它的造型和色彩是质量的内容，但形色是属于外观效果，它并不决定使用的质量。如果能把本质与外观统一起来，成为形、质俱佳的制品那是最好的了。但是作为砚台，最重要的还是它的实用价值，美化居次要地位。宋米芾在《砚史》中云："夫如是，则石理发墨为上，色次之，形制工拙，又其次……"澄泥砚的质量标准，大体有以下几种：坚实、细腻、温润，发墨不损毫。其中发墨是至关重要的。所谓"发墨"，不是单指研磨率高，亦指砚与墨摩擦的互发作用——研好的墨液中墨粉与水分互发的作用——非常好，墨液浓重而灵便，这样便不会损伤笔的毫毛。发墨不是专求研磨率，如果是这样，用粗糙不平的砚，像磨盘一样，就一定研磨得很快，只是墨液不好，墨粉太粗，片时即涸，毛笔放上便会胀腹肥大，墨液凝浊而易折伤笔的锋毫。事实上，不少所谓的名砚，多有细而不发墨者，粗而发墨却墨液浓肿者，这不仅不利于书写还会损伤锋毫，名气再大，却亦是劣砚。故宫博物院郑珉中先生所说的"腻而利"，就是要求砚台既光滑又要有摩擦力，能够做到这两点璧合的，就是砚中之"宝"。事实上，澄泥砚就能做到"腻而利"，因为陶质砚本身就有摩擦力，它本身含有多量的氧化硅，有锋芒，又可以做得很细，这是"利"的一方面；烧制出来的砚入油脂以后就有了"腻"

的一面，这样就把又细又有摩擦力两个相反的东西统一起来了。还有，关于砚的硬度，不能太低，也不能太高，以接近瓷化为宜，太高了滑，太低了软。故此，泥质、火候的不同，便产生了硬软、滑涩之间的问题。总之，粗细、滑涩、润燥、软硬都是对立的、矛盾的，但只要把它们处理好，砚台的质量就上去了。毛泽东同志在《矛盾论》中说：“矛盾着的双方，依据一定的条件，各向着相反的方向转化。”不要忽视“一定的条件”，只要有这个条件，采取相应的措施，就可以使矛盾转化。在我创造“水夹层”澄泥砚的实验中，对这种相反相成、对立统一、矛盾转化的道理就有了具体的体会，这种砚就是把渗水（缺点）变成含水（优点），把容易产生的气孔（缺点）扩大为一个空间容体，用以存水（优点），以供应砚堂吸水、含水，从而保持砚堂经常湿润、墨液不涸（优点），这样就把缺点变成了优点，矛盾的双方各向相反的方向转化了。

## 三、澄泥制品的前景是广阔的

澄泥砚是泥制陶质器物，它正像中国传统文化一样，带有综合性。不管是研究者、制作者，都必须有多方面的知识与技艺：要懂得文物，会考证，还要有地质、土壤、理化、冶炼等知识，在技艺上要懂得与熟悉造型艺术，包括绘画、色彩、设计、雕刻技术，还要懂诗文、书法、篆刻等。因此，从科学上讲，它是边缘科学；从艺术上讲，它是综合艺术——澄泥的可塑性、“可染性”便于它多方面施技。通过多年的实践，我在继承传统方面，继承并发扬了泽州（隶属于今山西晋城市）“吕道人法”和“罗土法”，还创造了“光洁法”“披金法”“炙釉法”“水夹层法”等，并对炉灶进行了改进。目前的制法已能制造超出一般水准的砚品，我将技术与艺术结合，成品已属于艺术创作的艺术品了，此点不同于古人，有所超迈。从中发现澄泥制品不单是宜于制砚，还可以运用于其他方面。日本早就把陶制品用于机械工业上了。我们在研制过程中，就曾烧出过几方特别的砚，硬度极高，耐磨力极强，扣之有钢铁之音，可以代替耐磨金属。也曾制作刻印章的印材，光洁如镜，并有不规则花纹，治印最易出古朴效果——毕昇创造的印刷活字就是陶制的字。有的还未做试验，设想它可以作印刷书面的陶板，能吸水，保持色彩水分不散又容易雕刻；可以作精密铜器的陶模（此用古已有之）；可以烧制不同色彩的人物、动物、壁挂等装饰品。

在漫长的研制过程中，深感古代技术人员的聪明才智和创造力，至今有些砚品的制作方法仍然是个谜。我所研究的成果，还不知有多少是唐法。当然古代技术也不是什么都好，我们要“去粗取精”。由于历史条件的不同，有些技术和方法不一定仍是可取的。还有一些误解和讹传，或褒或贬，并不一定切合实际。如有以“刀之不入，扣之金声”是上者的论断，其实这种砚硬度太高，已经瓷化，发墨稍差，实用效果不佳；有的用书中之法“入黄丹”“上墨蜡”制砚，颜色很漂亮，沉重如石，但硬度不够，砚堂经不住墨锭的研磨，久之砚堂磨成深窝；还有的意在学石，模压过度，并加入铅、铁，失去了澄泥砚的性能。“青出于蓝又胜于蓝”这是事物发展的普遍规律，今人的聪明才智不会逊于古人，只要有正确的态度，又有现代化的科学技术，就一定会发扬中国古代优良的科学技术传统，从而创造出精尖成果。忽视古代科技的现象，终归要正本清源的。民族精华一定会发扬光大！

附录三

# 澄泥砚产地与制法辨析

在汉唐时期，研具以陶质居多，未央宫与铜雀台的瓦器被用作砚，均属陶砚范畴，以后又发展了澄泥砚。到宋代，石质砚大兴起来。明清以后，澄泥砚衰落。唐代之澄泥砚比较细腻坚硬，刀划无痕，扣之金声，且不渗水。吴连城先生赠我一方唐代研朱澄泥砚，体薄，硬如铁，磨之难销。我还收得一方坚硬如铁者，难分澄泥与石，此件现存山西省博物馆。但细一分析，这些砚中有的是属于瓷化的砚，有不同程度的变形；有的是压模过重，润笔尚可但墨的研磨率低，属于高温制品。现存的唐代澄泥砚已经很少了，在《西清砚谱》所录的澄泥砚台中，也是宋代澄泥砚为最多。

关于澄泥砚的产地，据著录所载，唐代只有两地制作，一是虢州（今河南灵宝市朱阳镇紫石沟），一是绛州。绛州产澄泥砚之记载，首见于《贾氏谈录》，撰者为五代南唐官吏张洎，有一次他出使宋朝，与馆伴贾黄中交谈诸事，贾黄中所知唐代旧事甚多，其中谈到绛州制澄泥砚之事，张洎即集于《贾氏谈录》之中。此书收入《永乐大典》。

虢州制澄泥砚见于宋苏易简撰《文房四谱》，其中高以孙撰《砚笺》中有记："澄泥砚唐人以为第一。刘义叟如谱法造之，绝佳……"但未提谱法是什么。在《文房四谱》中，有一段澄泥砚制作的记录，但未注明是虢州的制法还是绛州的制法，其文曰："作澄泥砚法，以墐泥（胶泥）

令入水中，挼之（两手搓揉），贮于瓮器内。然后别以一瓮贮清水，以夹布囊（粗细两层）盛其泥而摆之，俟其至细，去清水，令其干，入黄丹团（氧化铅和以其他物），和溲如面。作二模如造茶（砖茶）者，以物击之，令至坚，以竹刀刻作砚之状，大小随意，微荫干。然后以利刀刻削如法，曝过，间空垛于地，厚以稻糠并黄牛粪搅之，而烧一伏时（不知在地下烧还是在窑里烧："一复时"不知是多长时间。读者有言一昼夜者，有言十天者）。然后入墨蜡，而蒸之五七度（不知醋泡砚台，还是把醋放到锅里蒸煮，也不知五七度是多少度）。含津益墨，亦足亚（作"压"解）于石者。"也有的文章作"不亚于石"。以后所有名目众多的撰著，凡涉及澄泥砚者，无不将此文转录，而且总是把上述制法分别安在绛州和虢州澄泥砚身上。其实关于绛州澄泥砚所载只有取泥法，并没有制法，在《贾氏谈录》中只说："绛州州县人善制澄泥砚，缝绢囊置汾水中，逾年而后取，泥沙之细者，已实囊矣，陶为砚，水不涸焉。"在转录此文时，大都有讹误或遗漏，有不少把"绛州州县人"简化为"绛县"，还把"缝绢囊置汾水中"丢了"汾"字，甚至还有的把"泥沙之细者"一句都漏了，可见抄录者对这些细节并不注意。看起来，各书所录意思差不多，文字各有异同，由此可见，《贾氏谈录》也好，《文房四谱》也好，对澄泥砚产地及其制法记述得并不十分认真。对此，有人曾作分析，认为张洎听的是贾黄中的口述，也是只记录了绛州人会做澄泥砚，至于制法只有一个取泥法，别的就没有了。是贾氏未曾详细说或是张氏漏记，就不得而知了。苏易简在宋朝官居参知政事，可以查阅秘府藏书，此段"作澄泥砚法"当是摘录于藏书，书中也可能只作纪事，未写具体做法，也许苏氏做了从略，以致有其事少其法，没有把绛州或虢州确切的制作方法记录下来，让后人很难依此法去制作而成功。虽然如此，此文对澄泥砚的制作毕竟有一定的启示，也提供了做法的若干线索，而且这也是唯一的澄泥砚技术资料。实际上，有很多民间制作者，各有自己的"绝活"，由于没有详细记载或成文著述，没有传播渠道，因而不为人所知，影响了传统技术的继承和发展。

入宋以后，制作澄泥砚者颇多，所见著述列入的产地就有山西的泽州（今山西晋城市）、山东的柘沟和尼山（今山东泗水一带）、江苏苏州和南通、陕西相州（今河南临章县）、江南李氏等地。

在山西省，绛州澄泥砚遗留甚少，所见到的泥砚品种中，并无有绛州铭记者。在宋代，泽州澄泥砚流传很广，其中吕道人砚质量甚佳。宋人何远撰《春渚纪闻》中云："高平吕老，造墨常山。遇异人传烧金诀。"又云："研（砚）成，坚润宜墨，光溢如漆，每砚首必有一白书吕字为志。"宋米芾在《砚史》中云："泽州吕道人陶砚以别色泥于其首，纯作吕字内外透，后人效之有缝不透也。其理坚重，与凡石等，以历青火油之，坚响渗入三分许，磨墨不乏其理，与方城石等。"

泽州还有一种"罗土制法"，依此法所制的砚品比较粗糙，究其原因是取泥法不同于其他做法。砚背有戳记："泽州路家丹粉罗土澄泥砚印记"（此砚系徐宪章先生所藏）。在内蒙古巴林右旗亦出过题铭"李让罗土"澄泥砚者。

从以上这些存录可以看出封建社会对制作澄泥砚的技术是很不重视的。那些帝王将相中唯有清朝乾隆皇帝例外，他曾令山西并各省寻找做澄泥砚的工人，再做此砚，可惜没有找到。不过他总还是在这一方面取得了一定的成绩。

附录四

# 澄泥砚探索

澄泥砚是我国名贵的砚台之一，它与端砚、歙砚、洮砚并称“四大名砚”。澄泥砚开我国研具精细制作的先河。它的前身是陶砚，陶砚又以未央宫的瓦当最有名，以石渠阁的为冠：这种瓦当制作极为精细，又受自然界风霜雨露、日光晒射而形成自身的特质，无意中成为理想的研具。这当然是就其善者而言。先人受瓦当的启示，便致力于泥砚的制作，遂将瓦当升华为泥砚。此砚始于汉唐，处女做始于何地，其说有二：一说始自绛州，一说始自虢州。到宋代，山西的泽州、山东的柘沟和尼山、江苏的南通均制澄泥砚。唐宋之间，澄泥砚颇为盛行，唐人评价澄泥砚为“砚中第一”。米芾在他的《砚史》中对澄泥砚亦另眼相待，在有关论述中盛赞澄泥砚坚实如玉，扣之金声，刀之不入。自从出现了端砚、歙砚以后，世人以为新奇，颇多爱之，渐处领先地位，澄泥砚便逐渐衰落，清代淹没于世。但其主要原因是技术失传大半。据魏美月先生著文《澄泥砚》中称：“澄泥砚另有制法，其地道的制法因系秘方，到宋代已失传大半。”又说，“以后制法大都类似陶瓷制品烧制法，已非唐法。”《贾氏谈录》和《文房四谱》对澄泥砚的制作均有记载，但都很简略。在《贾氏谈录》中说：“绛州人善制澄泥砚，缝绢袋于汾水中，逾年后泥已实囊尖，陶为砚水不涸……”在《文房四谱》中说：“以夹布囊盛其泥而摆之，俟其至细，去清水，令其干……”述及烧制法则大同小异，但无工序、数量等细目。实际上“缝绢袋于汾水中，泥沙并不往袋里钻；”“以夹布囊盛其泥而摆之”，胶质泥凝聚作团，绝大多数并不会被晃动出来。据魏氏考证，清代乾隆皇帝御制澄泥砚，积泥若干，并令江苏织造烧制，所制砚品亦较平庸，甚至未及唐法。

近几年，澄泥砚又有新的动向，已有新作问世，笔者于1979年开始研制。目前山西、江苏均开始制作，产品也已进入市场。产品有继承有发扬，有新的探索；当然，也有粗制滥造的。又因目前石质佳砚砚材减少，名砚产地几乎绝材，一些急功近利者，便不择优劣，乱采滥制，产品大量抛向市场，使名砚声誉受损，引起中外爱好者的不满。与此相反，澄泥砚砚材非但没有减少，反倒增加了——江河泥沙沉积层越来越厚；对外开放国策又带来生机，再加上现代科学技术的支持，澄泥砚的兴起已具备了社会条件和自然条件。

## 澄泥砚的性能

澄泥砚的再起，除了上述原因以外，论其本身的条件，也有其相应的优越性。优等石质砚的条件，当然也有其相应的优越性：细腻坚实，发墨不损毫，滋润胜水，温差较小，形色俱丽。澄泥砚除胜水、温差稍逊以外，其他各项均能与石质优砚齐肩。但就石砚来说，那种湿能聚液、冬温夏凉的优质砚，恐怕是“铁屑难觅”了。在所有性能中，尤以发墨不损毫为最重要。故宫博物院郑珉中先生把它叫作“腻而利”，即滑和涩形成的反差让燥润相合，是为优点。这是由于砚的硬度、磨砺性与其本身固有的滑润蜡质而形成的。一般说，石砚难得此种两全。然而澄泥砚则可以入蜡，因此在“腻而利”这一点上胜于石砚。这是第一点。

第二是可塑性。石砚的砚材是天然造物，非人力所能移；而澄泥砚的性能可按照人的意图来制作，这便是在质地上的可塑性。在雕制方面，泥砚可以先塑制雏形，然后进行雕刻，便于多种造型和艺术加工。这是由于澄泥砚的软体而带来的另一优越条件。

第三是控制密度。泥砚的燥润、粗细在于泥材的结构。分子密度大者必细，密度小者必粗，这种密度的大小是决定砚品是否坚实，是否发墨的首要条件。此外，泥砚的成分也应一并考虑进去，其所谓“坚实如玉”“刀之不入”自然是佳砚，但那种容易导致不发墨，润滑多于滞涩，这是由于泥砚密度大，烧制火候太高造成的。

第四是颜色与形质。澄泥砚有各种不同的颜色，《文房四谱》中说：“宋以后开采天然石琢砚，类澄泥砚，亦名澄泥砚。其品类有鳝鱼黄、朱砂红、绿头砂……”而魏氏文中说：“因泥沙的来源及制作过程的天气、烧制火候的不同而各有不同的颜色。”看来古人并非是有意烧制颜色，颜色是自然形成的。而今可以有意烧制颜色，另有其法可把色彩与形质结合起来，就其形而置色，或按其色而造型，亦有各色相间者，还可以运用绘画、书法、篆刻等手段，在提高质量的前提下，使其更具有艺术欣赏性。

## 选材与烧制

制澄泥砚的关键是选材和烧制。泥材的来源有两个：一是江河湖泊沉积层，一是凝聚力强的胶质泥。两者都以采用古代地层的为佳。烧制是成砚的最后一道工序，有不同的窑式，可用不同的燃料，还可采用电热与煤气。火候高低至为重要，凡火力缓急、时间长短、气流的流动与密封等均需配合得当。特别是烧炼中出现的个别偏优偏劣者的偶然现象，出人意料，难以捉摸；制者忧在其中，乐也在其中，有些特殊精品，常不能再得。所谓“宝”，就是在这种偶然性中得来的，非常规所能为。

## 水夹层砚

此砚是新创造的一种砚式，系空心注水砚，目前尚未见到过古有此砚——古有空心瓷砚，未知注水否。创此砚的目的，是想克服泥砚的渗水之弊。据对立统一、相反相成、矛盾转化的哲学观点思考，意图把渗水变成积水，把缺点变成优点，经过若干次试验，终获成功。现这种砚，可保持研池经常湿润不涸，这也是继承和发扬传统的一点尝试。

## 技无止境

实践出真知。我在若干年的研制与操作过程中，摸索出不少技法，诸如“披金法”、“罗土”法、“光洁”法、“炙釉”法、“吕道人”法等。米芾在《砚史》中云：“泽州吕道人陶砚以别色泥于其首，纯作吕字内外透，后人效之有缝不透也。”其实这是用白色泥作的标记。我则用此法作装饰，无缝不透，透之不足取。

澄泥砚是一种边缘学，它涉及考古、地质、土壤、化学、热处理等多项学科，同时尚需造型艺术、色彩、书画、文学等艺术手段，绝非单纯的陶瓦小技。制砚的过程，也是艺术创作过程，制者苦在其中，乐也在其中——既是生活的乐趣，亦在制作过程中感到愉悦；制砚既属于工艺美术的范畴，也包含着工艺制作的技术和技巧，真是苦中有乐呀！前后十几年间，我曾作了一些探索，也取得了一定的成绩，然古人的聪明才智高深莫测，我之所得不知有几分古艺，况唐法制泥之秘，尚待深入探求。此小文纰漏甚多，难免讹误，敬希同道者、专家指正。

1990年11月于太原

附录五

# 是陶不是陶　似玉并非玉

## ——浅谈澄泥砚

按照我国的传统习惯，把笔、墨、纸、砚称作“文房四宝”。但实际上，“文房四宝”是属于文房用具中的珍品，而不是一般的用具。单是在研具方面，我国便有“四大名砚”，即广东肇庆的端砚、安徽歙县的歙砚、山西绛州的澄泥砚、甘肃洮州的洮河砚。其中澄泥砚是与其它几种有着不同质地的研具：它不是采用天然石料，而是以泥沙再造而成。

中国研具的历史很悠久，大概自从用颜色涂画以来，就有了研具。但目前见到的最早的研具是地下出土的秦代砚台。在历史上曾有过石砚(较原始粗糙的)、瓦砚、陶砚、铜砚、瓷砚、铁砚、漆砚等，至于细腻、绵润的细石质砚是从唐代才开始有的。随着唐代新型石砚的广泛采用，澄泥砚也开始制做了，其中有代表性的是山西绛州澄泥砚。其他还有山西泽州、山东柘沟、江南南通均制作澄泥砚。澄泥砚的前身是陶砚和瓦砚，最有名的是汉瓦砚。这种汉瓦砚是用未央宫或铜雀台的瓦当做的。但不是所有的瓦当都可以做砚台，也不是所有的汉瓦都可以做砚台，只有坚实细腻的瓦当才可使用；其余凡粗糙的、空洞很多的、烧制火候不够的均不能使用。因此，得一方汉瓦砚也相当不容易，物以稀为贵。汉瓦在砚台中的地位始终是很高的，正因为它的数量很少，就引出了用澄泥做砚台的妙想，澄泥砚就是在这种历史条件下出现的。然而澄泥砚的制作是要有一定的条件的，不是任何地方都可以做澄泥砚。它的首要条件是要有合乎要求的泥沙，而这种泥沙是从河流中提取的，也就是说，要有条件适当的土壤和河流。绛州正处在汾水的下游，汾河源于山西中北部的静乐，流经晋中、晋南注入黄河，流长一千余里。汾河的各条支流又把不同质地黄土高原的泥土携入汾河，汾河水将这些不同土质的泥沙挟裹、淘刷，去除杂质，所积淤的是泥沙中极细的部分，这就具备了制作绛州澄泥砚得天独厚的条件。

利用澄泥制砚是对陶砚、瓦砚的一大发展。澄泥砚虽不如石质砚坚牢，但它有着再造性、可塑性，特别是由于其材质分子形态的构成形式，较一般石质砚更为发墨。“发墨不损毫”是对好砚台的基本要求。但是，一般称得上佳砚的，能达到既坚实细腻并且发墨的实在不多，往往是石质细润、颜色典雅、造型又好的砚台却不发墨。所谓发墨，不单是墨研得快，还要在水中溶解得好，墨汁润泽，用起来流利而醇厚。要想发墨，砚堂表层需有“微艺”，还有一个不损毫的问题，不损毫首先要求墨汁滋润，不致暴干硬结；再者，凡佳砚，一般石质中均有不同成分的蜡质，这样才能使笔毫经常保持温润，自然就不损毫了。没有上述两个条件是不容易做到“发墨不损毫”的。澄泥砚却均具备这两个条件。第一，澄泥砚中含有多种化学成分，其中数量较多的是氧化硅，还有氧化镁、氧化铝等。它的结构不仅是颗粒状态，而且还有不少分子形态是带芒的。第二，澄泥砚本身要注入蜡质，滑润与芒状相反相成，因此澄泥砚就具备了“发墨不损毫”的条件。但是也有的澄泥砚不发墨，或者粗糙，研成的墨汁干涩迟滞。这也有几种原因：一种是制做方法不细；一种是天然澄泥石化；一种是模压太实，密结超度而引起硬滑，产生腻而不利的毛病。

上面谈的主要是澄泥砚的再造性，即依人的意志制造出不同质量的砚台。下面再谈可塑性。澄泥砚在艺术加工前，原料是个软体，可以随意塑造不同的造型，或者也可待其阴干以后，进行雕刻。雕与塑的区别是：塑有伸缩性，造型可加可减；而雕刻则无伸缩性，只能减而不能加。既能塑又能雕就可以创造出瑰丽多姿的艺术形象，这是它与石质砚的另一个区别。根据自然规律，陶具是带有空洞的，这是它的本性，它的细密无隙是人为的，按照这个规律就可以制作空心注水澄泥砚。陶质具有水分的渗透性，砚心中水的湿气，又可以上升到砚面以保墨汁不致过早的干涸，此点也是石质砚所无法达到的——也可以说，过去的历朝历代都未曾有过这种澄泥空心砚台。历史上曾制过空心瓷砚，但空心并不用来装水；即便装水，因瓷器无渗水性能，也不会产生作用。除此之外，澄泥砚在色泽方面，也不同于石质砚。澄泥砚在制作上，可以照人的意志烧制不同的颜色，这种颜色的出现，并不完全是为了好看，更是为了达到砚的某一方面的性能。配备不同的泥质，采用不同的烧制方法，出现了不同的颜色。按文献记载，澄泥砚有“朱砂红”“绿豆砂”“鱼黄”“玫瑰紫”，实际上不仅仅是这些颜色，还有墨黑、橘黄、褐黄、淡黄、黑紫、浅紫、朱标、墨绿，或者各种颜色相间的巧妙组合，自然天成，趣味横生。在造型美术设计方面，可以雕琢出山水、人物、花卉、飞禽、走兽，并且还可施以书法、印章；更可以根据诗意造型，如《举杯邀月》《独钓寒江》《红杏出墙》《孤帆远影》《明月松石》等典雅内含的作品。泥质、烧制、造型、颜色都好的，抚之如童肤，观之如美玉，真可谓：“是陶不像陶，似玉并非玉”，煞是奇特，使人爱不释手。可惜澄泥砚的制作技艺，自宋元间便已失传，绛州澄泥砚失传的时代或更早一些。可喜的是，自从1980年起，山西省博物馆文物复制组经过三年的试验，参照古法，进行了多方面的研究，终于恢复了澄泥砚的制作，试制成功了不仅合乎古澄泥质量要求的文物复制品，而且无论在质量还是形制上，对传统技艺都有所发扬。笔者曾参加这项试验工作，深感祖国传统工艺的可贵，对于研究古代工艺、古代科学发生了浓厚的兴趣。当然，我还仅仅是开始学步，只对澄泥有了初步的体会，故而作此陋文，以陈拙见。文中难免存在差错或不妥，敬希同道、读者指正。

（1983年5月于北京）

# 徐文达生平年表

1922年，生于河北省完县南常丰村。

1924年，从祖父徐廷秀读书、作画。

1929年，入私塾，拜高鼎寿为师，开始临习二王法帖。

1931年，临习柳公权《玄秘塔碑》。

1932年，母丧，生活由外祖母照料。

从外祖父曹占魁习武。

拜见外祖父师傅、拳术家孙禄堂，临摹其草书。

结识外祖父徒弟张鼎铭警长，受其清雅、大方书风之影响。

结识外祖父徒弟解瑞祯，受其刚劲书风之影响。

后随舅父习太极拳、形意散打，看他做银饰、作书画、拉京胡。

1935年，临摹《完县县志》中影印的书法作品。

对小楷极富兴趣。为百姓写春联。初涉素描，临摹国画。

始创作《前赤壁赋》，直至晚年。

处处留心书法作品，关注村里的会标、吊挂，农户门上的楹联等。

乡绅葬礼上，特别留心形式多样的挽幛。

为同学写书皮、标题字。

为本家姥爷写照壁。

1936年，入高小，在学校老师郑航之指导下习书，临柳体入法。

由于小楷功夫扎实，为老师郑航之抄自传履历。

1937年，脱柳体所囿，向实用书法下功夫。

1937年，任青年抗日先锋队副主任，后任财粮委员。

在实践和生活中练习书法，写报告条子、情报；写地契、婚书、祭文、灵牌、红白楹联等。

师吴笑山，入草书之门，得“坐车”笔画要领。

师薛树棠，间接受黄山谷和龙门二十品的影响。

1938年，从生活中习得雕刻技术，自己锻造刻刀，始入篆刻之门。

1941年，任村干部。

1943年，参加抗日活动。

1944年，在下叔村任教员，后又任高小校长。

书写榜书颇有心得。旁涉音乐、绘画。

1946年，开始书毛泽东词《沁园春·雪》。

1948年，在西朝阳村任校长。刻蜡版，为后期篆刻边款打下基础。

为牺牲的解放军十一旅参谋长钟天法写碑文，习得刻碑要领。

南下，任易水地委培训班指导员，培养新干部。这期间组织了体育、歌唱、朗诵、话剧、歌剧、折子戏等文化活动。

1949年，任河北省保定地委文工团团长，广得“书外功”。

因宣传工作需要，常画水粉画。

1952年，从事电影发行工作。

1953年，在中国影片经理公司河北办事处任职。

1954年，调中国电影发行公司山西办事处任职。

1955年，参观晋祠博物馆，得见傅山书法，立志师其人，师其书。

篆刻受齐白石影响，刀法日进。

1956年，任山西省电影发行公司经理。撰写剧本，发表影评数篇。

临怀素《草书千字文》《王氏一门书翰》《伯远帖》。

电影新片招待会上初识山西省副省长郑林，受其赏识。

结识苏里、乔羽。

1957年，得《山西日报》文艺部记者朱明赠《篆刻鍼度》和有篆字的《中华字典》。

篆刻先学齐白石，后学汉印，参考了吴昌硕、赵之谦的篆刻。

1957年，为太原市教育局书写仿影。

恢复练拳，并将拳术精神融入草书创作。

请柯璜书写“时间是挤出来的”，以此勉励自己。

1958年，“大跃进”开始，挤出时间学习。养成每天多工作三小时的习惯。

有诗发表于《文化周刊》。

1960年，担任山西省书法篆刻研究会筹备小组成员。

与年轻的邓明阁相识，并交流篆刻，二人关系亦师亦友。

1962年，组织并参加山西省首届书法篆刻展，参展作品《清平乐·六盘山》。

1964年，篆刻作品入选“中日书展”，在日本展出。

为山西省委统战部部长张德颁写追悼会会标、挽联、挽幛，既快又好，名声在省委大院传开。

1965年，任山西省委宣传部文艺处干事。

得郭沫若墨宝，刻章回赠其夫人于立群。

1970年，下放至山西垣曲县同善公社，带领村民打大井，解决吃水和灌溉问题，为老百姓，包括先进人物画像。

在同善公社宋家湾发现红紫石。此石可作篆刻石料，其白色石层宜施薄艺。

1972年，任运城行署文化局副局长，主持工作。

结识年轻的贾起家，收为徒弟。

1973年，画《劈崖造田》参加山西省国画展。

1974年，参加中国赴日本书法展览。

潜心澄泥砚研究，在南宫古玩市场偶得明代澄泥砚碎片。

1975年，调回太原，分配在文物工作委员会工作，分管博物。

1976年，得赵朴初墨宝，回赠印章。

在山西省委宣传部文艺处处长贺新辉的引荐下，结识北影电影艺术家谢添。笔会上观谢添倒写书法后，快速题诗，诗曰："影家大将到山西，不是屏颜面君仪，倒笔从容开生面，弄墨也是蒙太奇。"谢添曾发表文章论说此事。

1976年，开始石刻毛泽东诗词，至1979年，共刻50通。

1977年，指导山西省第二届书法作品展的筹备工作。

1978年，访吴玉如。

1979年，山西书法篆刻研究会恢复活动，担任副理事长。

任山西省全国首届书法篆刻展筹办负责人。

日本书法家渡边寒鸥来访，赏其新研制成的澄泥砚。

结识卫俊秀，赏其书；推荐其参加首届全国书法篆刻展。

1980年，篆刻作品入选全国首届书法篆刻展。

参加山西省书法研究会举办的榜书展。

正式开始研制澄泥砚。

1981年，中国书法家协会山西省分会成立，任第一副主席。

1982年，主持创办《书法通讯》。

为日本友人若生爱子刻章"对酒当歌"。

日本书道联盟梅舒适一行来访，刻章"君再来"相赠。

1984年，在《书法通讯》（第4期）发表论文《正极则奇生——浅谈傅山书法艺术》。

作品获山西省文艺创作银质奖。

任山西省政协委员。

1985年，退居二线。潜心研究傅山书法，刻帖、刻砚，使其书法更具金石气。

任山西省工艺美术协会常务理事。

1986年，开始随山西老年书画研究会赴各地采风，撰写诗歌，编辑成册。

开始创作大量画作，有《苇塘蛙声忽断时》（并为此撰写论文《旁论空城计》）、《家中有酒客人来》、《凌空亦高洁，同生无横枝》、《染清水为污泥，莲不生也》、《耐心者》、《以大压小》、《墨牡丹》等。

1986年，开始发表书法、澄泥砚相关论文，计有《正极则奇生》《书法艺术中对立统一规律初探》《学者、思想家、书法家——兼谈傅山的狂草》《书法的异同与古今共识》《文化艺术与物质生产》《天趣存在于成熟与不成熟之间》《略谈风格》《略谈牌匾文化》《我对碑刻的理解》《书法中的拙丑观》《十年不见书自高——评袁旭临书法》《毛泽东的翰墨光辉》《书法的自主与顺应》《写字与书法》《旁论空城计》《我与刘子邻先生》《馆阁体探密》《宋体字是如何出现的》《小议唐楷》《什么是现代派书法》《古不乖时 今不同弊》《如何欣赏书法》《傅山行草四十韵剖析》《提倡新风又识时弊》《书法需要工具改革》《试论刀与笔》等。

1987年，获“澄泥砚的制造方法及水夹层澄泥砚的制作方法”国家发明专利权。

组织整理山西博物馆和晋祠博物馆馆藏傅山作品，出版精装本《傅山书法》，赢得书界极大赞誉。

1988年，为山西福利基金会捐献书画作品100幅。

几次去五一广场为群众写书法。

1989年，任山西省诗词学会顾问。

1990年，发表论文《澄泥砚探索》。

1991年，应邀指导“全国卫门书派理论研讨会”的筹备工作。

1993年，由山西人民出版社出版《徐文达书法篆刻集》。

1994年，游历武侯祠，回来后创作长卷《前出师表》（为其代表作之一）。

应邀参加运城地区书法家协会第二次代表大会。

1995年，任山西大学师范学院书法教育专业名誉教授。

筹备将在北京中国美术馆举办的个人展，创作了大量作品。

1996年，在中国美术馆举办“徐文达书法展”，展出书法作品138幅、40多方澄泥砚、30多方澄泥印材，代表作有《前出师表》《五柳先生传》《醉翁亭记》《沁园春·雪》等，轰动书法界，书法进入“衰年变法”阶段。

举办“徐文达书法艺术研讨会”。

《中国书法》编辑周祥林赞其作品《前出师表》曰“孤蓬自振，惊砂坐飞”。

由山西三晋文化研究会编印《徐氏澄泥砚》。

1997年，应邀参加天津“中国书法艺术节”，会上天津商学院副教授况瑞峰敬其艺，服其人，拜其为师。

1998年，《中国书法》当代名家专栏为其作专题报导，总编周祥林发表评论文章《老夫常发少年狂》。

应邀参加全国21世纪书法大展、法国巴黎“中国当代书法大展”。

1999年，为万柏林区黄坡烈士陵园书写32通碑。

天津《中国书画报》发表胡湛文章《共和国书家蠡品》，将其作品列为能品。

应邀参加上海“国际书法邀请展”。

为平陆傅说纪念馆书写6通《说命三篇》。

为迎接澳门回归书写碑文。

书写兰州“石佛沟国家森林公园”书丛帖第6卷。

赴青岛会见老友王斌堂。

去烟台、威海会朋友。

参加保定地委文工团建团50周年活动，结识熊仁望、吴占良。

赴石家庄看望战友刘春风，安排到河北省举行个人书法展事宜。

应邀为铁道部创作手卷《阿房宫赋》。

再度创作《前出师表》，由山东收藏家收藏，中国书法家协会副主席周志高题跋赞曰“自成一格”。

应邀参加“建国五十周年书法大展”、“第七届全国书法展”、河南“中国书法名家代表作品展”、“中日自作诗书法展”、“中日建交二十周年书法展”。

2000年，完成自传《小草是怎样成荫的——我的书法生涯》。

创作《黄河大合唱》，成为其书法艺术绝唱。

5月27日凌晨，78岁，与世长辞。骨灰安葬于太原市黄坡烈士陵园。刘正成先生撰写挽联评价斯人一生：“砚海潮空百幅龙蛇乘雾去，墨林泪落一代草圣不重来。”

# 后　记

我的父亲徐文达三十二岁从河北来到山西，他把自己的大半生都奉献给了这片热土。四十六年来，他创作了大量的诗词和书法作品来讴歌这片土地，同时，他也获得了山西父老乡亲的厚爱。

2000年5月27日，父亲去世。在6月2日的告别仪式上，社会各界人士送来的花圈摆满了告别厅，摆满了厅外的整整一条街。许多人从全省各地专程赶来参加告别仪式，缅怀父亲为山西书法事业作出的巨大贡献。我想，父亲在天之灵应该是感到欣慰的！

二十年过去了，实际上，将父亲的自传及书法文论结集出版的想法也有二十年了。当这个想法正式付诸实施时，我得到了有关部门和社会各界朋友及书法同仁的大力支持，中国文联、中国书协、中共山西省委宣传部、山西文联、山西书协、太原美术馆、北岳文艺出版社对我鼎力支持。我十分感动，在此谨表诚挚的谢意。

徐晓梅

2020年7月15日